유단자가 되는 지름길 **프로바둑강좌/고급이상** 9

선수로 살고 선수로 잡는 법

9단 山部俊郎 지음/프로바둑연구회 편

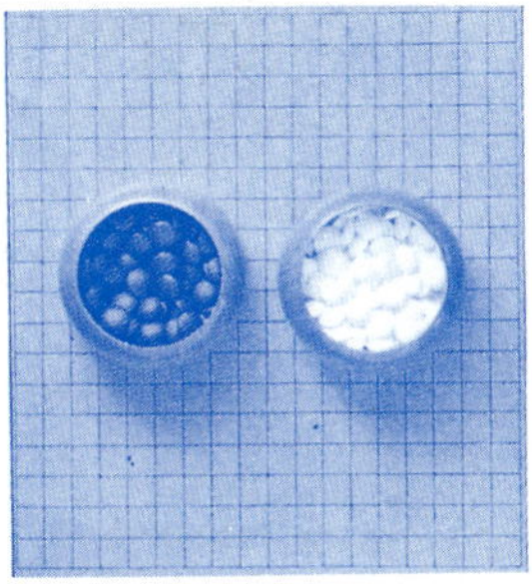

도서출판 眞華堂

프로바둑강좌 · 고급이상 ⑨

선수로 살고
선수로 잡는 법

9단 山部俊郎 지음
프로바둑연구회 편

도서출판 眞華堂

머리말

바둑의 대국(対局)에 있어서 선수(先手)의 중요성은 바둑을 두어본 사람이라면 누구나 실감할 수 있을 것이다.

돌의 살고 죽음은 사실 한 수 차이의 수순(手順) 때문에 결정된다.

하나의 문제에 직면하게 될 때, 누가 선수(先手)이고 누가 후수(後手)냐에 따라서 국면(局面)의 판도가 달라진다.

상대방보다 수순이 한 수 앞선다는 것, 이것은 바둑의 대전(対戦)에 있어서 무엇보다도 중요한 문제이다. 매사에 상대방보다 선수(先手)가 될 수 있다면, 바둑의 승리는 따놓은 당상이다.

특히 수싸움에 관한 한 선수(先手)의 차지는 중요하다.

선수(先手)는 어떻게 차지할 수 있는가? 요령있는 수순(手順)을 구사할 수 있다면 늘 상대방보다 한 수 앞서갈 수가 있다.

바둑의 사활전(死活戦)은 한 마디로 '수싸움'이라고 할 수 있다. 한 수 더 빠른 사람이 당연히이기는 것이 바둑의 대국(大局)에서 일어나는 게임의 현상이다.

이 책은 선수(先手)로 살고, 선수(先手)로 상대방을 잡는 기술적인 문제들을 다양하게 다룬 '선수(先手)차지'의 가이드이다.

고급(高級)의 단계에 있는 독자 여러분의 새로운 지침서가 될 수 있을 것으로 기대한다.

저자 씀

차 례

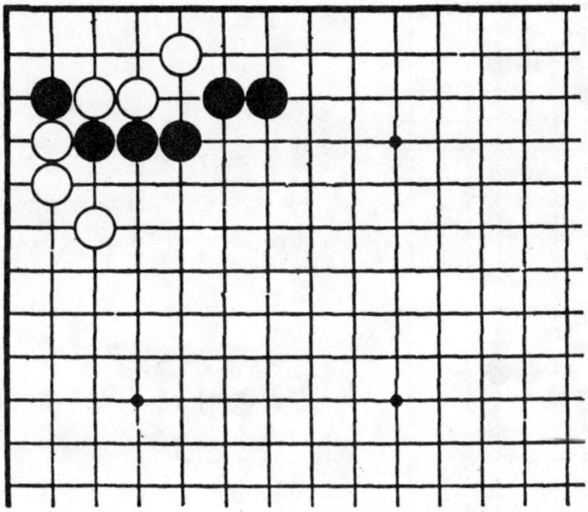

제 1 문

흑이 먼저 둘 때

이 문제는 상당히 쉬운 것이다. 그렇다고 소홀히 다룬다면 결코 성공할 수 없을 것이다.

첫 착수를 어디에다가 두어야 하는 지는 금방 알 수 있을 것이다. 여기에서는 두 번째 착수가 문제이다.

효과적인 수순을 찾아 보자. 수읽기의 힘을 이용하면 적절한 수를 찾아낼 수 있을 것이다.

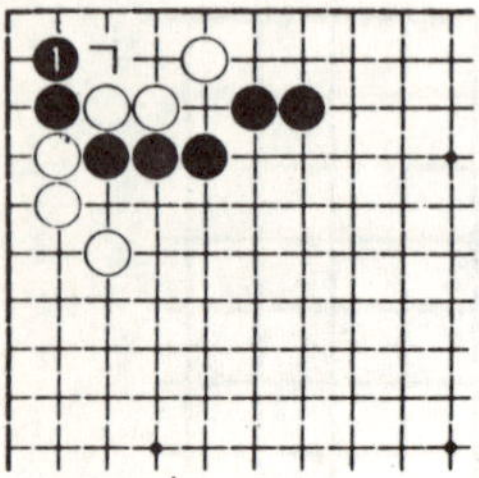

1
도

1 도 (정석)

흑 1이 정석이다.

그런데 이 수는 어느 누구든 생각할 수 있는 것이다. 이 문제의 초점은 백ㄱ으로 응수한 다음 흑이 어떻게 응수할 것인가가 되겠다.

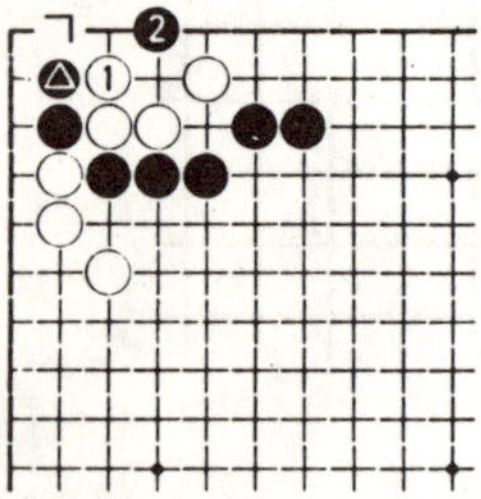

2
도

2 도 (계속)

흑▲일 때에 백 1로 막는다.

다음 흑 2가 문제의 초점이 되는 수 이다. 흑 2로 두지 않고 흑ㄱ으로 내려서거나 하면 4도가 되어 실패로 끝난다.

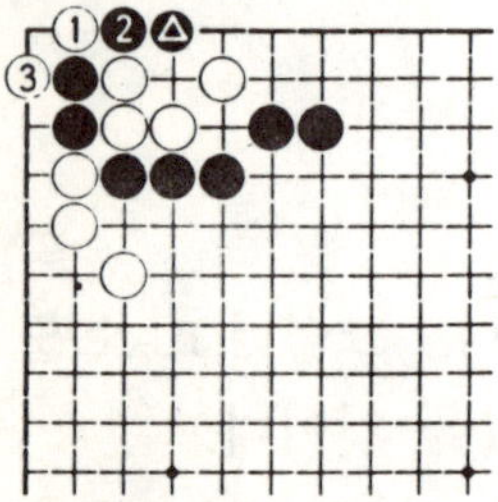

3
도

3 도 (패)

흑▲일 때 백 1로 젖혀두면 흑 2와 백 3을 교환하여 패가 만들어진다.

백 1로 2에 두면 흑 1을 당해 백이 죽는다. 이 흑▲의 곳이 급소이기 때문이다.

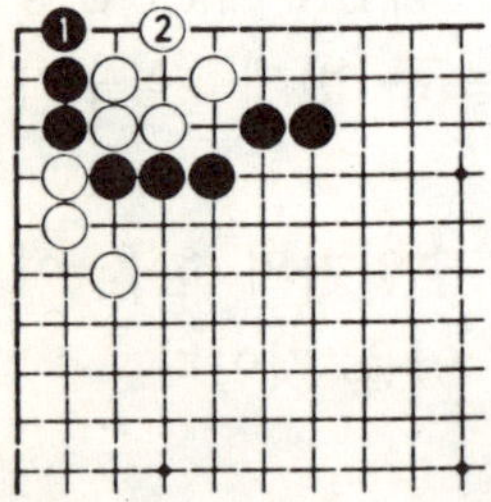

4
도

4 도 (실패)

귀에서의 수싸움은 2·1의 곳이 급소라고 잘못 생각해서 흑 1로 내려서면 백 2로 집 하나를 확보하여 오히려 이 수싸움은 흑의 패배가 된다.

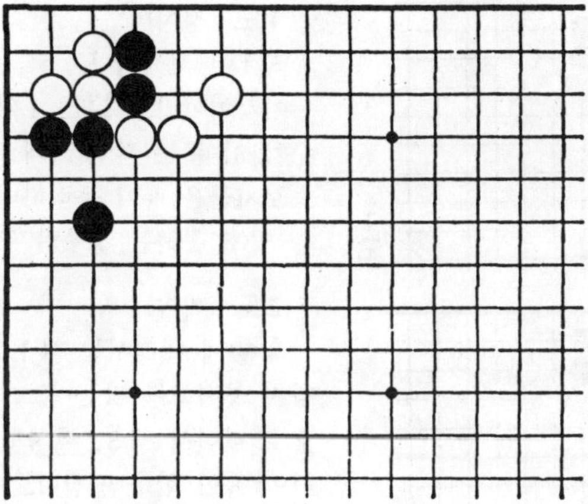

제 2 문

흑이 먼저 둘 때

흑선으로 귀의 백 3점을 잡을 수 있느냐, 또는 잡을 수 없느냐 하는 것을 묻고 있는 그림이다. 만약 귀의 백 3점을 잡을 수 있다면 그 수순은?

이 문제는 실전의 대국에서도 곧잘 나타나므로, 신중을 기하여서 습득해둘 필요가 있다.

여기에서는 첫수가 중요하다. 어디에다가 제 일착을 하느냐에 따라서 흑백의 수수가 달라지기 때문이다.

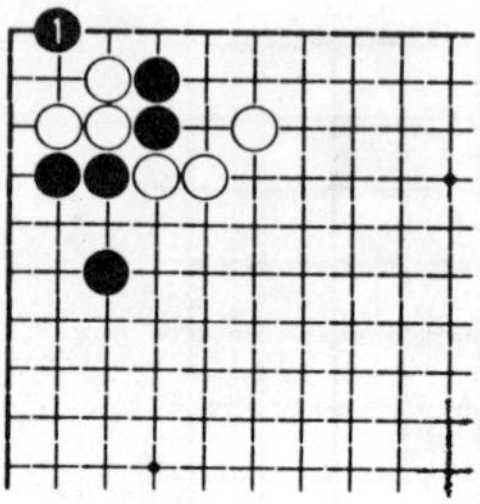

1도

1도 (정석)

흑1이 정석이다.

이것이야말로 '2·1의 곳에 수가 있다'는 격언 그대로이다. 초보자들은 흑이 유리하다는 것을 알지 못하는 경우가 흔하다.

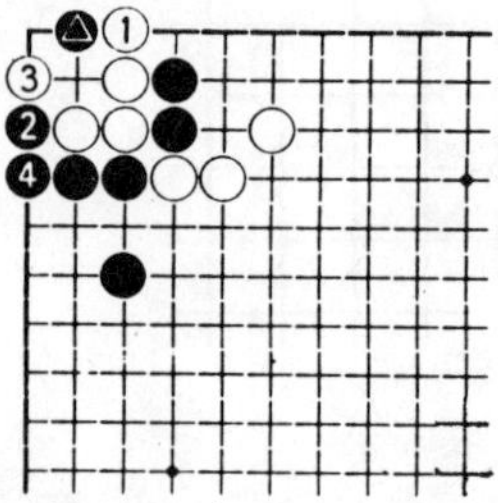

2도

2도 (계속)

흑▲에 대해서는 백1로 흑을 넘지 못하도록 막는다. 그러면 흑2로 젖혀서 백3, 흑4를 교환하여 흑이 한수 이긴다. 자칫 잘못해서 흑▲로 3에 두면 다음과 같이 되어 흑의 패배가 된다.

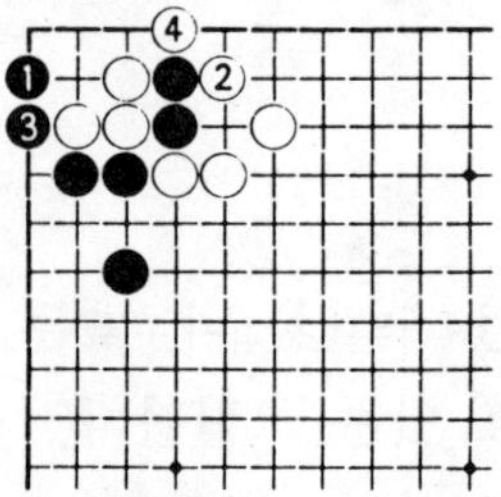

3도

3도 (실패)

같은 '2·1'의 곳이라 해도 이렇게 흑1에 두는 것은 실패다.

백2, 흑3, 백4로 그만이다.

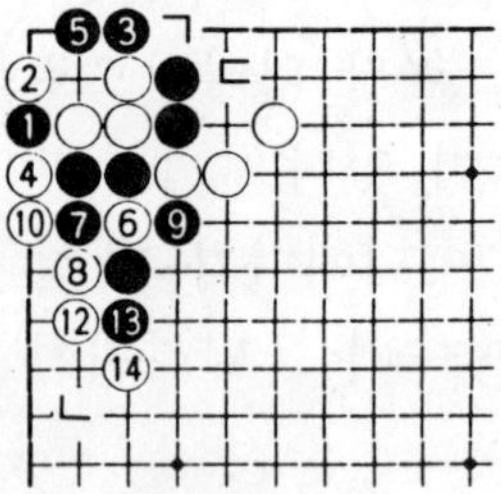

⓫ 이음

4도

4도 (실패)

흑1로 젖혀도 역시 실패하는 것은 마찬가지다. 흑5까지는 필연적이며, 이 다음 백은 6, 8로 조이는 수가 있어서 10으로 넘어가 외부로 벗어나게 된다. 흑ㄱ에 두어도 백ㄴ이 된다. 백6으로 7에 두면 흑6, 백ㄷ에 두어도 백이 승리한다.

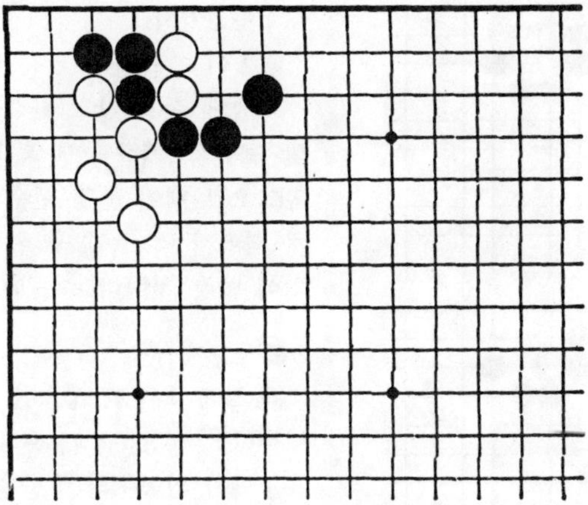

제 3 문

백이 먼저 둘 때

어떻게 하면 흑에게 포위당한 백 두 점을 구출해낼 수 있을까?

백 두점을 살리기 위해서는 끊어진 흑 3점을 잡아야만 한다. 그것이 과연 가능할까?

백선이라는 잇점을 가지고 수싸움을 벌인다. 수순이 정확하면 충분히 흑을 제압할 수 있다.

백의 첫 착수가 문제이다. 올바른 수순을 찾아보자.

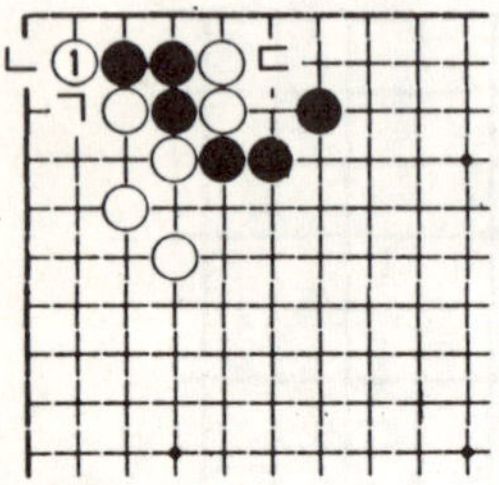

1 도

1 도 (정석)

백 1이 정석이다.

백 1에 두지 않고 한걸음 양보할 경우 백ㄱ에 두면 흑 1, 백ㄴ, 흑ㄷ으로 백이 분명 .한수 부족하게 되어서 백도 이 수 외에는 방법이 없는 것이다.

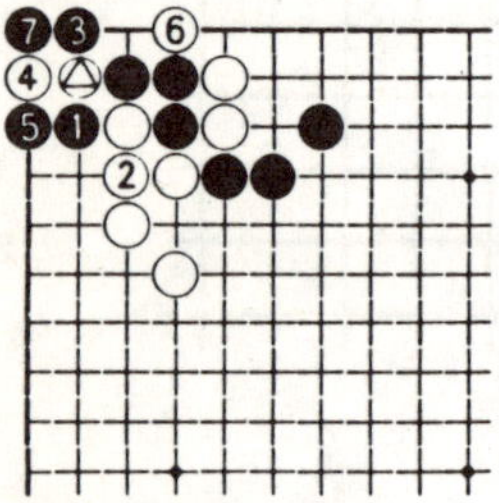

2 도

2 도 (계속)

백 Ⓐ에 흑 1로 끊으면 백 2로 잇는다. 흑 3, 백 4, 흑 5, 백 6, 흑 7까지 외곬수의 수순을 밟아서 3 도가 되는데 결국은 백이 한수 승리로 끝난다.

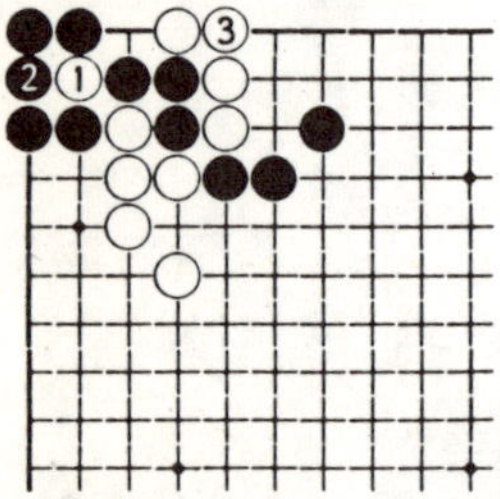

3 도

3 도 (계속)

계속해서 백 1로 먹여친다. 흑 2에 백 3으로 이으면 흑은 석점을 잇지 못하게 되어 백이 한수 이긴다.

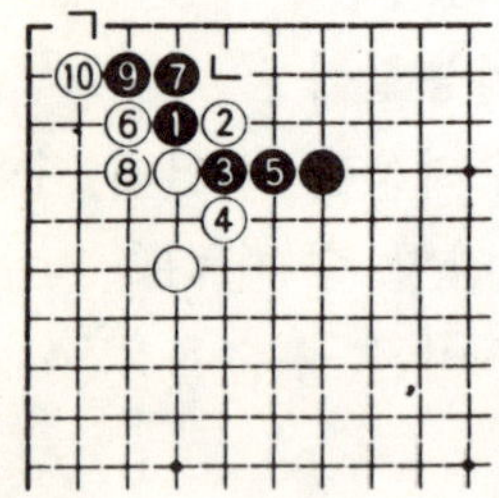

4 도

4 도 (화점정석)

흑 1부터 백10까지는 접바둑에서도 흔히 나타나는 화점 정석이다. 여기서 흑ㄱ으로 젖혀두면 백ㄴ으로 두어 문제 그림과 같이 흑이 잡혀버린다. 그러므로 흑은 ㄱ대신 ㄴ으로 응수하는 것이 정석이 된다.

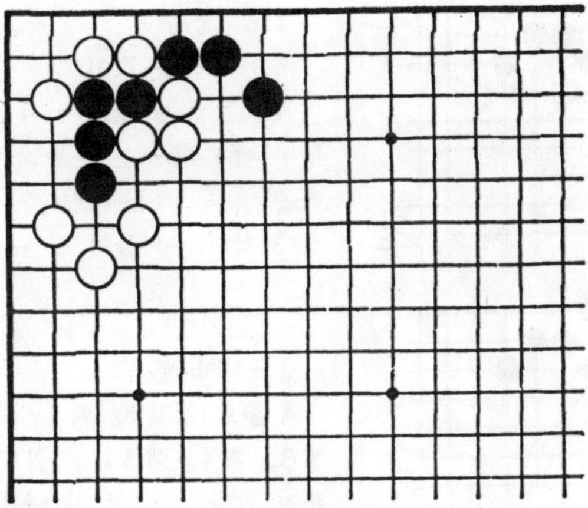

제 4 문

흑이 먼저 둘 때

한눈에 보아도 흑으로서는 상당히 벅찬 모양임을 알 수 있다.

여기에서는 평범한 수순이 통하지 않는다. 묘수여야만이 현상태의 어려움을 풀어나갈 수가 있다.

흑으로서는 아무래도 백의 약점을 찌르지 않을 수가 없다.

수읽기를 하여본 후에 적정한 수를 찾아 보자.

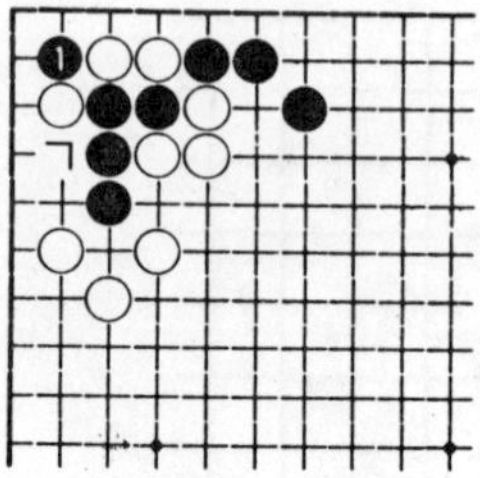

1
도

1 도 (정석)

흑 1로 끊는 것이 정석이다.

흑 1로 끊지 않고 먼저 백ㄱ에 두면 백 1로 잇는 수를 허용하여 흑은 넉수, 백은 다섯수가 되므로 도저히 수싸움이 될 수가 없다.

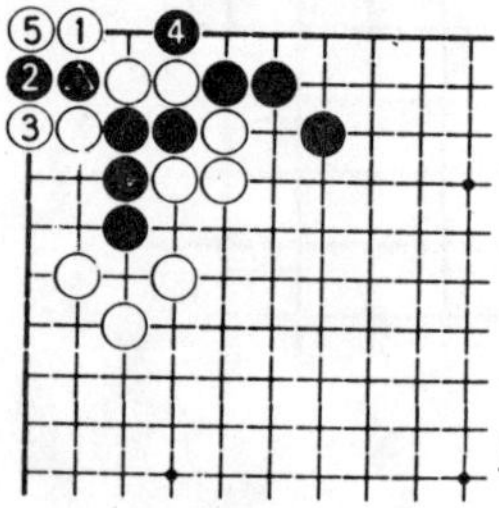

2
도

2 도 (계속)

흑△로 끊기면, 백 1, 흑 2, 백 3, 흑 4, 백 5는 외곬수의 진행이 된다. 그리고 이 다음 흑△로 먹여쳐 다음과 같이 된다.

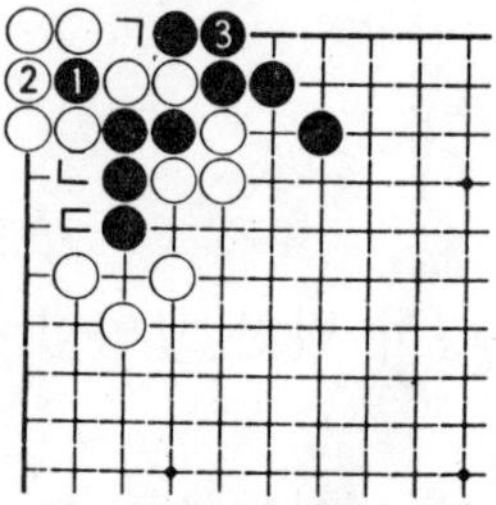

3
도

3 도 (계속)

흑 1로 먹여친다.

백 2로 때리면 흑 3으로 잇는다. 백ㄱ이라면 흑ㄴ으로 백 전부가 죽는다. 또 백ㄷ에 두면 흑ㄱ으로 흑 넉점은 살아버린다.

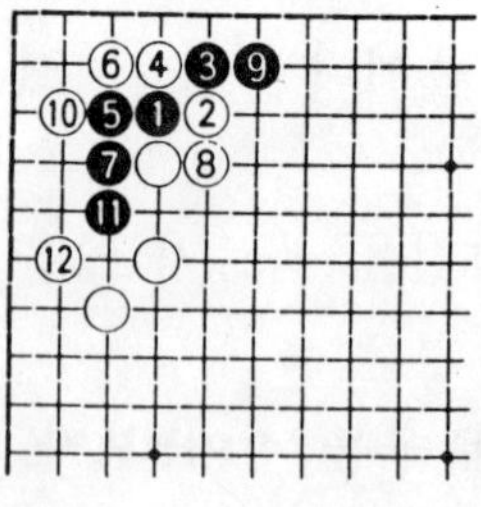

4
도

4 도 (검토)

제22문을 검토해 보면, 이러한 수순으로도 이루어질 것 같다. 그리고 이 수순이라면 문제의 열쇠가 되는 흑의 끊음수가 성립하기 마련이므로 백10 또는 12가 악수(惡手)였다고 할 수 있다.

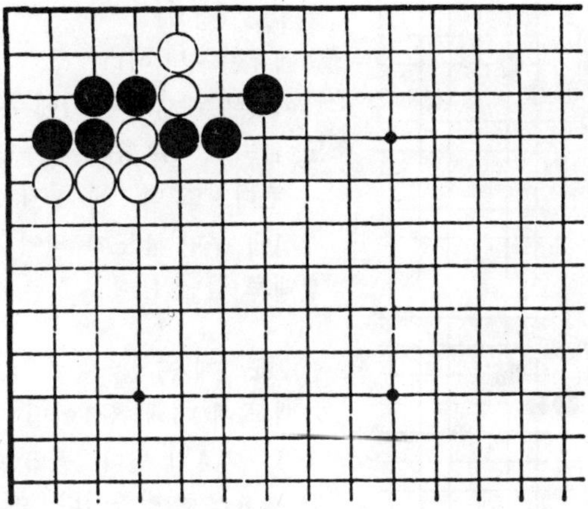

제 5 문

백이 먼저 둘 때

백선으로 귀의 흑과 수싸움을 벌여서 이길 수가 있을까?

여기에서도 수순이 중요하다.

백은 수읽기를 하여 본 연후에 효과적인 수순을 구사해야 한다. 무턱대고 아무렇게나 두면 결국 실패하게 되므로 신중을 기하여 꼭 필요한 수순을 찾아 보자.

여기에서는 특히 제 일착이 중요하다.

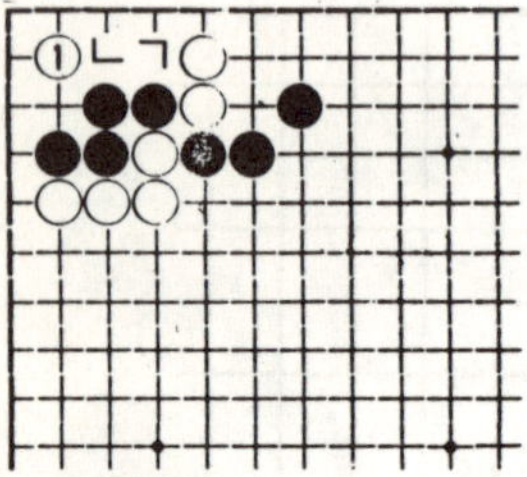

1
도

1도 (정석)

백 1이 정석이다.

이것에 대해서 흑ㄱ에 두면 2도가 되고, 또 흑ㄴ에 두면 3도가 된다. 또 백 1에 두지 않고 백ㄱ에 두면 4도가 되어 백의 실패로 끝난다.

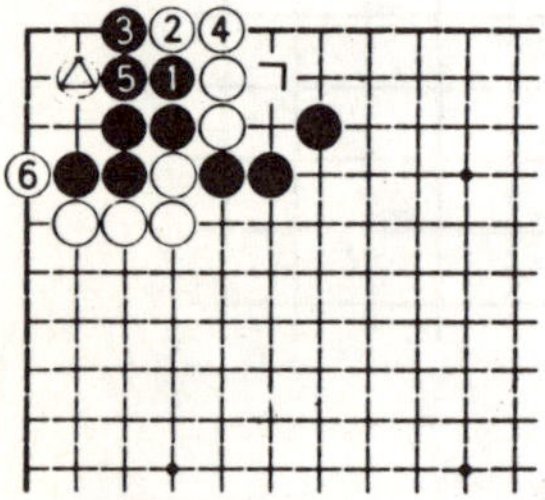

2
도

2도 (계속)

백 Ⓐ에 대해 흑 1이면, 백 2, 흑 3, 백 4가 된다. 흑 5로 이으면 백 6으로 만족이다. 또 흑 5로 ㄱ에 두면 백 5로 끊어 이것 역시 백이 한수 이긴다.

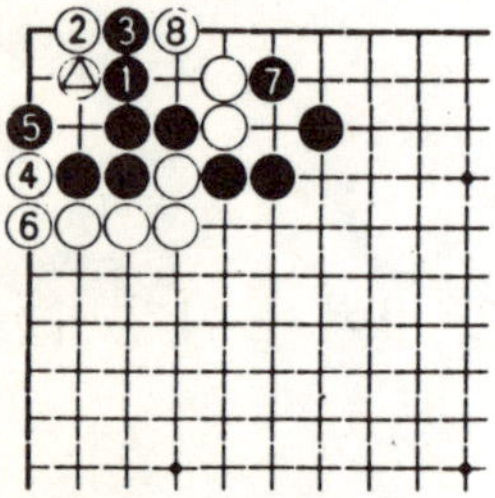

3
도

3도 (변화)

백 Ⓐ에 흑 1이면 백 2로 당연히 내려서야 한다. 흑 3으로 넘지 못하게 막으면 백은 4, 6으로 젖혀잇는다. 이 다음 흑 7, 백 8로 백이 이긴다. 백 2로 3에 두면 흑 2를 당해 실패한다.

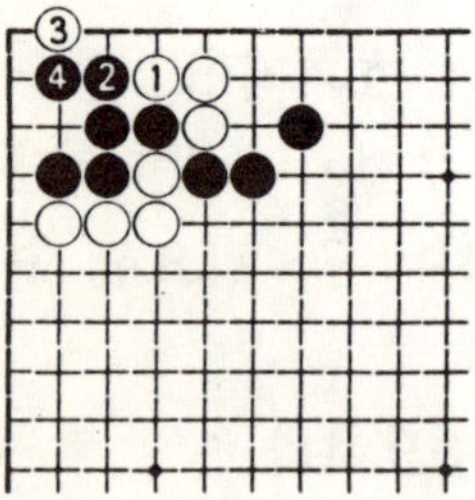

4
도

4도 (실패)

처음에 백 1로 두면 흑 2를 당해 실패한다. 백 3에 두어도 흑 4가 급소다. 잡을 수 있는 것을 패로 만들어서는 실패다.

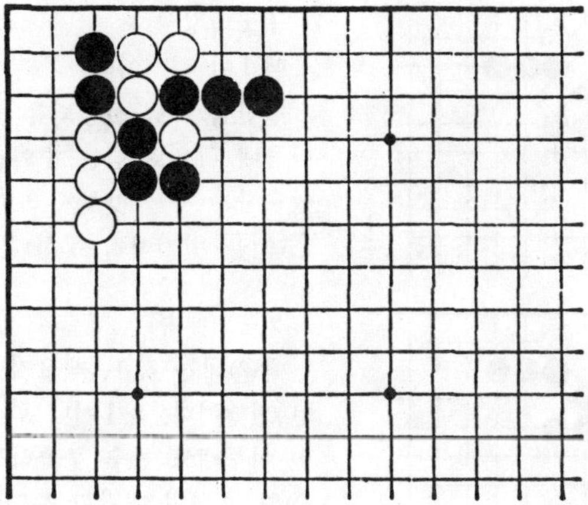

제 6 문

백이 먼저 둘 때

백선으로 귀의 흑을 잡고 삶을 도모할 수 있는가 하는 것이 이 문제의 주요 안건이다.

이 문제는 단순한 수순으로는 해답을 찾을 수가 없다.

귀에서의 잇점을 가지고 있는 흑의 수순을 줄이기 위해서는 보다 효과적인 착수를 진행해야 한다.

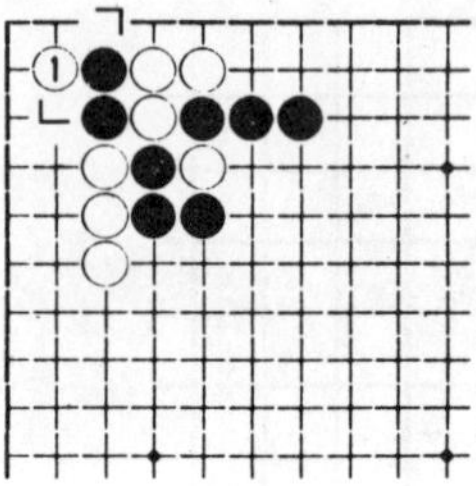

1
도

1 도 (정석)

백 **1**이 정석이다.

일반적으로 사용되는 수이다. 다음에 ㄱ으로 넘는 수와 ㄴ으로 단수하는 수를 맞보게 되어서 흑은 이를 방지하지 못한다.

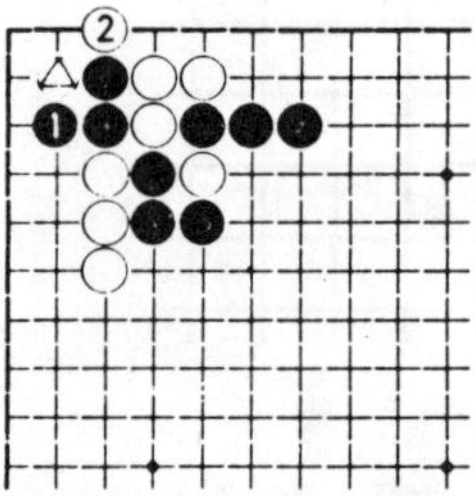

2
도

2 도 (계속)

백△에는 흑 **1**, 백 **2**가 필연적인 진행이다. 흑 **1**이나 흑 **2**에 두면 아무래도 한수 부족하므로 백△의 효력이 대단한 것이다.

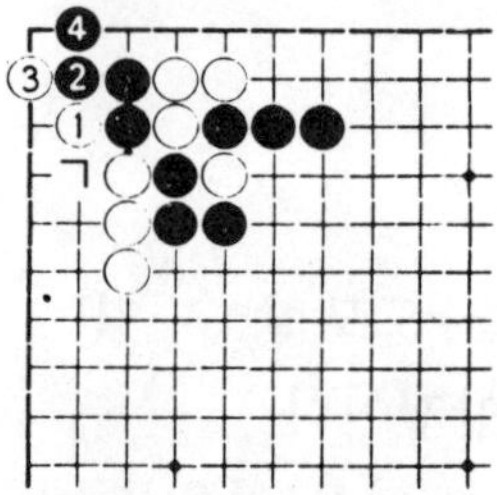

3
도

3 도 (실패)

백 **1**, 흑 **2**일 때 정석을 모르고 백 **3**하여 흑ㄱ으로 끊으면 백 **4**의 패로 만들겠다고 생각하는 것은 너무 지나치다. 흑은 ㄱ으로 끊지 않고 흑 **4**로 응수하므로 가볍게 백이 패한다.

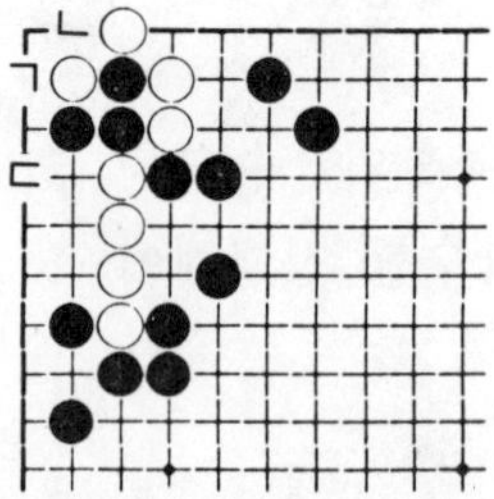

4
도

4 도 (참고)

이것은 「현현기경」에 수록되어 있는 문제인데 이 경우에는 흑ㄱ, 백ㄴ, 흑ㄷ으로 백에게 석점을 따내도록 강요한다음 흑은 되때려서 이어버리므로 백 모두가 죽는다.

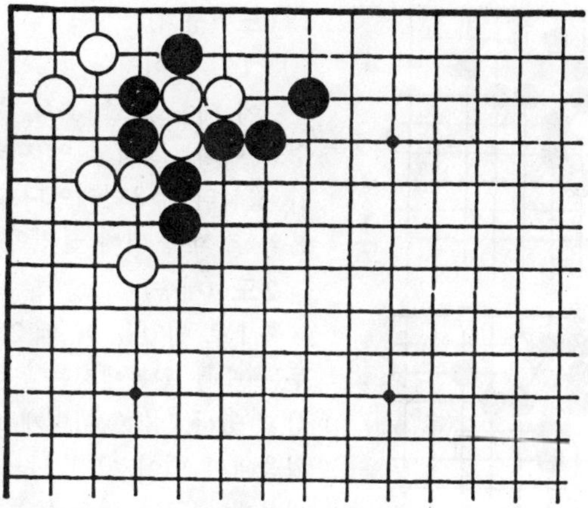

제 7 문

백이 먼저 둘 때

이 그림은 상당히 어려운 고급의 문제이다. 한눈에 보아도 백보다는 흑의 수수가 많음을 알 수 있다.

여기서 제 일의 과제는 백의 수수를 늘리는 일이다. 물론 흑의 수수는 줄이면서 말이다.

백이 어느 곳을 두느냐에 따라서 백의 수수는 변화한다. 신중을 기하여서 수읽기를 하여 보자.

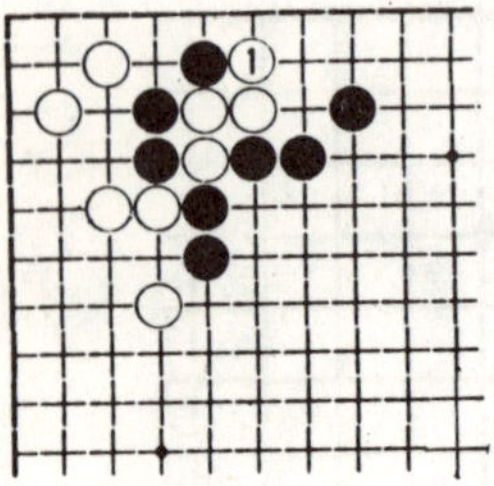

1
도

1 도 (정석)

백 1이 정석이다.

이에 대해 흑은 오직 잇는 한 수 뿐이다. 그리고 이 다음의 수가 정석의 제 2 단계이다. 단, 원본의 정석에 대해 불만이다.

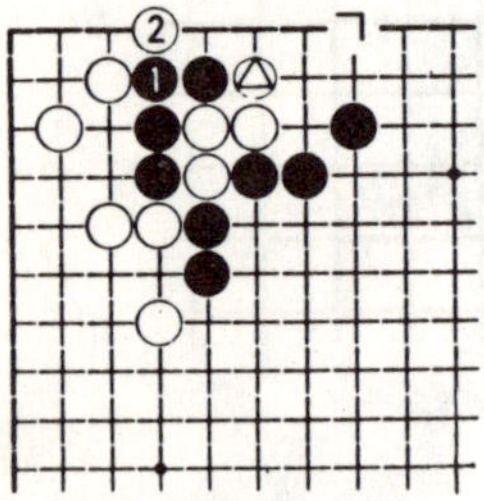

2
도

2 도 (계속)

흑 1로 이었을 때 백 2로 젖혀 두는 수를 원본에서는 정석으로 삼고 있다. 물론 이렇게 해도 수 싸움에서 백이 이기기는 하지만, 다음에 흑ㄱ이 선수로 듣게 된다는 것이 불만이다.

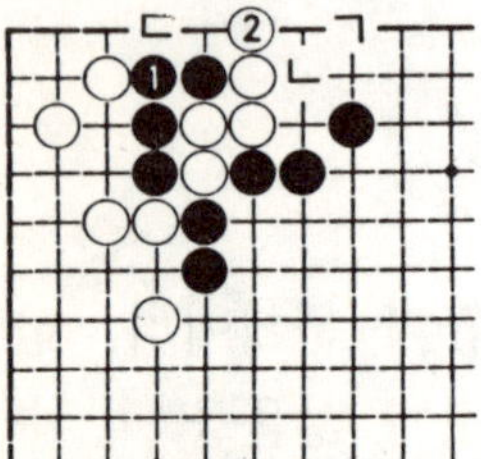

3
도

3 도 (비교)

필자는 흑 1에 대해서 백 2가 좋을 것 같다. 왜냐하면 이것으로 흑ㄱ이 듣지 않기 때문이다. 또 이 다음, 흑ㄴ에 대해서는 백ㄷ이 중요한 수로 흑의 수를 줄이는 역할을 하고 있다.

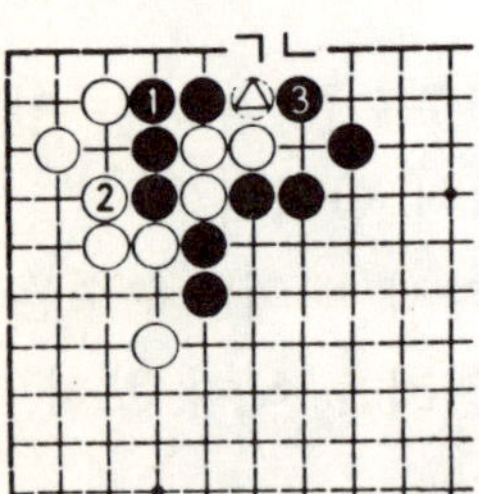

4
도

4 도 (실패)

제대로 백 Ⓐ를 찾아내어 흑 1과 교환했음에도 불구하고, 백 2로 나가 수를 줄여나가면, 흑 3을 당해 백이 한수 부족하게 된다. 흑 3을 당한 다음에 백ㄱ에 두어도 흑ㄴ으로 그만이다.

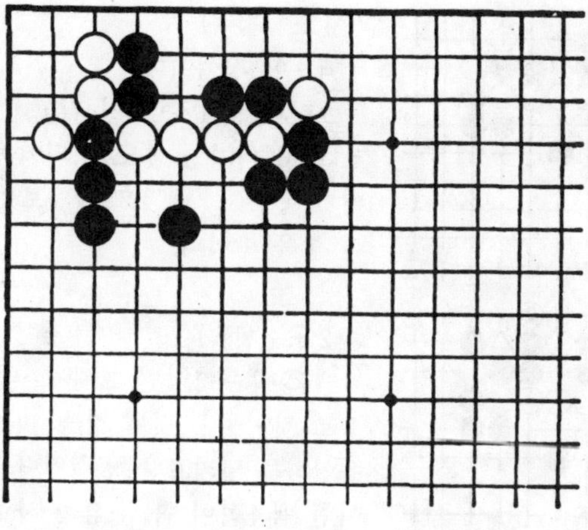

제 8 문

백이 먼저 둘 때

이 모양은 실전에서 곧잘 응용되는 문제이므로 주의깊게 살펴둘 필요가 있다.

이러한 유형의 문제가 나타나면 대부분의 초보자들은 아예 백 4점을 포기해 버리는 경우가 많다. 수읽기를 해보지 않으면 백의 활로(活路)가 없을 것같이 보인다.

그러나 막상 수읽기를 해보면 의외로 수가 있음을 알게 될 것이다.

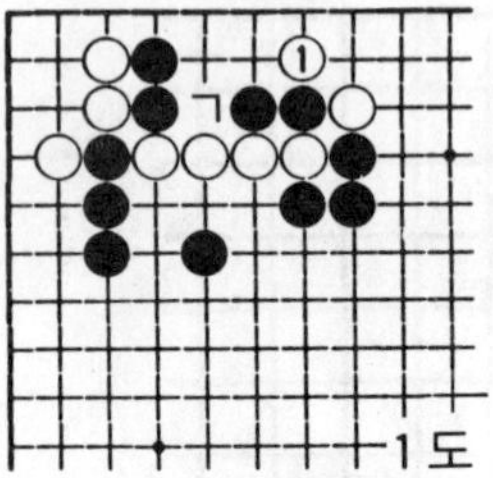

1도

1도 (정석)

백 **1**이 정석이다.

그런데 백 **1**로 두지 않고 백ㄱ으로 먼저 나가면 **4도**가 되어 백의 실패가 된다. 백ㄱ으로 엿보는 백 **1**이 좋은 수이다.

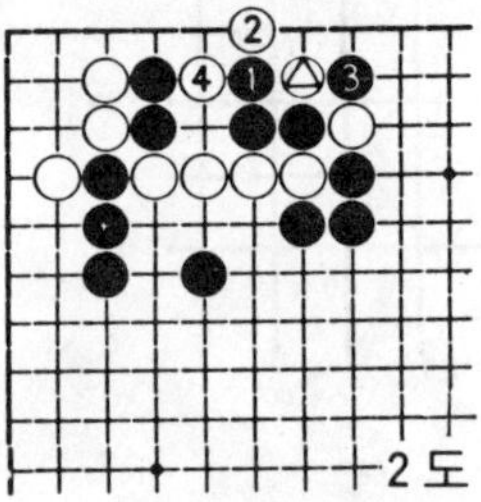

2도

2도 (계속)

백Ⓐ에 흑 **1**이면, 그때에 다시 백 **2**로 젖혀두는 것이 적을 '자충'으로 유인하는 날카로운 공격이다. 흑 **3**이면 백 **4**하여 흑 두점을 사로 잡는다.

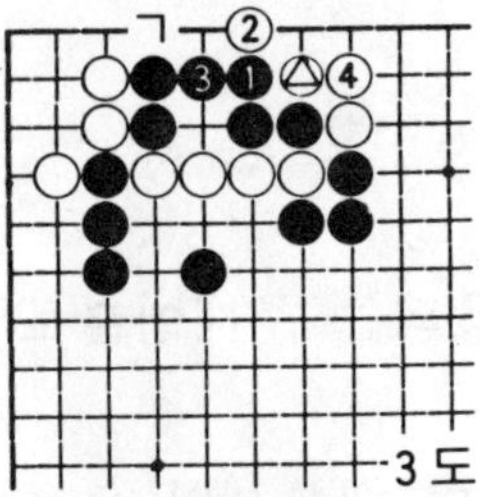

3도

3도 (변화)

백Ⓐ에 흑 **1**, 백 **2**, 그러면 흑 **3**으로 이어 백이 젖혀끼우지 못하도록 막으면 그때 백은 **4**로 잇는다. 다음에 백ㄱ으로 넘는수를 보기 때문에 수싸움은 백의 승리가 된다.

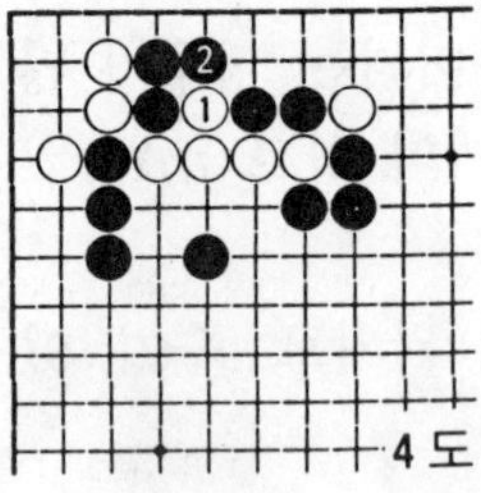

4도

4도 (속수)

백 **1**에 두어 흑 **2**와 교환하는 것은 수싸움에서 오히려 자기 몸을 조이는 결과가 된다. 이 결과는 확실하게 백 석수, 흑 넉수가 되므로 백의 패배이다.

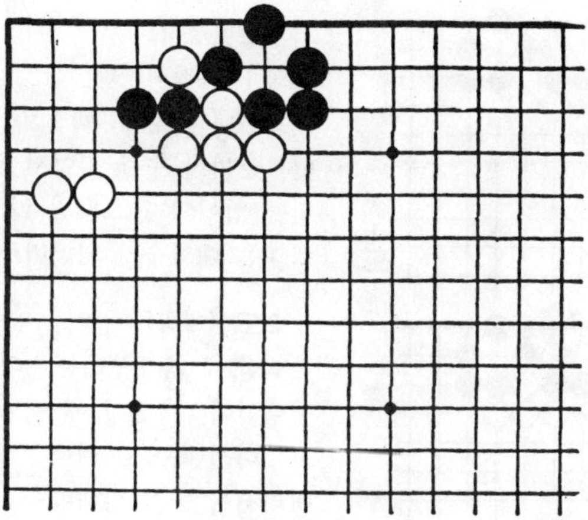

제 9 문

백이 먼저 둘 때

흑에게 갇힌 백 한 점을 어떻게 하면 구출해낼 수 있느냐 하는 것이 이 문제의 주요 안건이다.

백은 끊어진 흑 두 점과 수싸움을 벌이지 않으면 안된다. 백선이라는 잇점을 이용하여 흑 두점을 공격하도록 한다. 좌변 윗귀가 여백으로 남아있기 때문에 여러가지 변화를 예측할 수가 있다. 백은 수읽기를 통하여 올바른 수순을 찾는 것이 바람직한 방법이다.

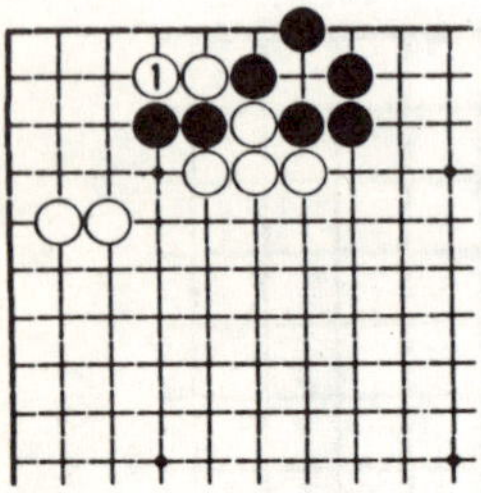

1
도

1 도 (정석)

백 1이 정석이다.

그런데 이렇게 백 1로 두었으면 끝까지 수를 읽어서 이흑 두점을 잡아야지 그렇지 않으면 이 백 1은 대악수가 되어버린다.

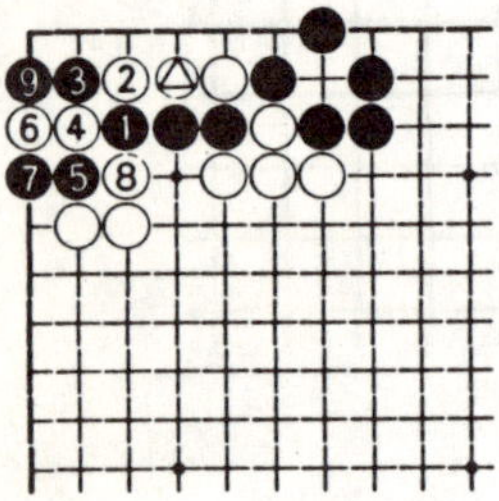

2
도

2 도 (계속)

백 Ⓐ에 흑 1부터는 외곬수의 진행인데, 흑 3일 때 백 4로 끊고 다시 흑 5일 때에 백 6으로 내려서는 수가 상대방을'석탑형'으로 유도하는 일반적인 조임 수법이다.

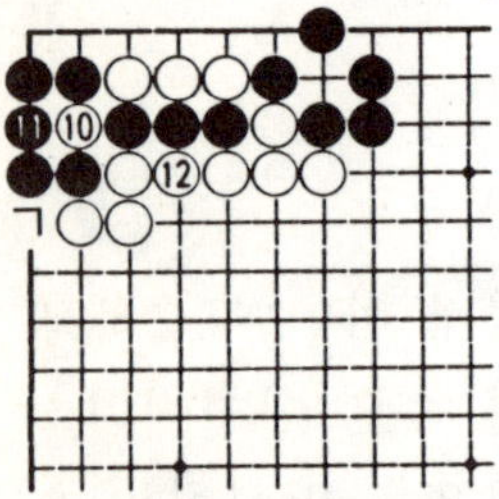

3
도

3 도 (계속)

흑이 두점을 따낸 자리를 백 10으로 먹여친다. 흑 11에는 백 12로 단수해서 흑이 10의 곳을 이으면, 수싸움은 백의 한수 승리다.

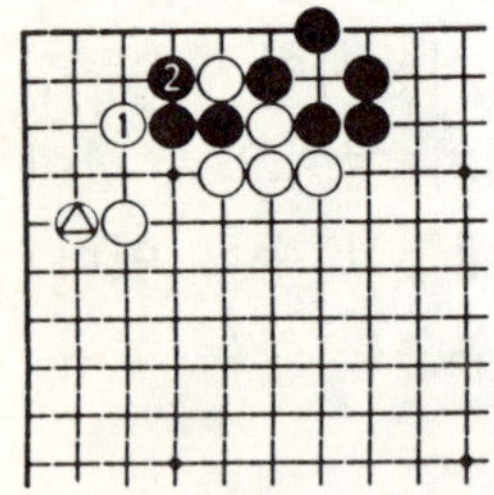

4
도

4 도 (나쁨)

정석의 수순이 있는데도 불구하고 백 1로 두어 흑 2와 교환하는 것은 바람직하지 못하다. 어렵게 왼쪽 아래에 두점으로 선 백 Ⓐ의 한점이 쓸모없게 되어버렸다.

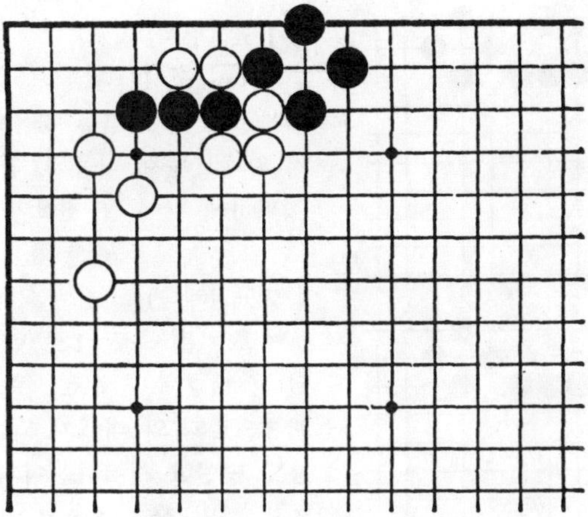

제10문

백이 먼저 둘 때

이 그림은 실전에 있어서도 흔히 사용되는 모양이다. 이 문제는 보다 정확한 수순을 알지 않으면 안된다.

백은 우선 수수를 늘릴 수 있는 착수를 하여야 한다. 만약 수순이 잘못되면 백은 삶을 도모할 수도 없을 뿐만 아니라 흑 3점도 잡을 수가 없다.

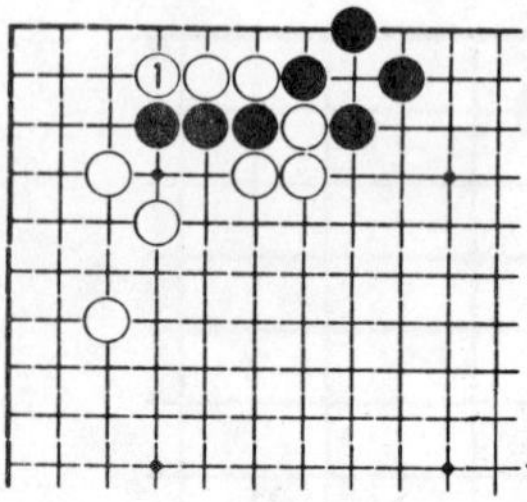

1
도

1도 (정석)

백 **1**이 정석이다.

이렇게 백 두점을 움직여 나가기 위해서는 이 다음의 수순까지 정확하게 읽어 둘 필요가 있다.

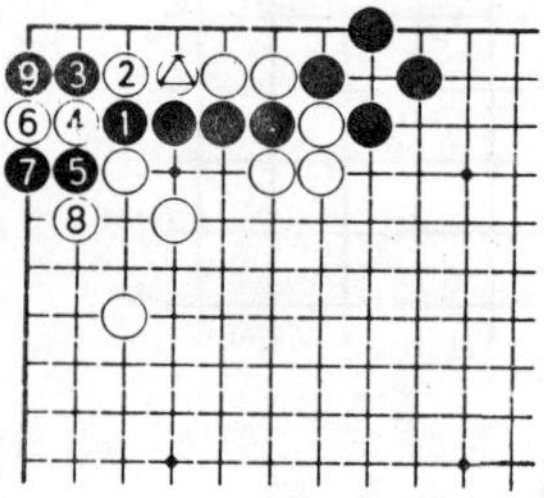

2
도

2도 (계속)

백◬에는 흑도 **1**로 반발하게 된다. 백 **2**에 흑 **4**로 두어서는 백 **3**으로 흑의 패배가 되므로 흑 **3**도 당연한 것이다. 여기서 백 **4**로 한번 끊고 **6**으로 내려서는 것이 올바르다.

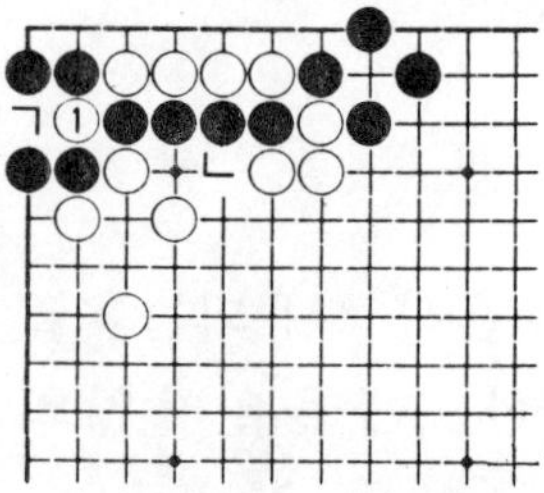

3
도

3도 (계속)

이 모양은 백 두점을 따낸 자리에 백 **1**로 먹여친 것이다. '석탑형'을 유도하는 일반적인 방법이다. 흑ㄱ으로 따내면 백ㄴ으로 수를 줄여 수싸움에서 한수 승리다.

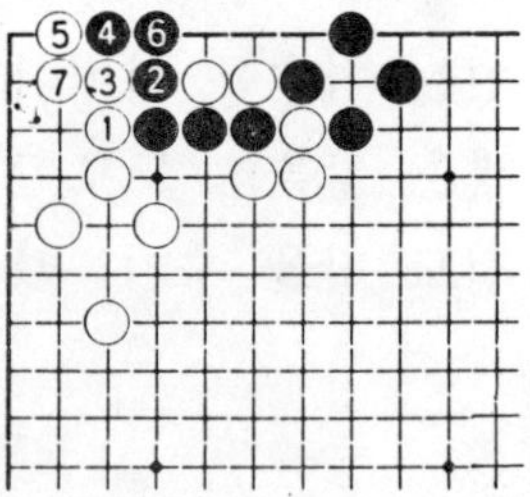

4
도

4도 (손해)

서투르게 백 **1**, **3**으로 끝내기를 해서는 흑 **4**, **6**의 젖혀 잇는 수를 당해 정석에 비해서 큰 손해라는 것을 알 수 있다. 흑은 5집 증가, 백은 10집 감소, 모두 15집의 손해이다.

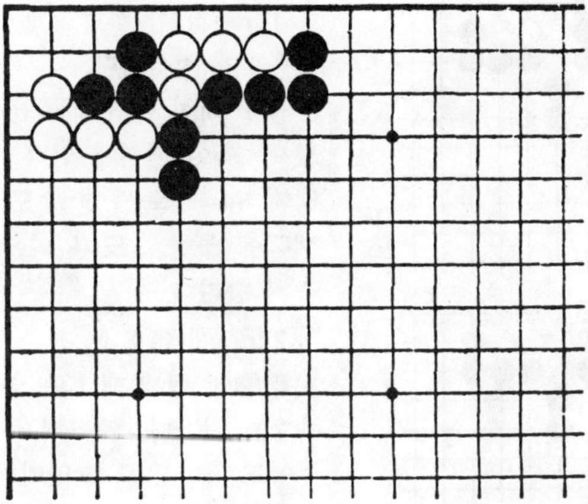

제11문

흑이 먼저 둘 때

이 모양은 실전의 대국에서도 곧잘 나타나는 문제 중의 하나이다.

흑은 두 수, 백은 석수의 수수를 가지고 있다. 여기에서 흑선으로 끊어진 백 4점을 잡기 위해서는 어떠한 수순을 밟아야 하는가?

수싸움에 있어서는 단순한 수순은 금물이다. 무턱대고 자기쪽의 수수만 늘리면 되지 않겠느냐고 하는 사람이 있을지도 모른다.

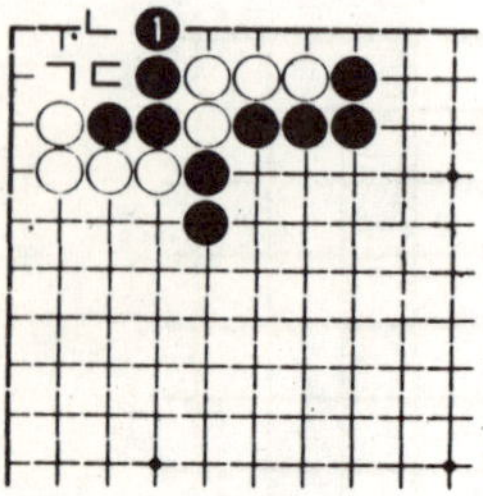

1 도

1 도 (정석)

흑 1이 정석이다.

흑 1 대신 흑ㄱ에 두면 백 1을 당해 흑이 패하게 된다. 흑 1에 대해 백ㄴ으로 두면 2도가 되고, 백ㄷ에 두면 3도가 되어 모두 흑의 승리다.

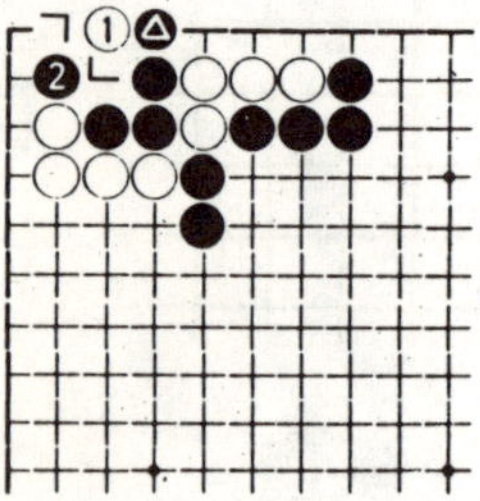

2 도

2 도 (계속)

흑▲에 대해 백 1로 붙여두면 흑 2로 나간다. 계속해서 백ㄱ에 두어도 흑ㄴ으로 그만이다.

백은 이 1보다도 3도의 백 1이 이익이므로 실전에서는 다음과 같이 두어야 한다.

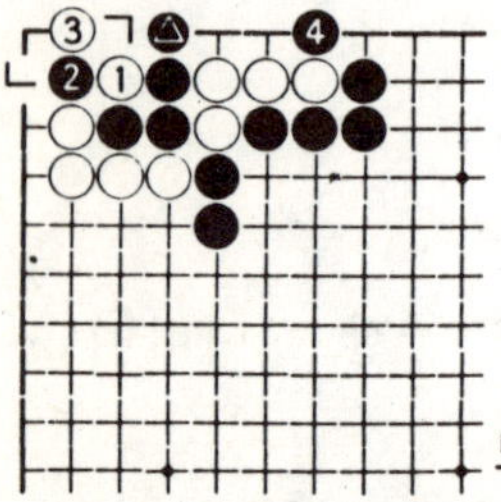

3 도

3 도 (변화)

흑▲에는 백 1일 경우 흑 2로 끊으면 백 3, 흑 4를 교환한다.

이 흑 4의 수를 자칫 잘못해서 흑ㄱ에 두어 백 한점을 따내면 백ㄴ으로 패가 만들어진다.

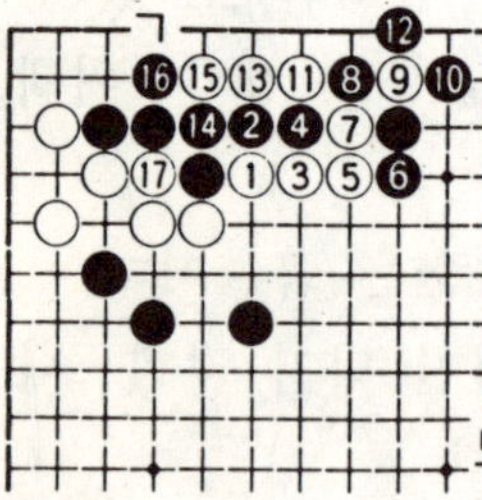

4 도

4 도 (참고)

소목에 한칸 높게 걸쳐둔 후에 붙여 뻗은 정석에서 백 1부터 17까지 되어 제11문과 모양이 비슷하게 된다. 물론 이 다음은 흑ㄱ으로 두어 흑의 승리가 된다.

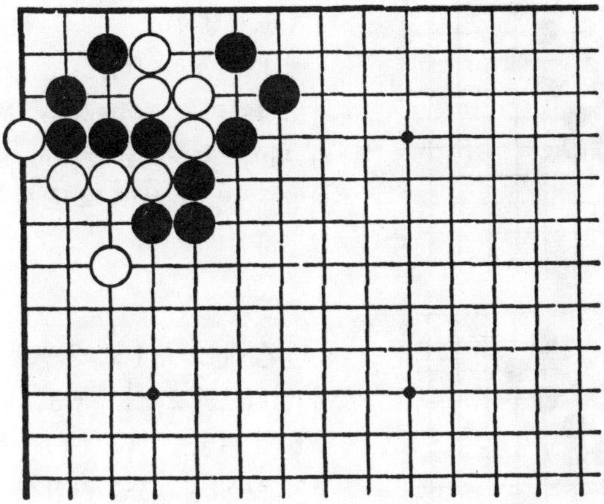

제12문

백이 먼저 둘 때

언뜻 보면 백이 상당히 불리한 입장에 놓여있는 것같다. 물론 백이 현재로서는 상당히 불리한 것만은 사실이다.

그러나 이 상태에서 백이 유리한 위치로 변신할 수 있는 수는 없을까?

물론 수는 있다. 백이 어느 곳에다가 두느냐에 따라서 현재의 상황이 역전될 수도 있는 것이다.

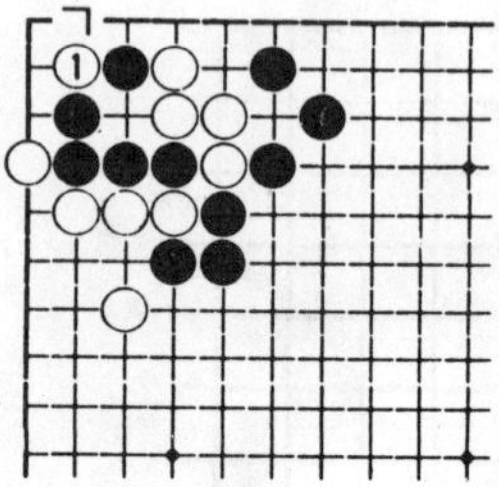

1
도

1도 (정석)

백 1이 정석이다.

모양이라는 관점에서 ㄱ의 곳에 뛰어드는 수를 생각하기가 쉽지만, 그렇게 하면 4도가 되어, 성공하지 못한다.

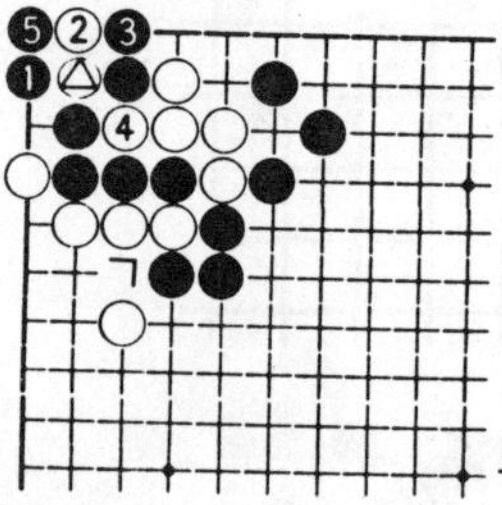

2
도

2도 (계속)

백 ◬에는 흑 1로 응수할 수 밖에 없다. 백 2에는 흑 3, 백 4에 흑 5는 외곬수이다. 흑은 흑ㄱ에 두고 싶지만, 그럴 기회가 주어지지 않는다.

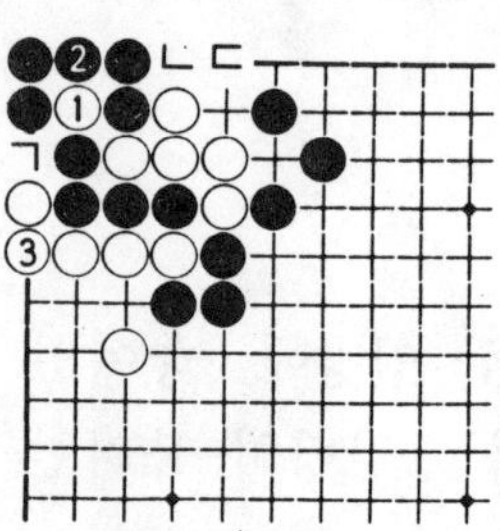

3
도

3도 (계속)

백 1로 먹여치고 흑 2일 때 백 3으로 꽉이은 다음 백ㄱ을 보므로 백의 승리다. 그렇다고 흑ㄱ에 두면 백ㄴ으로 모두 죽게 되므로 흑도 ㄴ에 두어 백ㄱ, 흑ㄷ, 백 1이 된다.

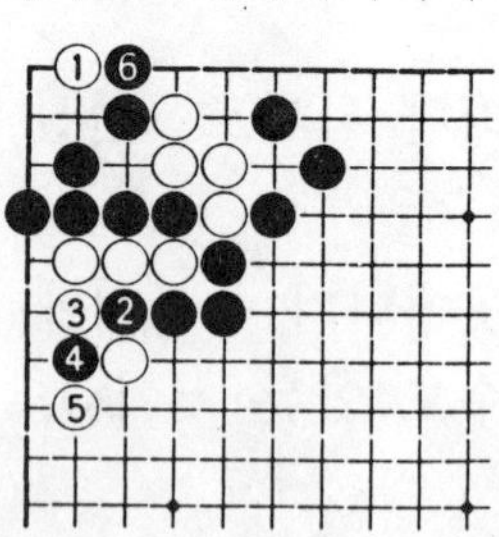

4
도

4도 (실패)

성급하게 백 1로 뛰어들어 호구벌리면 흑은 여유가 있게 되므로 흑 2, 4하여 백 3, 5일 때 흑 6으로 끊으면 이번에는 백이 뜻대로 되지 않아서 패하고 만다

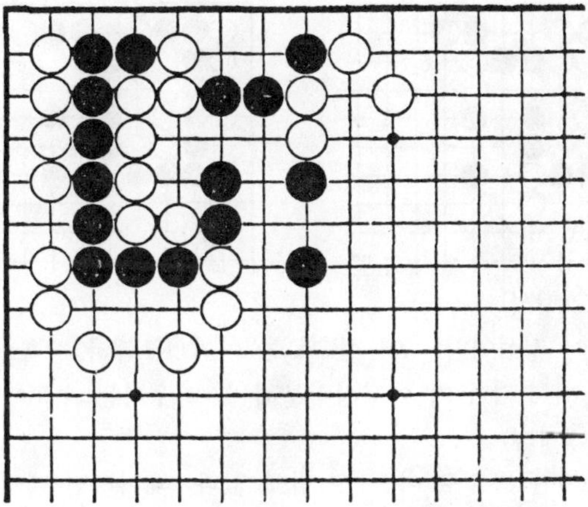

제13문

백이 먼저 둘 때

한눈에 상당히 복잡한 문제임을 알 수가 있다. 흑백의 대마가 각각 끊겨있는 모습이다. 수계산을 하여 보면, 현재로서는 백이 두 수나 모자란다.

여기에서 백선으로 흑을 잡을 수 있는지, 만약 잡을 수 있다면 그 수순은 어떤 것인가 하는 점이 이 문제가 가지고 있는 주요 안건이다.

여기에서도 수읽기가 필요하다. 특히 중요한 것은 제 일착이다.

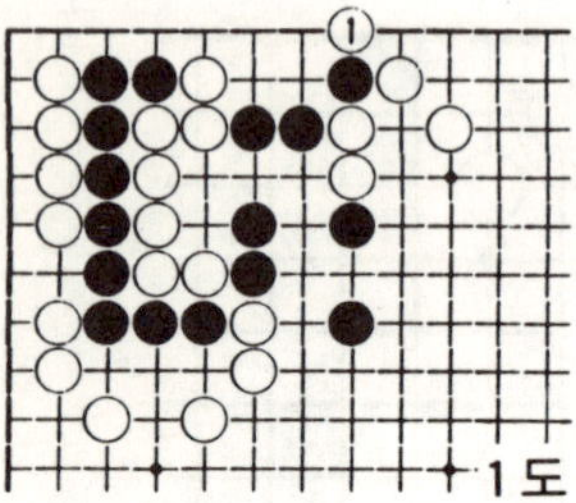

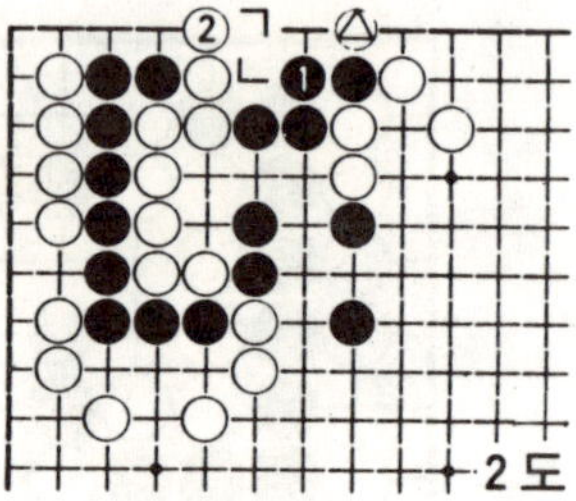

1도 (정석)

백1이 정석이다. 이 한수로는 아직 부족하고 흑이 이은 다음의 백의 응수가 이 '사활문제'를 좌우하는 수순이 된다.

2도 (계속)

백◬에는 흑1로 이을 수 밖에 없다. 왜냐하면 백이 넘어갈 경우 흑이 모두 죽게 되기 때문이다. 계속해서 백2가 중요한 착수로 흑ㄱ이면 백ㄴ으로 넘어가게 된다.

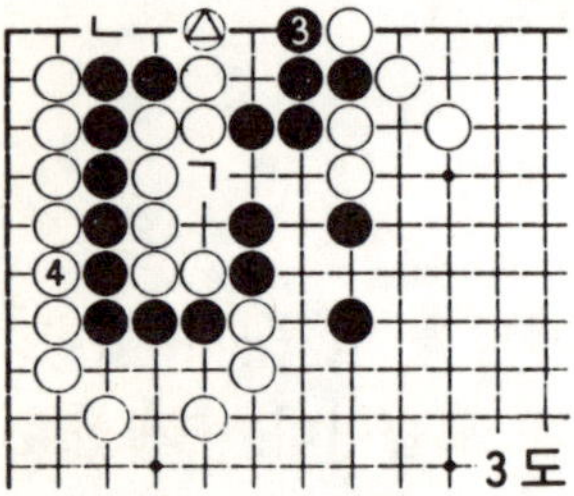

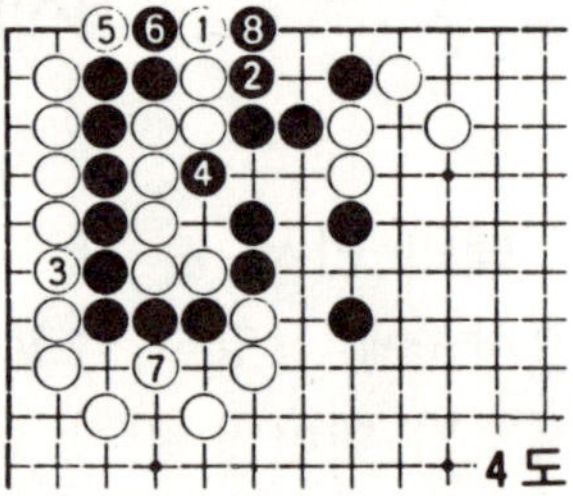

3도 (계속)

백◬에는 흑3으로 넘지 못하게 막는 한 수인데, 백◬은 '자충'을 피하면서 내려선 것이다. 백4하여 수싸움은 백의 승리가 된다. 흑ㄱ, 백ㄴ이다.

4도 (실패)

평범하게 백1로 두면 흑2로 수를 줄이는데 이 한수가 바로 승패를 좌우하는 것이다.

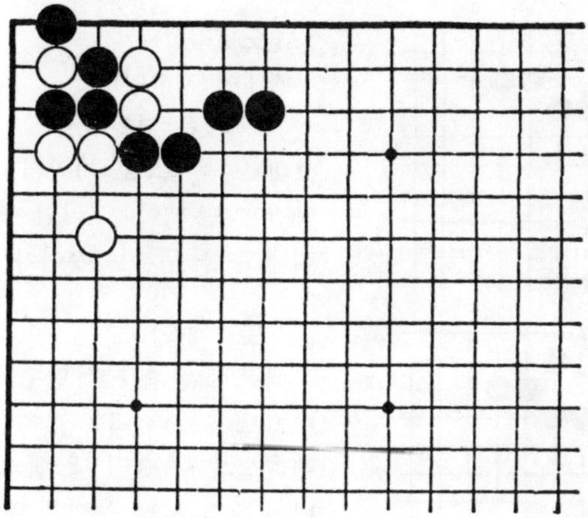

제14문

백이 먼저 둘 때

한눈에 보아도 흑에 비해 백이 상당히 불리한 그림이라는 것을 알 수 있을 것이다. 여기에서 백선으로 흑 4점을 잡을 수 있는 방법은 어느 것인가?

이 모양은 실전에서도 자주 나타난다. 신중하게 검토하여 익혀 두면 여러모로 도움이 될 것이다.

백은 우선적으로 손을 써야 할 곳이 있다.

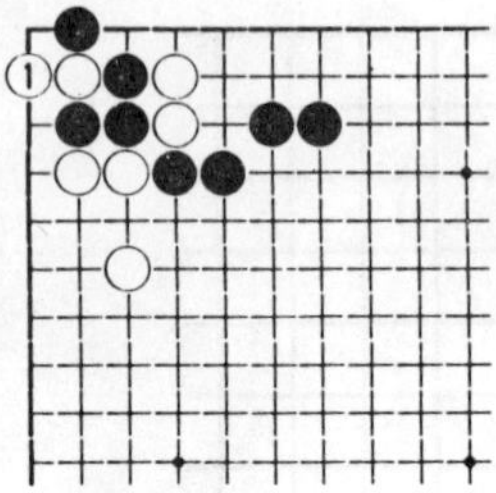

1 도 (정석)

백 1이 정석이다.

이 백 1은 격언에서 가르치는 그대로 '두점으로 키워서 버리는' 작전이다. 백이 때리면 때린 자리에 수를 두자는 것이다.

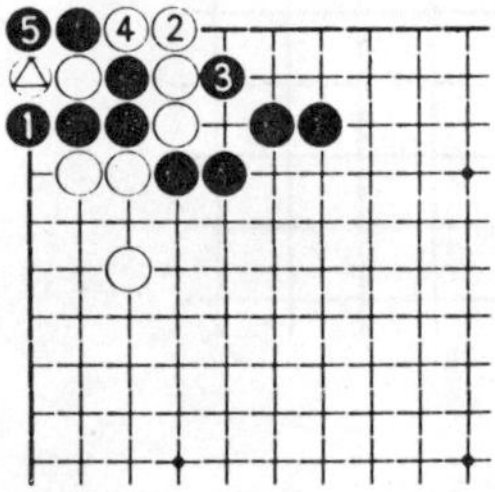

2 도 (계속)

백 ◬에는 흑 1로 단수하는 한 수이므로 그때 백은 2의 곳에 내려선다. 흑 3일 때 백 4로 치받아 흑 5로 백 두점을 따내도록 강요한다.

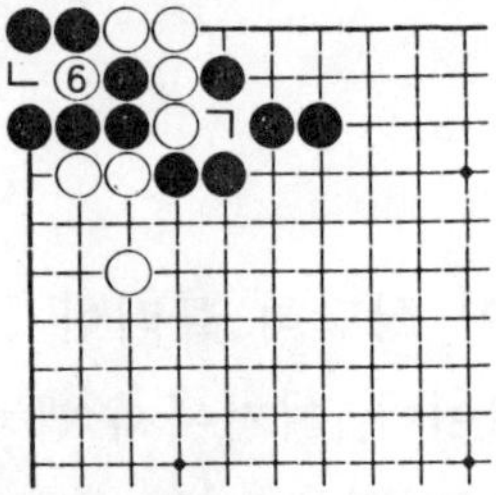

3 도 (계속)

그런 다음 백 6으로 먹여친다. 흑ㄱ에 두어도 백ㄴ으로 백이 한수 이긴다.

4 도의 흑이 젖혀서 미연에 방지한 것과 비교해 보면 그 '출입'의 차이는 매우 큰 것이다.

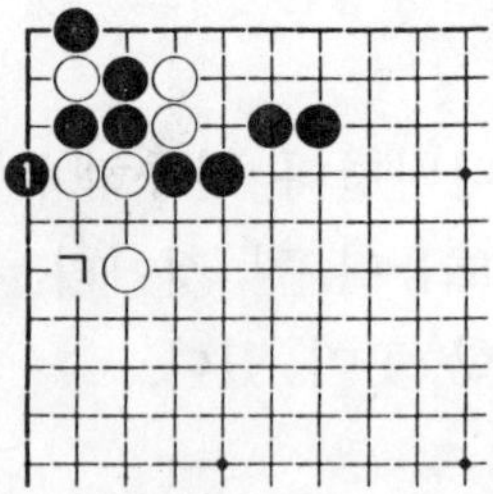

4 도 (변화)

백이 살아나가지 못하게 흑 1로 두는 수는 실리가 대단히 큰 수이다. 백이 ㄱ부근에 응수하면 흑은 선수로 왼쪽윗귀를 수비하게 되는 것이다.

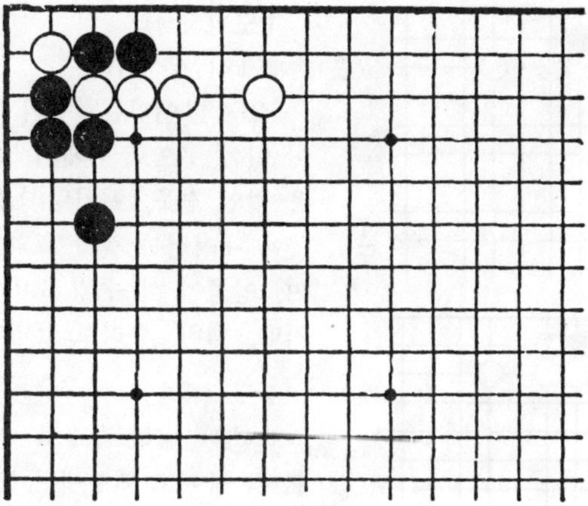

제15문

백이 먼저 둘 때

백이 특공대를 급파하여 흑 2점을 끊었다. 여기에서 백선으로 과연 귀의 한 점을 살려낼 수 있을까?

백은 끊어진 흑 두 점과 수싸움을 목표로 하여야 한다. 수싸움에서 이기게 되면 흑 두 점을 잡게 되고 아울러 백 한 점은 자동적으로 삶을 도모할 수 있게 된다.

여기에서는 수순이 중요하다.

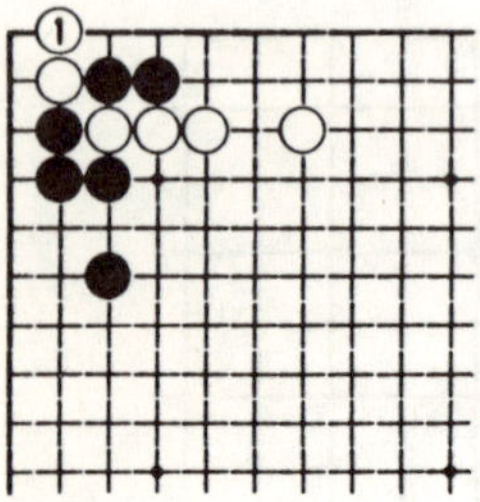

1 도

1 도 (정석)

백 **1**이 정석이다.

'2 · 1'이라는 '귀의 특수성'이 있는 곳으로 귀에서 '수싸움'을 벌일 경우, 이처럼 '2·1'의 곳에 내려서는 것이 효과가 있으며, 양쪽이 석 수씩 소비하고 있지만, 백의 승리로 끝난다.

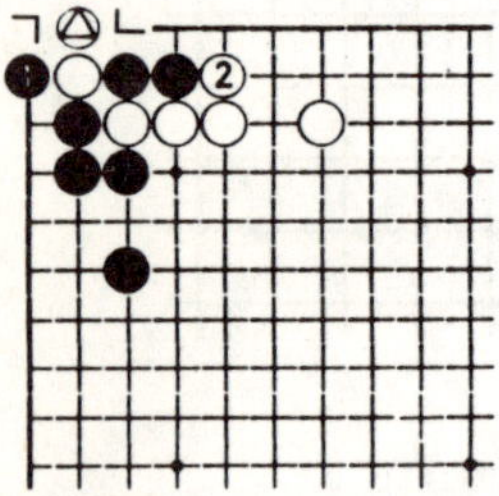

2 도

2 도 (계속)

백 ◬에 대해 흑 **1**로 수수(手數)를 줄여도 백 **2**에 두면 흑은 자충이 되기 때문에 ㄱ과 ㄴ 어느곳에도 착수할 수가 없다.

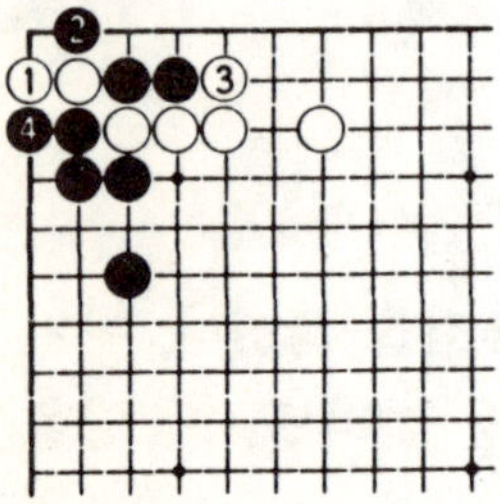

3 도

3 도 (실패)

같은 '2 · 1'의 곳이라고 해서 성급하게 백 **1**로 내려서는 것은 바람직하지 못하다. 흑 **2**의 젖힘수를 당하면 백 **3**, 흑 **4**가 되어 백이 한 수 부족하게 된다.

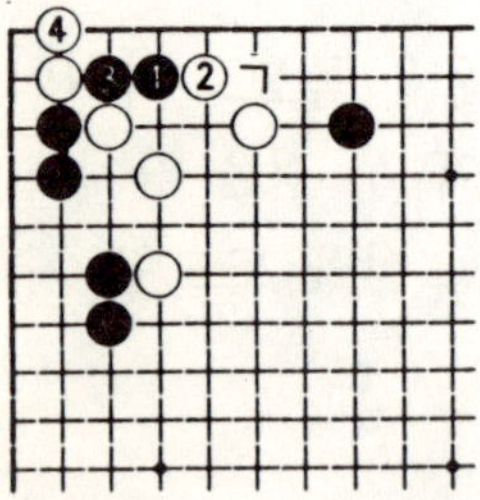

4 도

4 도 (활용)

이러한 맥은 주로 화점정석에서 많이 활용된다. 흑 **1**의 의도는 백이 **3**으로 이으면 흑ㄱ으로 넘어가 백을 공격하려는 것이므로 백은 **2**의 곳을 수비하고 흑 **3**에는 백 **4**로 저항해야 한다.

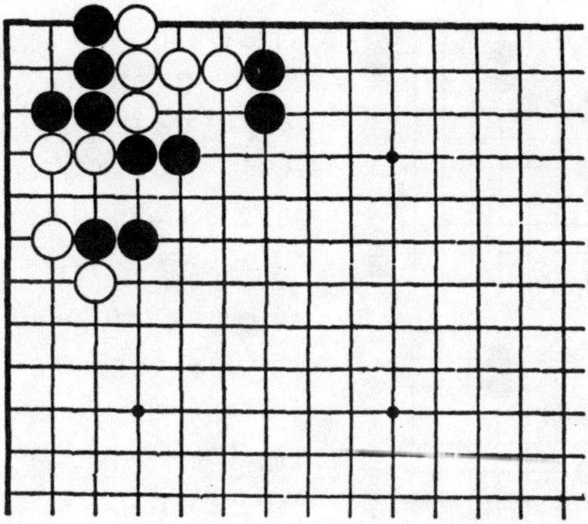

제16문

흑이 먼저 둘 때

이 그림을 보면, 흑은 석수인데 비해서 백은 넉수의 수수를 가지고 있다. 여기서 흑선으로 백을 제압할 수 있는 수순을 찾는 것이 이 문제가 안고 있는 과제이다.

수싸움에 있어서는 어떻게 해서든지 자기의 수수는 늘리고, 아울러 상대방의 수수는 줄여야 한다는 것이다. 이것은 불변의 진리이다.

그렇다면 이곳에서는 어떻게 두어야 할까?

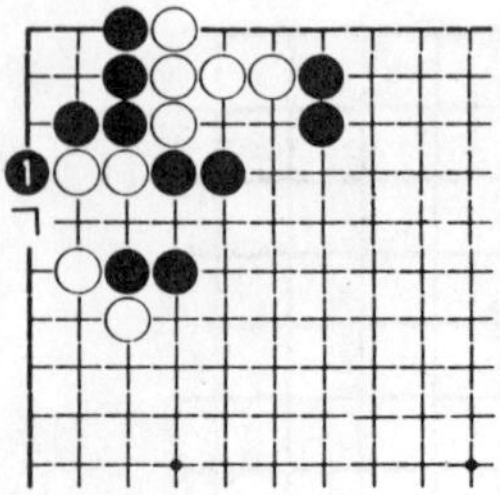

1 도

1 도 (정석)

흑 1이 정석이다.

이렇게 젖혀서 수수(手數)를 늘인다. 이것에 백ㄱ으로 수비하면 2도가 되어 패싸움이 된다.

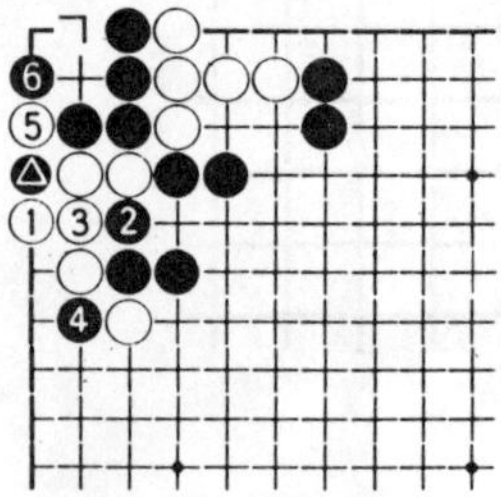

2 도

2 도 (계속)

흑▲를 백 1로 수비하면 흑 2, 백 3, 흑 4, 백 5, 흑 6이 되어서 큰 패의 시발점이 된다. 백ㄱ, 흑▲의 패싸움이다. 백이 패를 피하려면 다음과 같은 방법이 있다.

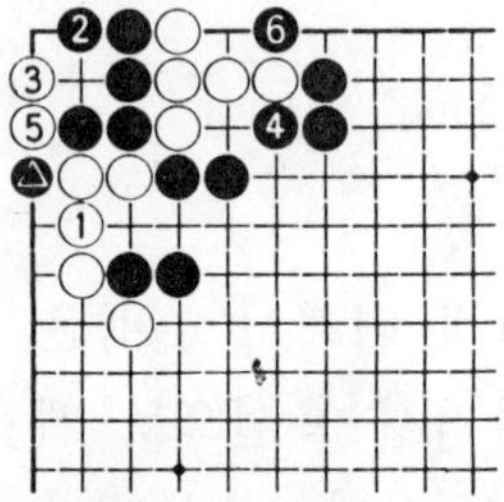

3 도

3 도 (흑의 승리)

흑▲에 백 1이면, 흑 2가 절묘하게 수를 늘인 것이다. 백 3, 흑 4, 백 5, 흑 6으로 수싸움은 흑의 승리가 된다.

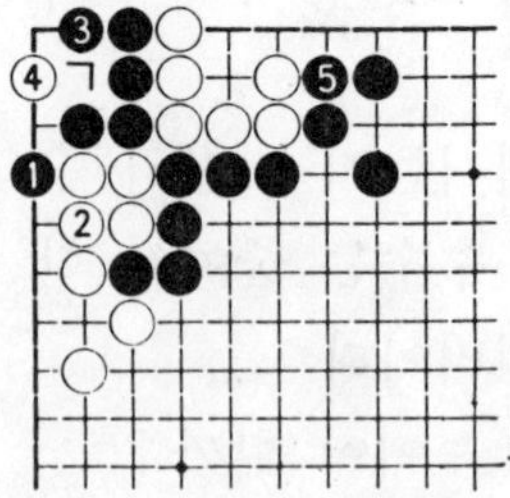

4 도

4 도 (현현기경)

제16문은 '현현기경'에 '맹호투림(猛虎投林)'이란 제목으로 수록된 것인데, 4도 역시 '운기성하(雲起成霞)'라는 이름으로 출제되어 있다. 똑같은 맥이어서 3으로 흑 5에 두면 백 3을 당해 흑ㄱ, 백 4로 패가 만들어진다.

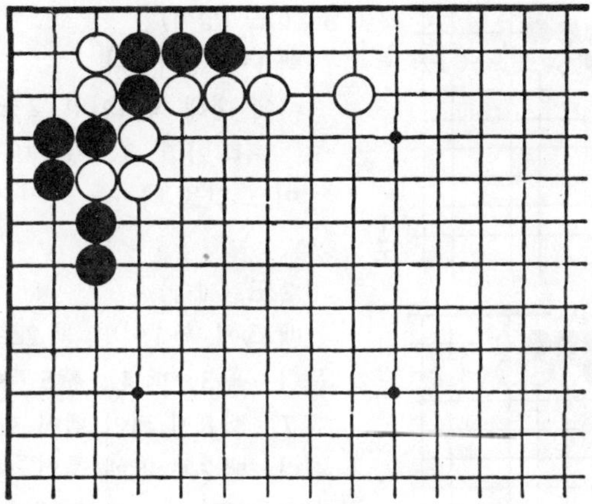

제17문

백이 먼저 둘 때

언뜻 보면 백이 상당히 불리한 것처럼 보인다. 그러나 귀에는 수없이 변화를 일으킬 수 있는 특수성이 있다. 백은 이 점을 염두에 두고 수순을 진행하는 것이 바람직하다.

실전에서 이러한 모양이 전개되면 초보자들 가운데는 대개 백 두 점을 포기해 버리는 경우가 많다. 이는 수읽기를 할 능력이 없기 때문이다.

바둑은 항상 세심한 살핌과 수읽기가 중요하다.

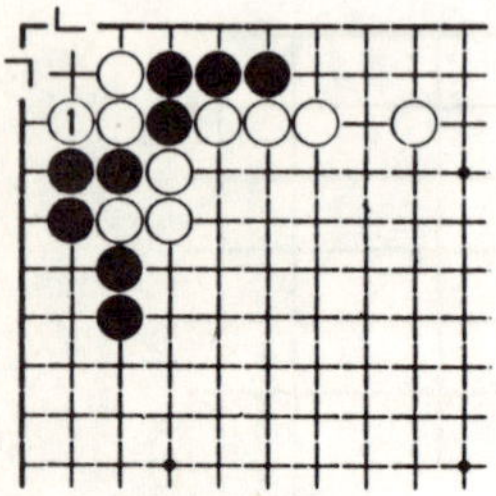

1 도

1 도 (정석)

백 1이 정석이다.

이에 대해 흑ㄱ이면 2도가 되고, 흑ㄴ이면 3도가 된다.

어느 것을 택하든 백이 이긴다.

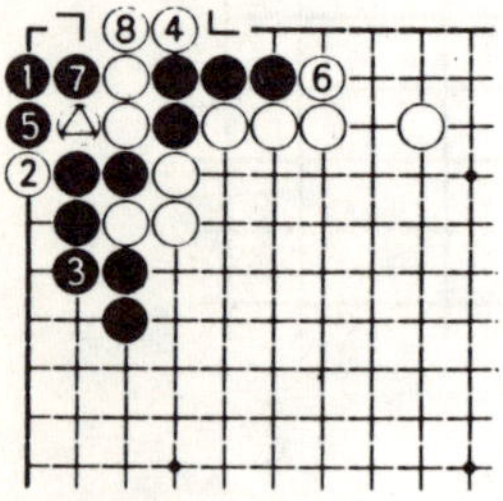

2 도

2 도 (계속)

백△에 흑 1이면, 백 2로 젖혀둔다. 흑 3, 백 4, 흑 5, 백 6, 흑 7, 백 8이 되어 백이 한수 이긴다. 백 2로 5에 두면 흑 8로 젖혀 백ㄱ, 흑ㄴ으로 패가 만들어진다.

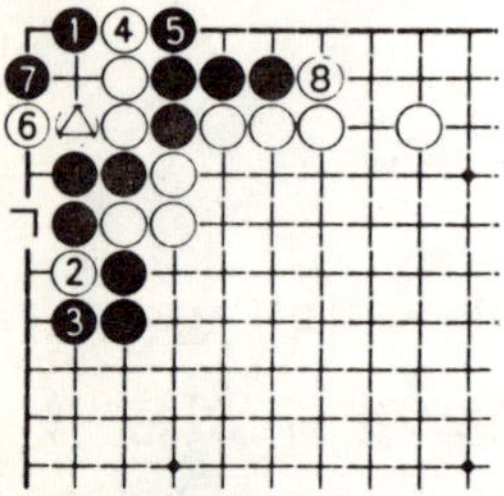

3 도

3 도 (변화)

백△일 때에, 흑 1로 응수하면 어떨까? 그러면 백 2로 끊는다. 흑 3, 백 4, 흑 5, 백 6, 흑 7, 백 8로 전개되어서 이것 역시 백이 한수 이긴다. 흑 5 대신 6, 백 7, 흑ㄱ의 패로 저항하는 수단도 있다.

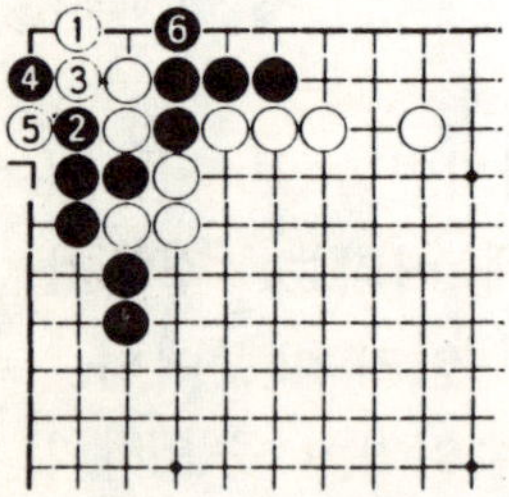

4 도

4 도 (실패)

이 경우 백 1의 마늘모로 붙여두는 것은 실패다. 흑 2, 백 3, 흑 4여서 백 5로 먹여쳐도 흑은 ㄱ으로 따내지 않고 흑 6으로 나간다.

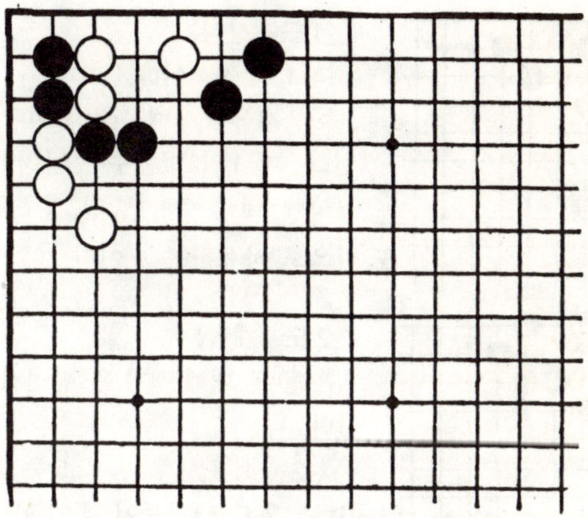

제18문

흑이 먼저 둘 때

이 그림은 귀에 갇힌 흑 두점과 흑에 의해 포위당한 백 3점의 수싸움에 관한 문제이다.

이 모양의 주요 안건은 흑선으로 귀에 갇힌 흑 두 점을 구출하고 아울러 백 3점을 잡을 수 있느냐 하는 것이다.

물론 수는 있다. 그러나 묘수를 필요로 한다. 수순이 중요하며 특히 제 일착이 중요하다.

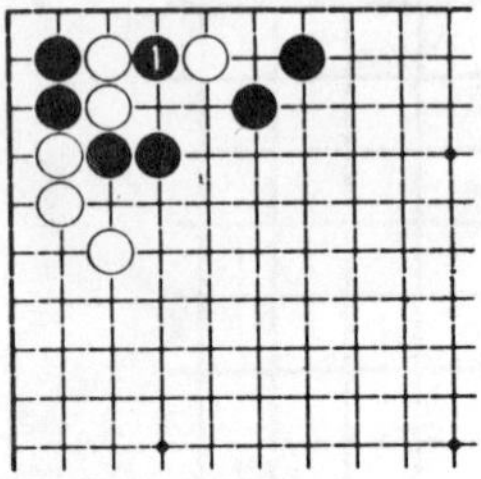

1도

1도 (정석)

흑 **1**이 정석이다.

이 끼움수 때문에 흑이 이기게 된다. 흑 **1**의 끼움수는 이러한 백의 모양에 대해 수를 줄일 경우에 일반적으로 사용하는 수이다.

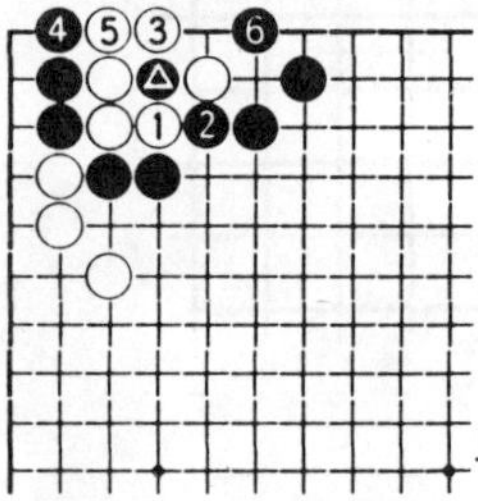

2도

2도 (계속)

흑△에 대해 백 **1**은 필연적인 수이다.

흑 **2**, 백 **3**, 흑 **4**, 백 **5**는 외곬수이다. 흑 **6**으로 두어 흑이 한수 이긴다. 따라서 실전에서는 백 **1** 이하는 보류해 두는 것이 좋다.

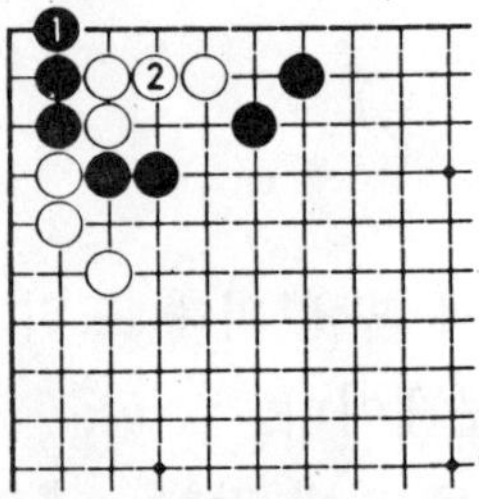

3도

3도 (실패)

같은 '2 · 1'의 곳이라 해도 흑 **1**은 좋지 않다.

백 **2**로 이으면 백은 여섯수, 흑은 넉수여서 '귀의 특수성'을 이용한다 해도 수가 부족하다.

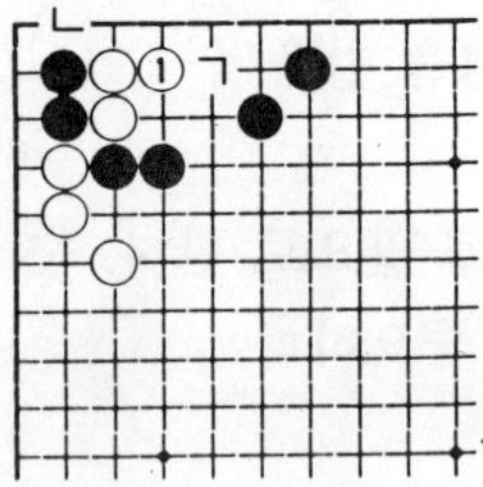

4도

4도 (활용)

실전에서는 이렇게 백 **1**로 구부리는 것이 바람직하다. 그런데 문제도는 백 **1**로 두지 않고 욕심을 부려 ㄱ으로 뛰었다. 그림과 같이 착수하면 흑ㄱ, 백ㄴ으로 백이 이긴다.

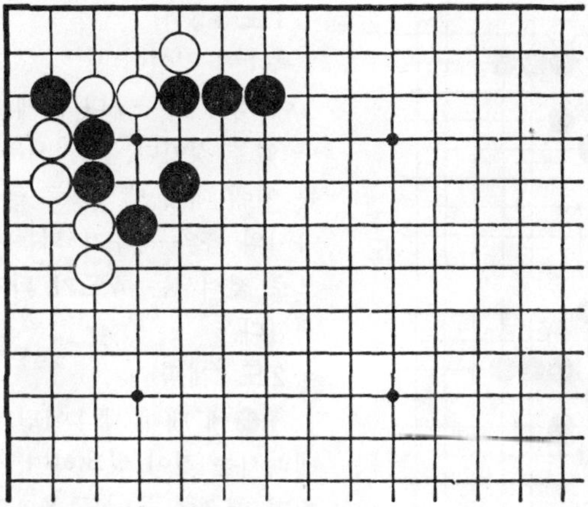

제19문

흑이 먼저 둘 때

한눈에 보아도 알 수 있는 일이지만, 이 그림은 상당히 어려운 수준급의 문제이다. 이 모양이 실전에서 나타나면 대부분의 초보자들은 아예 흑 한 점을 포기해 버리고 만다. 이 상황에서는 흑 한 점을 살릴 수 없다고 생각하는 사람들이 많다.

그러나 의외로 흑 한 점을 살려낼 수 있는 묘수가 있다. 윗변쪽의 백 3점과 수싸움을 하여 흑 한 점이 살아날 수 있는 그 묘수는 무엇인가?

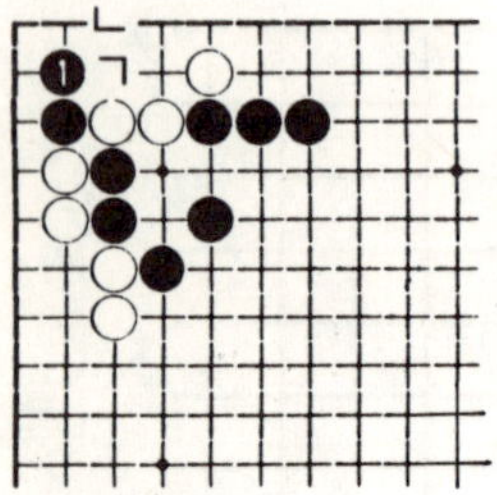

1
도

1도 (정석)

흑**1**이 정석이다.

이 흑**1**은 누구나 쉽게 찾아낼 수 있을 것이다. 여기서의 문제는 이에 대해 백**ㄱ**으로 응수하고 나서의 흑의 착수가 되는데 흑**ㄴ**으로 젖혀서는 **4도**가 되어서 실패한다.

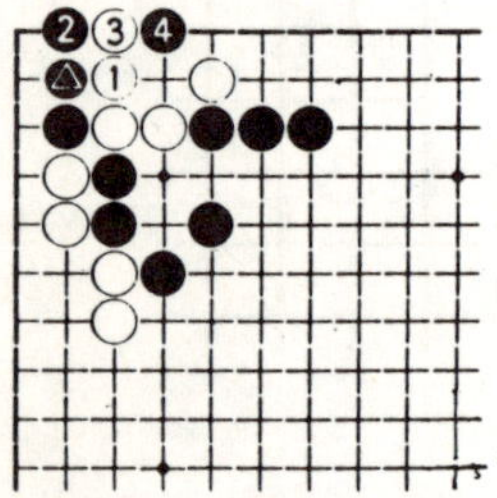

2
도

2도 (계속)

흑▲에 대해 백**1**이면 흑**2**로 내려서는 것이 필요하며, 이렇게 하면 백**3**에 두어도 흑**4**여서 흑이 수싸움에서 승리하게 된다. 백**1**로 **2**에 두면 **3도**가 된다.

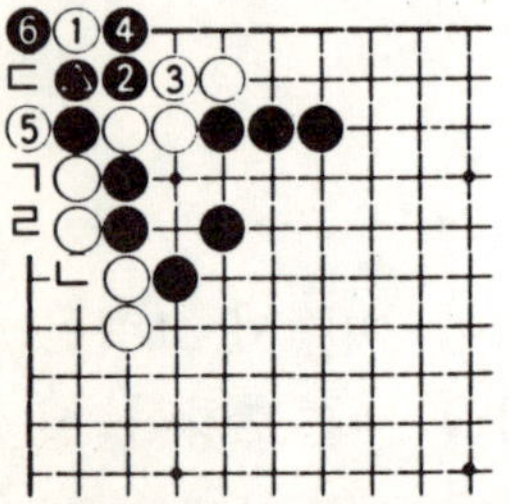

3
도

3도 (변화)

흑▲에 백**1**로 붙여 두면 흑**2**, 백**3**, 흑**4**이다. 백**5**에 두어도 흑**6**으로 흑이 한수 이긴다. 백**ㄱ**에 두면 흑**ㄴ**으로 끊는다. 또, 성급하게 흑**6**을 **ㄷ**에 두면 백**ㄹ**로 패가 만들어진다.

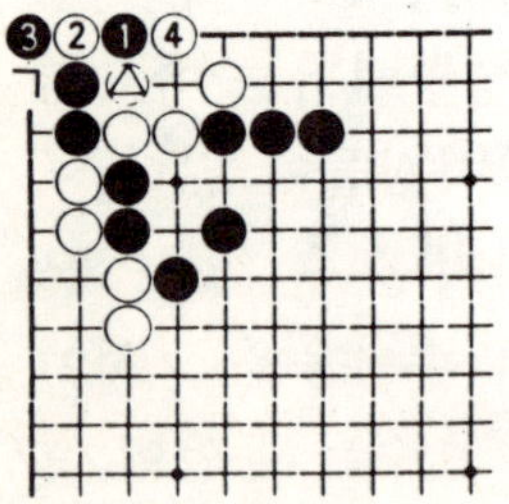

4
도

4도 (실패)

백△에 대해 흑**1**로 젖히면 백**2**의 먹여치기를 당해 흑**3**, 백**4**로 패가 되어 실패한다. 흑**3**으로 **4**에 두면 백**ㄱ**으로 이것역시 패가 만들어진다.

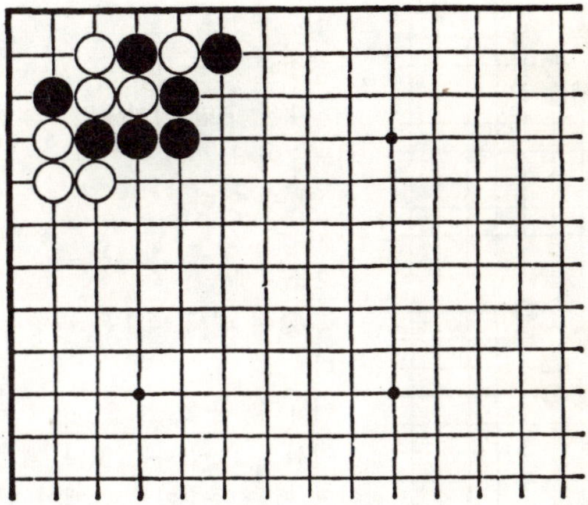

제20문

흑이 먼저 둘 때

흑선으로 끊어진 백 4 점을 잡을 수 있는가 하는 것이 이 문제의 주요 안건이다.

현재 흑과 백이 각각 한 점씩 단수당해 있다. 그런데 여기에서는 흑선으로 귀에서 끊긴 백 4 점을 잡을 수 있는 방법을 강구하는 것이 이 문제가 주문하는 키 포인트이다.

그렇다면 흑선으로는 제 일착을 어떻게 두어야 하는가?

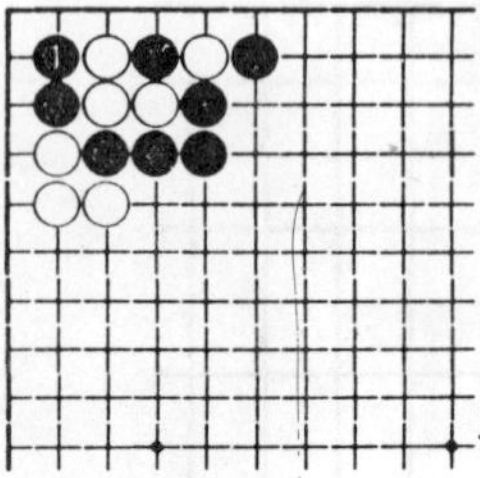

1
도

1도 (정석)

흑 1이 정석이다.

흑 1의 수만 찾아내면 그 다음은 외곬수여서 흑이 이긴다는 것을 쉽게 알 수 있다.

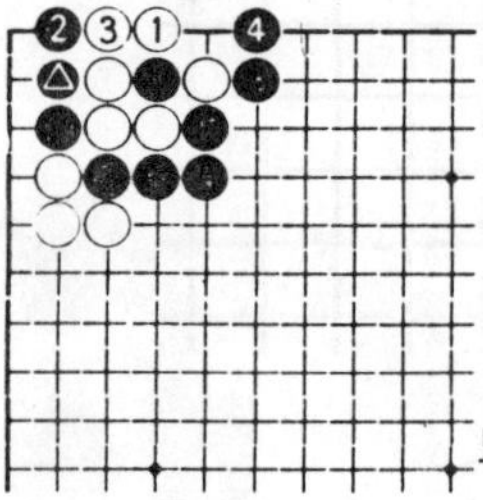

2
도

2도 (계속)

흑 △에 대해 백 1은 필연적인 수이다.

이 다음 흑 2, 백 3, 흑 4도 외곬수여서 다른 변화는 없다. 흑은 석수이고 백은 두수이므로 백이 한수 부족하다.

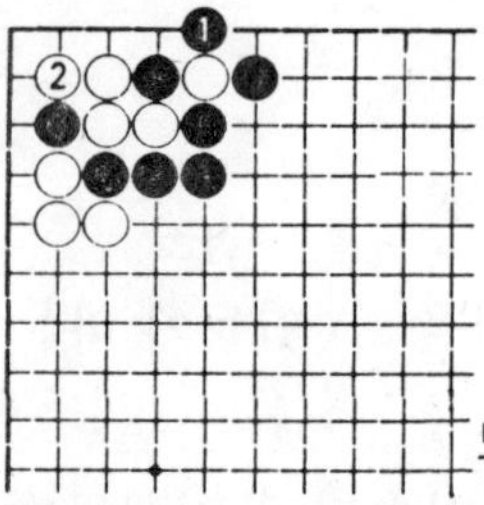

3
도

3도 (실패)

흑 1로 백 한점을 잡아버리는 것은 바람직하지 못한 것으로 백은 2의 곳에 두어 살아난다. 실전에서는 자칫 이렇게 둘 수 있으므로 주의를 요한다.

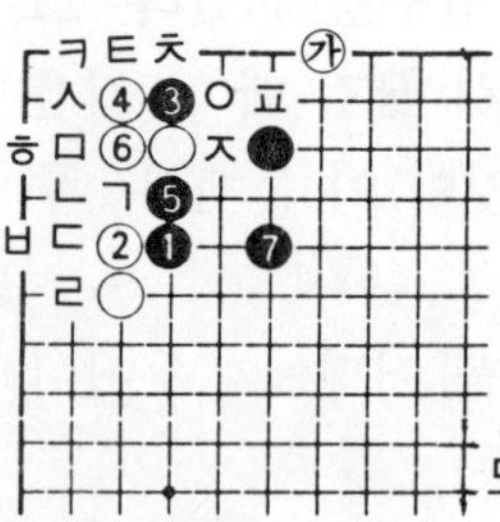

4
도

4도 (활용)

이것은 눈목자 굳힘에 대해 흑이 한칸으로 압박한 다음의 정석이다. 흑 1부터 7까지 모양을 갖추었는데, 이 다음 흑ㄱ부터 백 ㉮까지로 흑은 귀의 석점을 버리는 대신 흑 ㉮의 수를 듣게 할 수 있다.

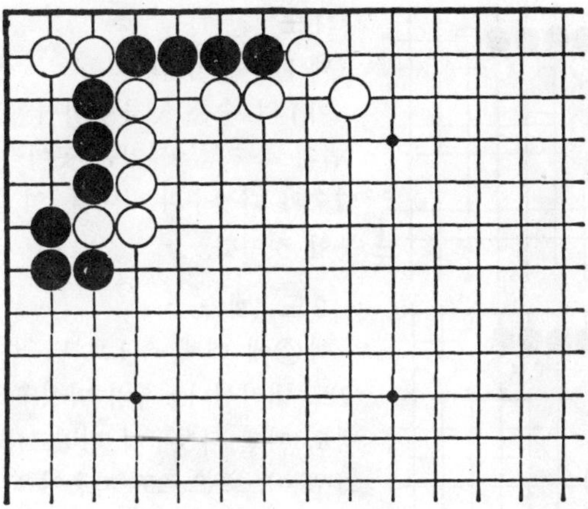

제21문

백이 먼저 둘 때

이 그림은 백이 수가 한 수 부족한 모양이다. 여기서 백선으로 흑과 수싸움을 하여 흑을 잡을 수가 있을까?

백은 귀의 특수성을 이용하여 수를 늘릴 수 있는 방법을 강구해야 한다.

꽤 어려운 문제이지만 어느 정도 수읽기를 할 수만 있다면 그다지 어렵지 않게 해답을 구할 수 있을 것이다.

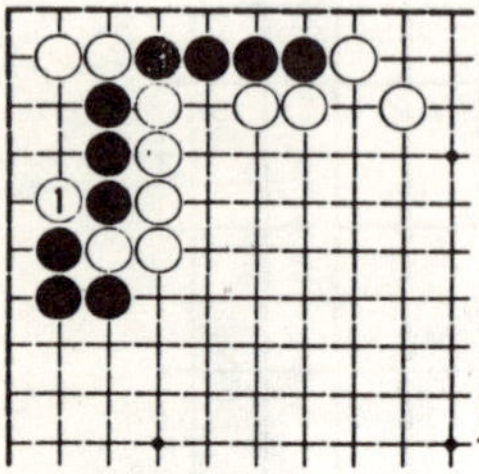

1 도

1 도 (정석)

백 **1**이 정석이다.

이 **1**의 수를 찾지 못하면 제 아무리 '귀의 특수성'이 있는 곳이라 해도 넉수와 다섯수의 차이를 역전시키지 못할 것이다.

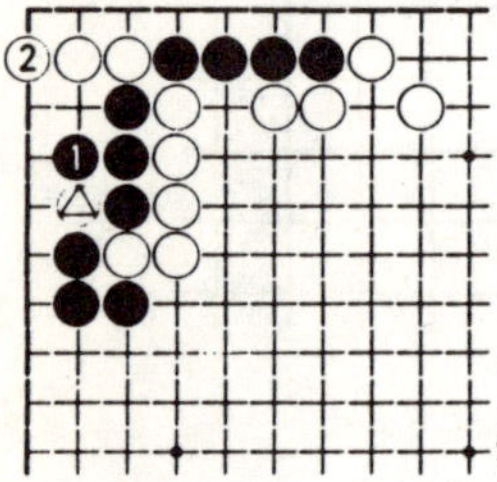

2 도

2 도 (계속)

백 Ⓐ에 대해 흑 **1**로 단수치면 백 **2**로 내려선다. 흑의 다섯수에 대해 백도 이젠 다섯수가 되었는데, 흑은 좌우 어느쪽으로도 자충이 되기 때문에 백을 단수칠 수가 없으므로 백이 한수 이긴다.

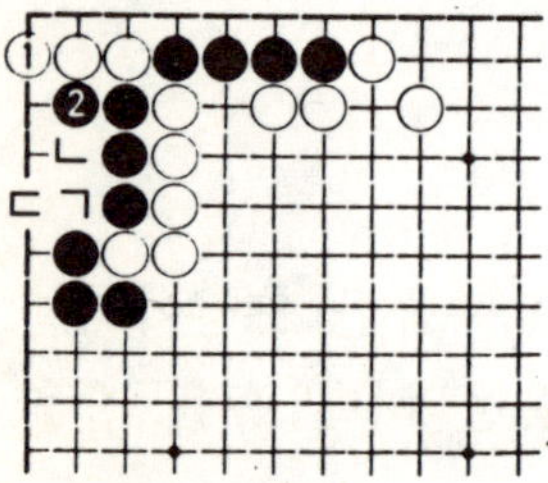

3 도

3 도 (실패)

단순히 백 **1**로 내려서면 흑 **2**를 허용하여 백의 실패가 된다. 흑 **2** 다음에 백ㄱ으로 끊는다 해도 흑ㄴ으로 두지 않고 흑ㄷ으로 단수한다.

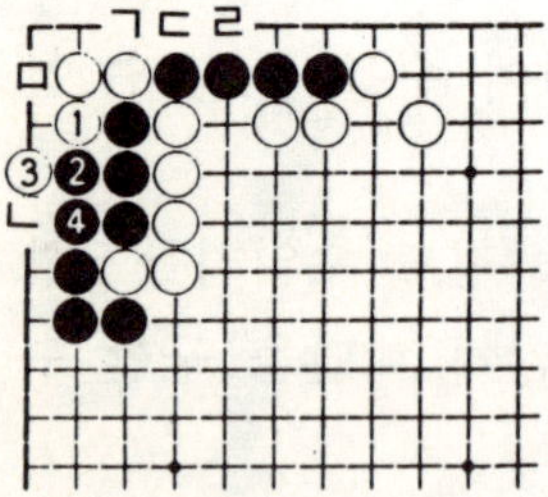

4 도

4 도 (실패)

백 **1**로 구부리는 것도 흑 **2**, 백 **3**, 흑 **4**가 되어 백은 뜻대로 되지 않는다. 백ㄱ에 두어도 흑ㄴ으로 패가 되고 백ㄷ에 두어도 흑ㄹ이 되므로 백ㄱ, 흑ㅁ으로 패가 만들어진다.

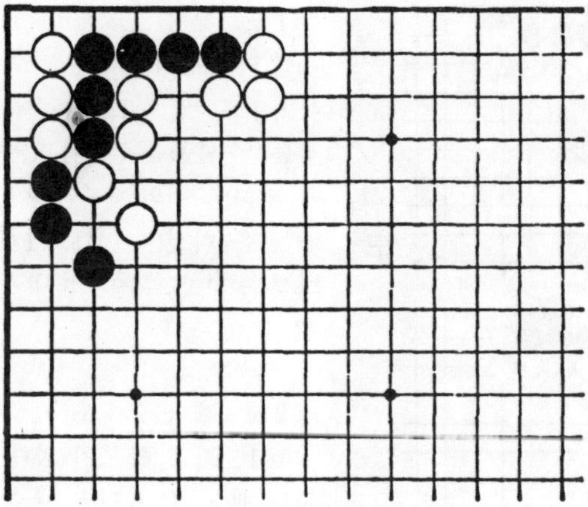

제22문

백이 먼저 둘 때

지금 흑을 백으로 끊어서 3점까지 늘어둔 상태이다. 여기에서 백선으로 과연 끊어진 흑 6점을 잡을 수가 있을까?

이 문제는 그다지 어렵지 않은 문제이므로 어느 정도 수읽기만 좀 할 수 있는 사람이라면 무난히 해답을 구할 수 있을 것이다.

백은 귀의 백 3점에 대하여 수를 늘리는 것이 무엇보다 급선무이다.

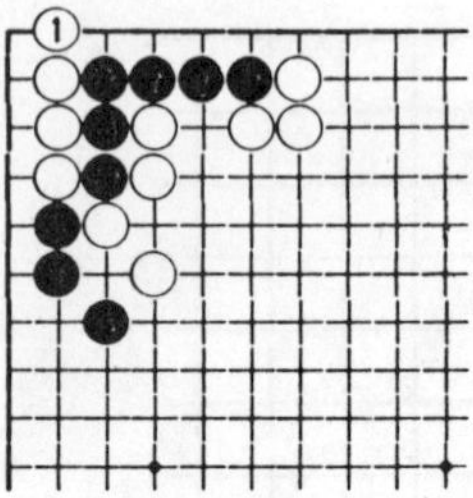

1도

1도 (정석)

백 1이 정석이다.

백 1로 '2 · 1'의 곳에 내려서는 수싸움은 백이 한수 이기게 된다. '귀의 특수성'이 없다면 흑은 다섯수, 백도 1에 두어 다섯수이므로 흑이 먼저 두면 이길 수 있다.

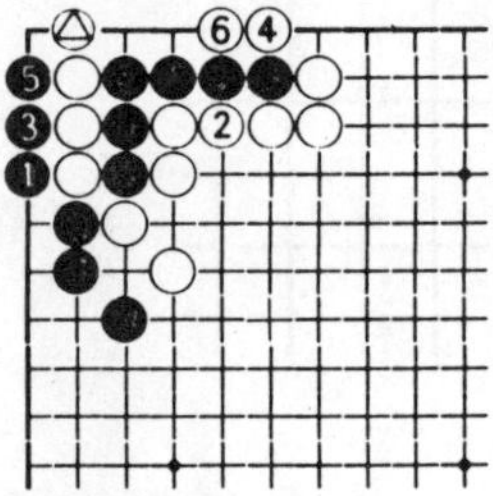

2도

2도 (계속)

흑 1, 3, 5로 두어 공배를 메워도 백 2, 4, 6이면 흑은 마지막의 한수가 '자충'이 되므로 어떻게 할 수가 없다.

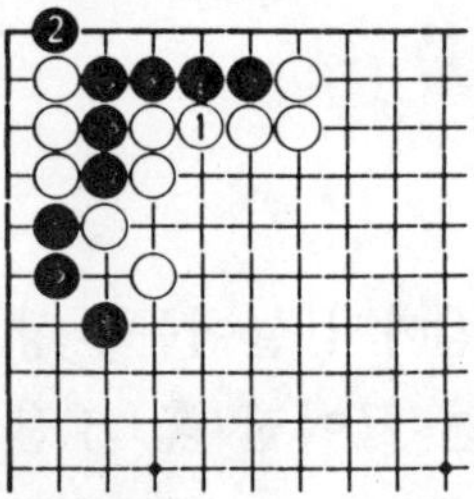

3도

3도 (실패)

백 1로 이어서 바깥쪽부터 공배를 메워 나가면 흑 2로 급소에 젖혀오므로 백의 패배가 된다.

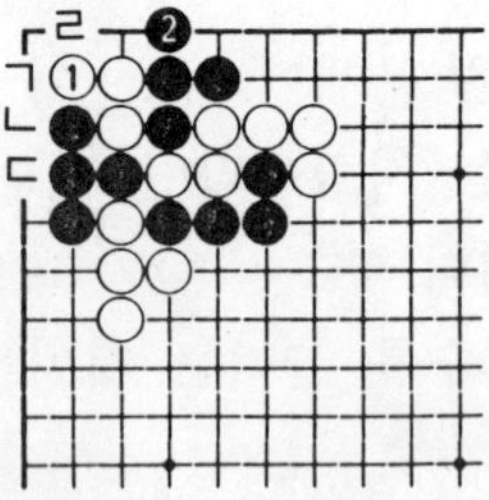

4도

4도 (활용)

이 그림은 다소 수준이 높은 실전활용의 한 예이다.

백 1의 의도는 흑ㄱ이면 백ㄴ, 흑ㄷ, 백ㄹ에 두려는 것이다.

그러면 흑 2가 좋은 수로 흑은 수싸움에서 승리해 살 수 있다.

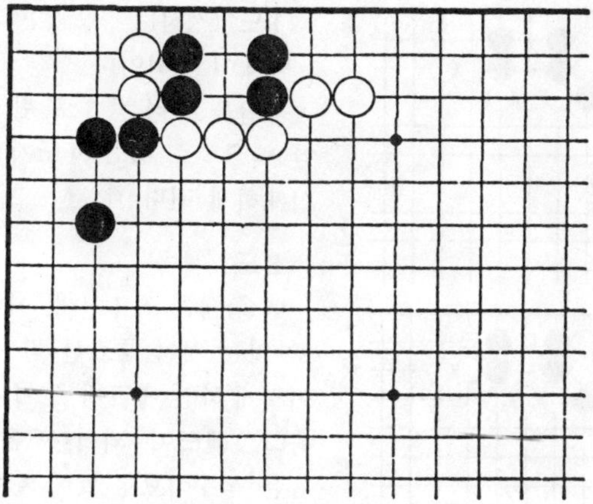

제23문

백이 먼저 둘 때

현재의 상황으로는 백의 수가 대단히 부족하다. 그러나 여기에서 백선으로 흑을 잡는 것이 문제의 주요 안건이다.

백은 귀의 특수성을 이용하여 수를 늘리도록 해야 한다.

올바른 수순을 찾아내기 위해서는 수읽기의 힘이 필요하다.

제 일착이 중요함은 말할 나위가 없다.

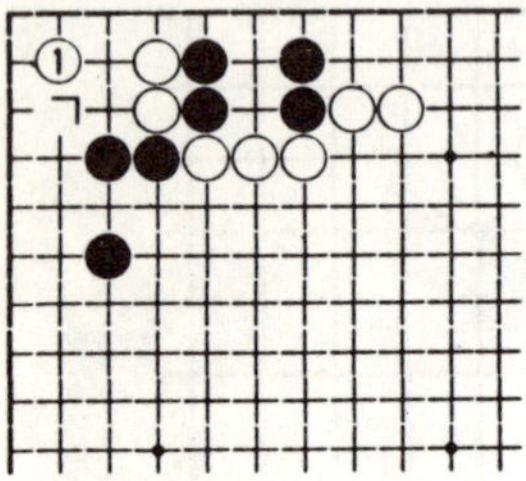

1 도

1 도 (정석)

백 **1**이 정석이다.

욕심을 부려 백 **1**로 한줄 아래인 백**ㄱ**으로 뛰면 **4 도**가 되어 실패하게 된다.

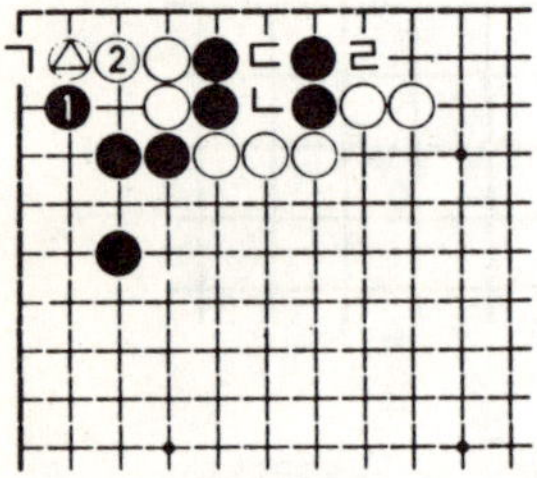

2 도

2 도 (계속)

백 Ⓐ에는 흑 **1**인데, 이때 백 **2**로 잇는 것이 중요한 착수이다. 이렇게 하면 흑**ㄱ**에 두어도 백**ㄴ**, 흑**ㄷ**, 백**ㄹ**이 되어 백은 넉수, 흑은 석수이므로 백이 한수 이긴다. 하지만 흑도 다음과 같은 방법으로 저항할 수가 있다.

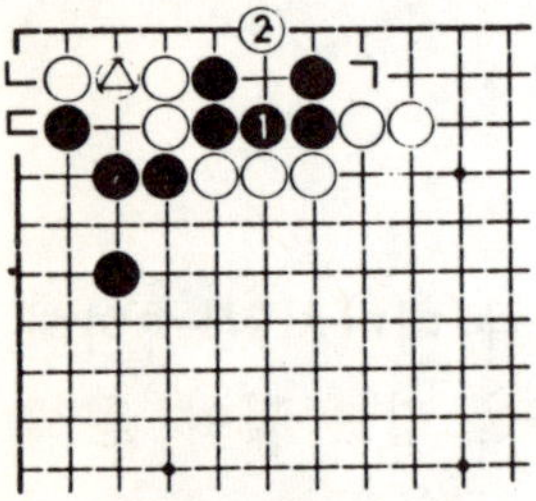

3 도

3 도 (계속)

백 Ⓐ (**2 도**의 백**2**) 때 흑 **1**인데, 그러면 백은 강력하게 **2**의 곳으로 뛰어든다. 만약 이 수순을 놓치고 백**ㄱ** 등으로 두어 흑 **2**를 당하면 백**ㄴ**, 흑**ㄷ**, 이하 빅이 되어버린다.

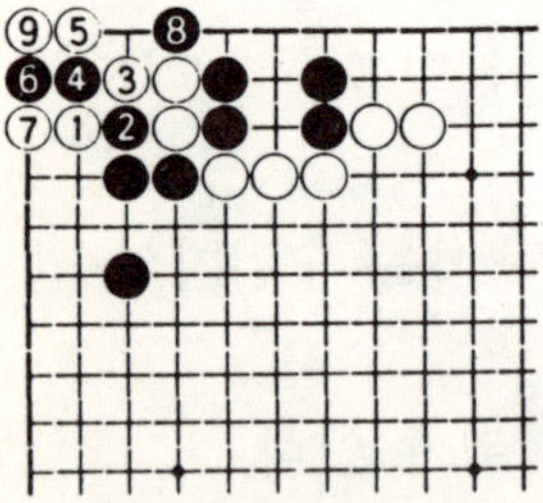

4 도

4 도 (실패)

먼저 백 **1**로 뛰면 흑 **2**, **4**의 맞끊는 수에 의해서 백 **9**로 흑두점을 따내게 한 다음 흑**4**로 먹여치는 맥이 있어 백의 패배가 된다.

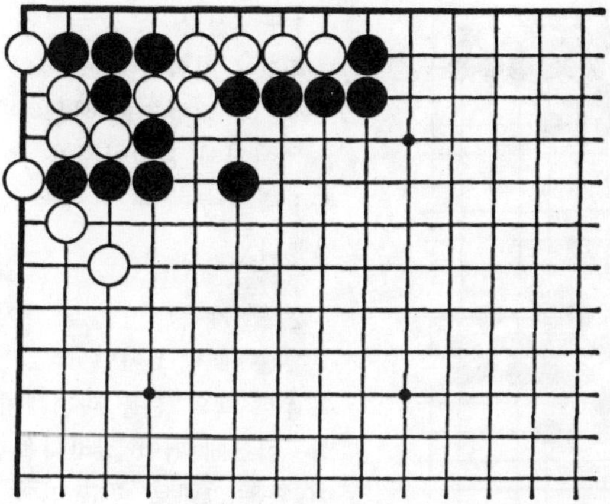

제24문

흑이 먼저 둘 때

이 문제는 상당히 어려운 문제이다. 한눈에 보아도 알 수 있는 일이지만, 흑의 수수는 석 점인데 비해 백의 수수는 다섯 점이나 된다. 여기에서 흑선으로 삶을 도모하고 아울러 백 6점을 잡을 수 있느냐 하는 것이 이 문제의 주요 안건이다.

이곳에서의 포인트는 흑의 수수를 늘리는 일이다.

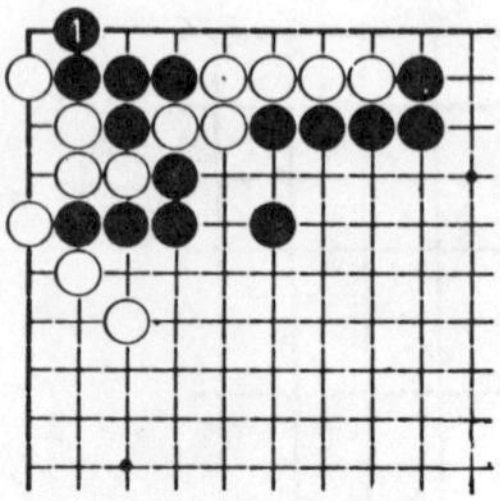

1 도

1 도 (정석)

흑 1이 정석이다.

백 1의 젖힘수를 허용하면 흑은 여기서 끝장이지만 이렇게 흑 1로 구부려 흑은 여섯수로 증가했다.

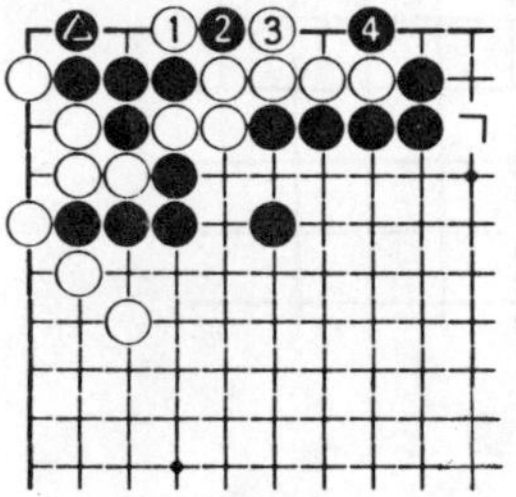

2 도

2 도 (계속)

흑 ▲에 백 1이면 흑 2, 백 3 흑 4로 백의 집을 파괴해야 한다. 이곳에 백이 집하나를 만들면 흑은 그대로 죽고 만다. 흑 4로 수싸움은 백이 한 수 이기므로 4 도와 같이 두어야 한다.

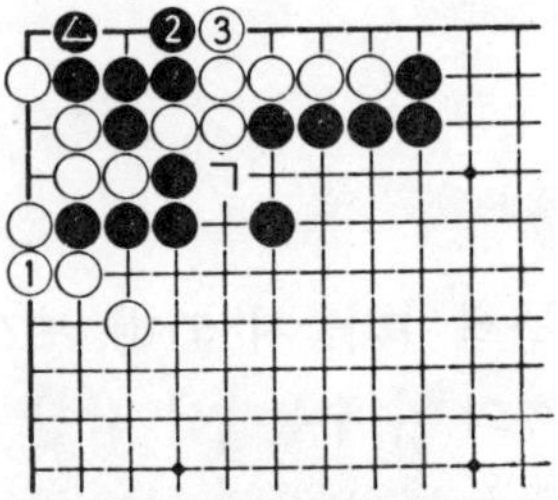

3 도

3 도 (변화)

흑 ▲에 백 1이면 흑 2하여 집하나를 확보해 둔다. 백 3하면 흑은 넉수가 되고 백 일곱점도 넉수이므로 흑ㄱ에 두어 수상전은 흑이 한수 이긴다.

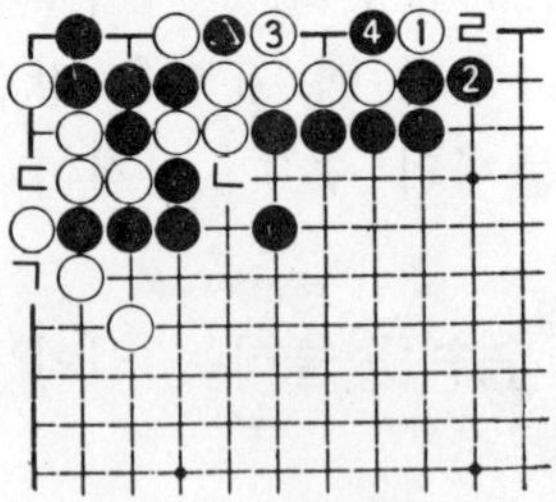

4 도

4 도 (실패)

흑 ▲일 때 백 1로 젖혀두어 저항하는데 흑이 당황해서 2로 응수하면 백 3, 흑 4, 다음 백ㄱ, 흑ㄴ, 백ㄷ, 흑ㄹ로 흑이 한수 부족하다. 흑 2로는 4에 두어 결국은 패가 만들어진다.

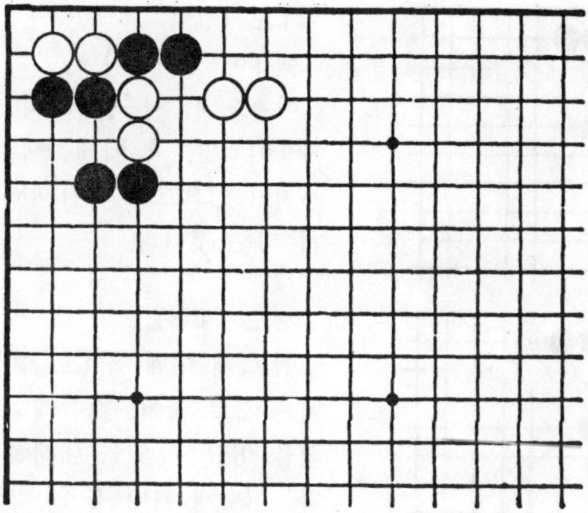

제25문

백이 먼저 둘 때

현재 백과 흑은 서로 두 점씩 맞끊겨 있다. 그런데 끊어진 두 점의 수를 보면, 백은 석수이고 흑은 넉수이다. 여기에서 백선으로 흑 두 점을 잡을수 있느냐 하는 것이 이 문제의 주요 안건이다.

지금 당장의 수로서는 흑에 비해 백이 수수(手數)가 부족하지만, 백선이므로 수를 찾도록 하면 백 두 점을 살릴 수 있음과 동시에 흑 두 점을 잡을 수가 있다. 수순이 문제이다.

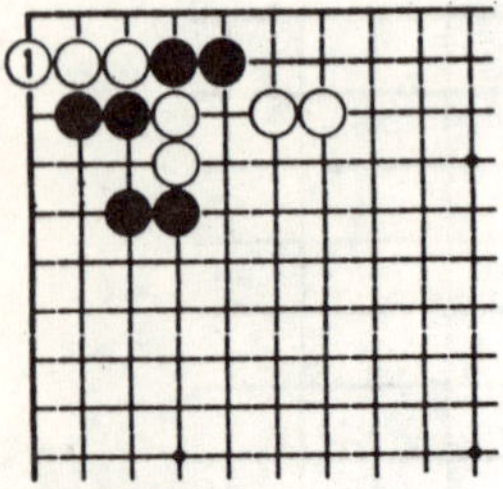

1도

1도 (정석)

백 1이 정석이다.

이것도 백 넉수, 흑 넉수의 수싸움이지만, 흑 아래쪽에 약점을 가지고 있으므로 백이 한수 이기게 되는 것이다.

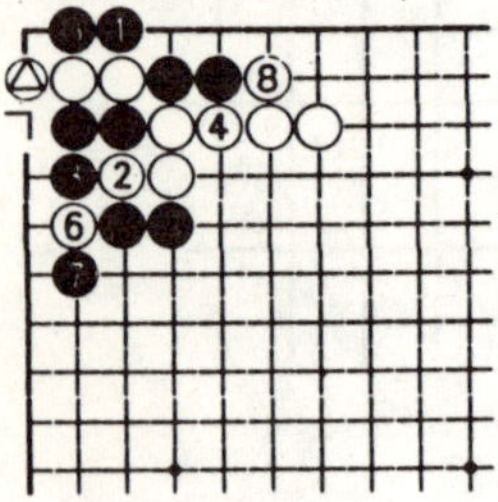

2도

2도 (계속)

백 Ⓐ에 대해 흑 1로 받으면, 백은 2로 뚫어, 다음에 6의 한 점을 버릴 수 있는 대책을 세운다. 이렇게 되면 흑은 백 8 다음 ㄱ으로 단수칠 수가 없다.

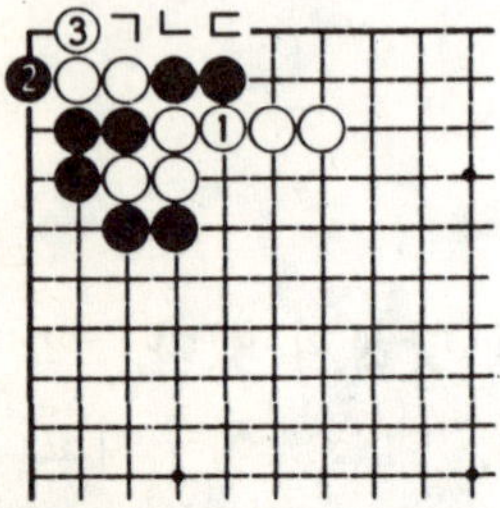

3도

3도 (실패)

평범하게 백 1로 이으면 흑 2로 젖혀, 그때 백 3으로 내려서서 흑ㄱ, 백ㄴ, 흑ㄷ의 패로 만드는 수가 있기 때문에 이것은 백의 실패가 된다.

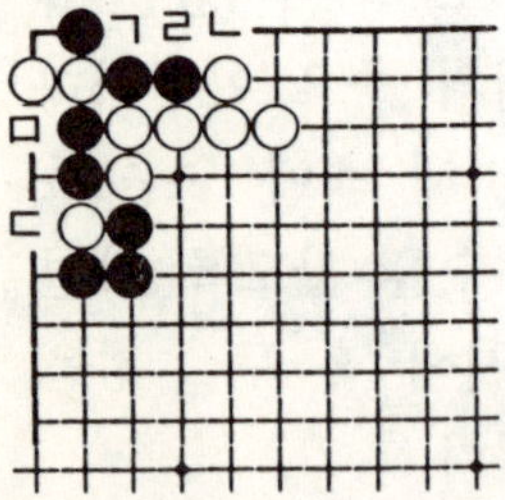

4도

4도 (후절수)

모양이 비슷하긴 하지만, 여기서는 흑ㄱ으로 이어, 백ㄴ, 흑ㄷ, 백ㄹ, 흑ㅁ으로 두어 백에게 넉점을 따내도록 한 다음 그 따낸 자리를 끊는 '후절수(後切手)'가 준비되어 있다.

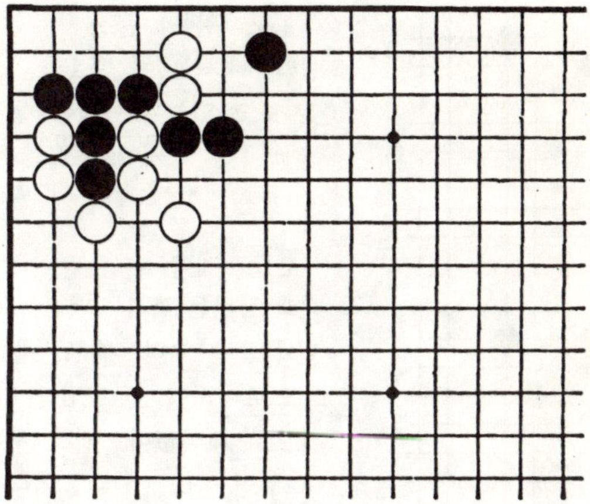

제26문

백이 먼저 둘 때

이 그림도 상당히 어려운 문제 중의 하나이다.

백은 효과적으로 흑의 수수를 줄여야 한다. 제일착이 무엇보다도 중요하다.

이 문제는 실전에서도 곧잘 응용된다. 특히 초보의 단계에 있는 사람들은 신중을 기하여서 문제의 진행도를 암기해 두기 바란다. 기력 향상에 많은 도움이 될 것이다.

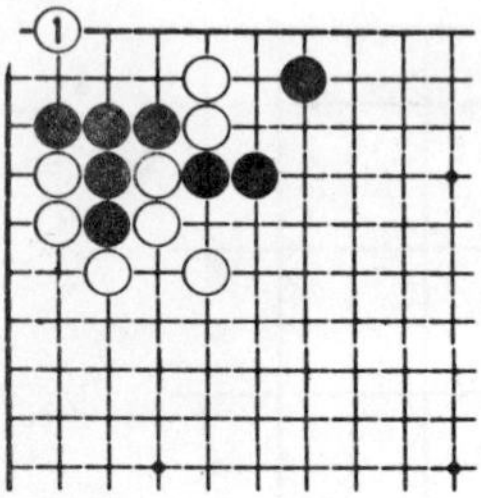

1도

1도 (원본)

원본에서는 이 백 1을 정석으로 보고 있는데 이것은 틀리다. 이 백 1은 흑에게 2도를 허용하여 백은 '후수의 빅'이 된다.

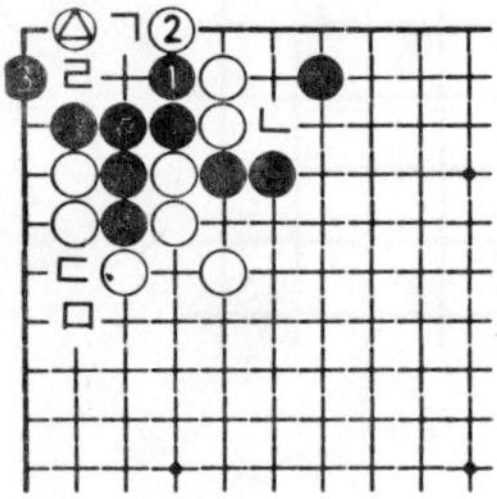

2도

2도 (계속)

백 Ⓐ에는 흑 1, 백 2, 그때 흑 3이 좋은 수다. 백ㄱ, 흑ㄴ, 백ㄷ으로 빅이 되지만 백이 후수이므로 재미없다. 백ㄱ 대신 ㄹ에 두면 흑ㄷ, 백ㅁ, 흑ㄴ이 된다.

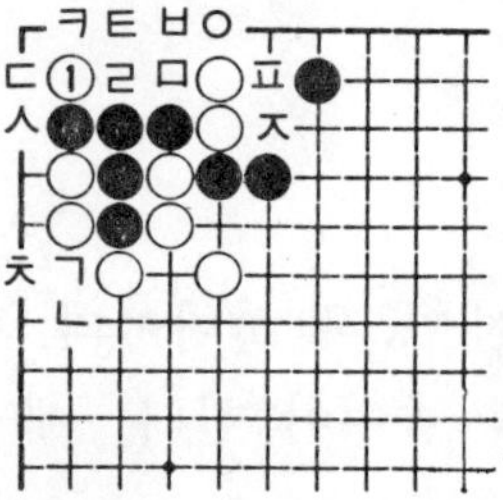

3도

3도 (정석)

필자는 백 1을 정석으로 본다. 이렇게 하면 흑ㄱ, 백ㄴ, 흑ㄷ, 백ㄹ, 흑ㅁ, 백ㅂ, 흑ㅅ, 백ㅇ, 흑ㅈ, 백ㅊ, 흑ㅋ, 백ㅌ, 흑ㅍ으로 패가 된다. 이 방법이 백으로서는 좋은 것이다.

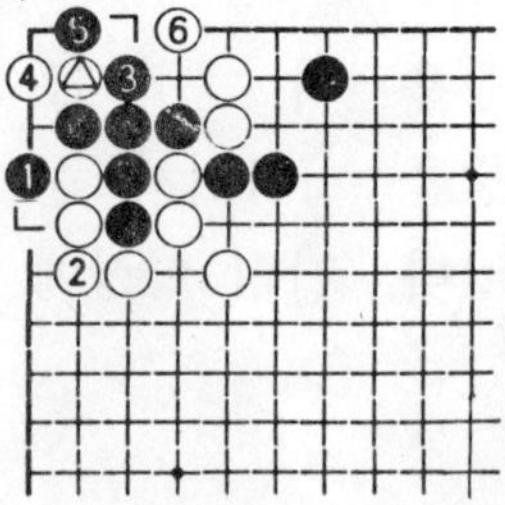

4도

4도 (실패)

백 Ⓐ에 대해 흑 1, 백 2, 흑 3 하면 흑의 실패가 된다. 백 4, 흑 5, 백 6의 마늘모로 붙여둔 수가 훌륭한 수순이어서 흑은 모두 죽는다.

흑ㄱ에 두어도 백ㄴ이다.

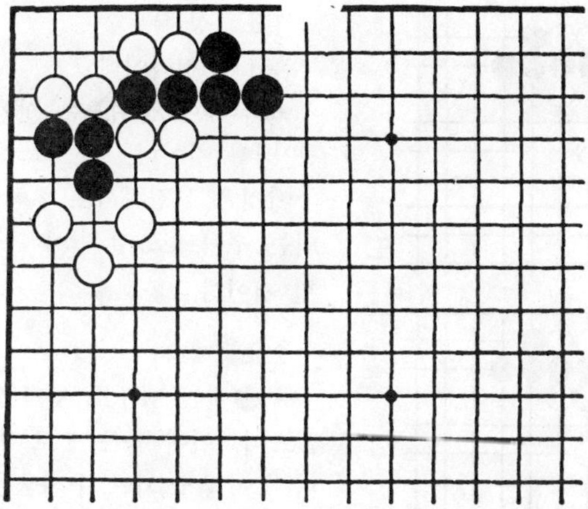

제27문

흑이 먼저 둘 때

흑 3 점으로 백 4 점을 끊은 상태이다. 백은 귀에서 수를 느릴 수 있는 여지를 가지고 있다. 그러나 흑은 수수가 넉수 뿐이다. 여기에서 과연 흑선으로 끊어진 백 4 점을 잡을 수가 있을까?

가장 효과적인 착수를 하지 않으면 안된다. 흑으로서는 자기의 수수를 늘릴수 있도록 하되, 또한 백의 수수를 대표적으로 줄일 수 있는 방법을 강구해야 한다. 효과적인 수순을 찾아 보자.

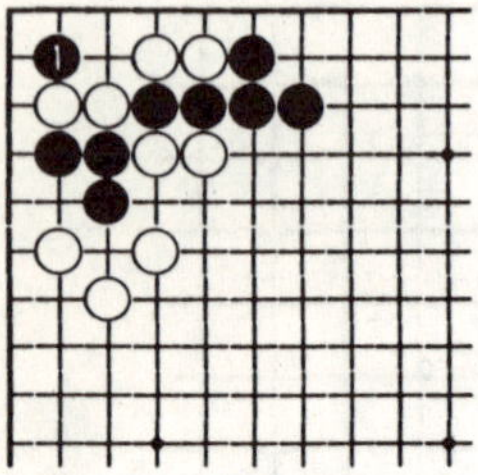

1 도

1 도 (정석)

흑 **1**이 정석이다.

적의 배에 붙여두는 것이 올바른 맥인 것이다.

이것은 실전에서도 흔히 사용되는 수이므로 잘 알아 두어야 할 것이다.

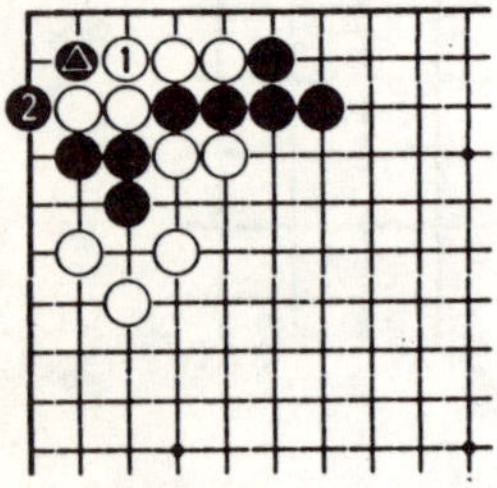

2 도

2 도 (계속)

흑△에는 백 **1**로 잇지 않을수 없으며, 이에 흑은 **2**로 넘어간다. 이렇게 되면 수싸움은 흑이 한수 이기는 것이다.

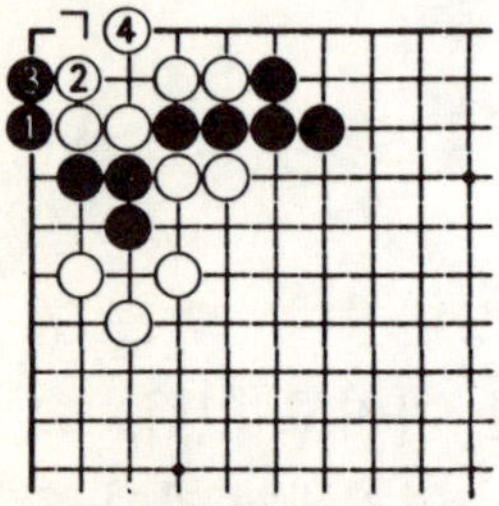

3 도

3 도 (실패)

흑 **1**로 젖혀두면 백 **2**, 흑 **3**으로 전개되어 백 **4**로 반발해 오므로 흑은 ㄱ으로 먹여쳐 패로 싸워야 한다. 이길 수 있는 것을 패로 만들어서는 실패하는 것이다.

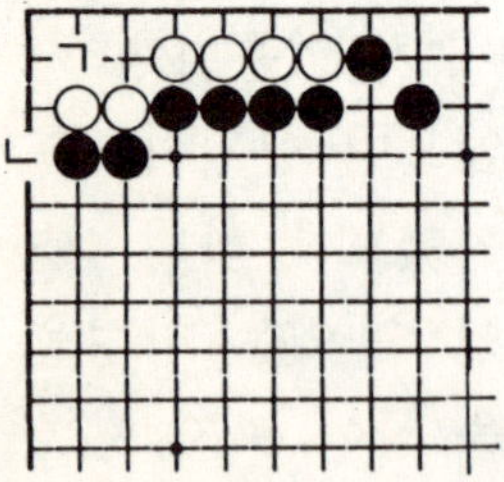

4 도

4 도 (활용)

이런 경우 실전에서는 보통 백은 살았다고 생각할 것이다. 하지만 흑ㄱ을 당하면 백은 그대로 죽게 되므로 흑ㄱ이 오기 전에 백은 ㄴ의 곳에 젖혀 잇고서 완전히 살아야 한다.

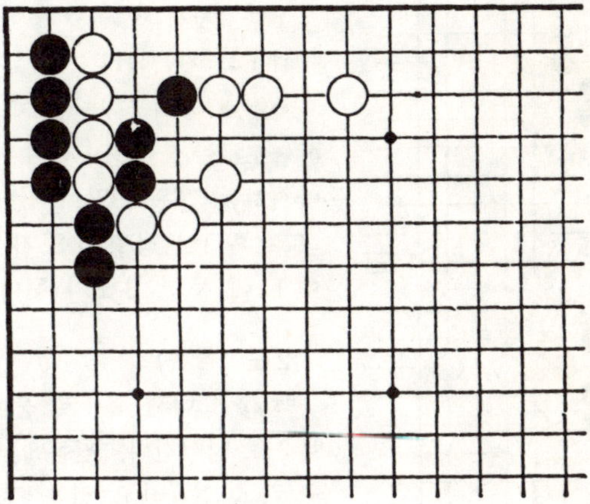

제28문

백이 먼저 둘 때

이 모양은 실전의 대국에서 자주 나타나는 문제이다.

수준으로 보아서는 고급의 문제이지만, 수읽기를 할 줄 아는 사람이라면 초보자라 하더라도 그다지 어렵지 않게 문제의 해답을 구할 수가 있을 것이다.

백의 수수는 석수인데 비하여 흑의 수수는 넉수이다.

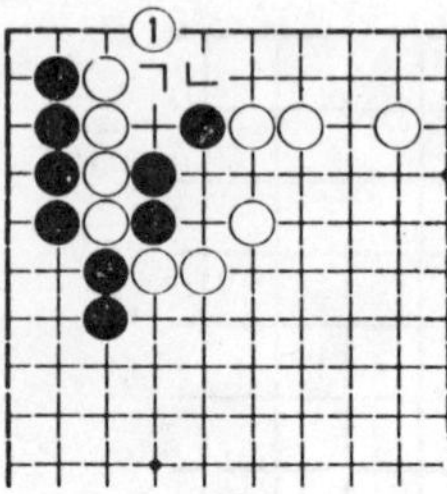

1 도

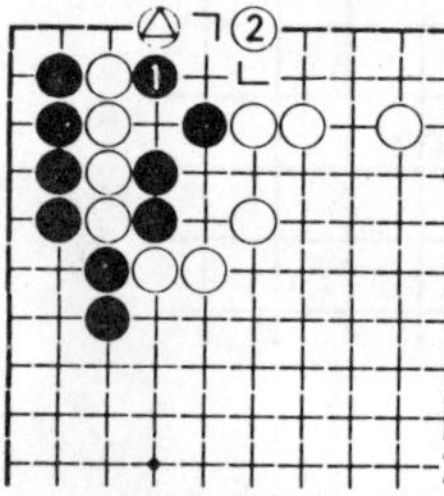

2 도

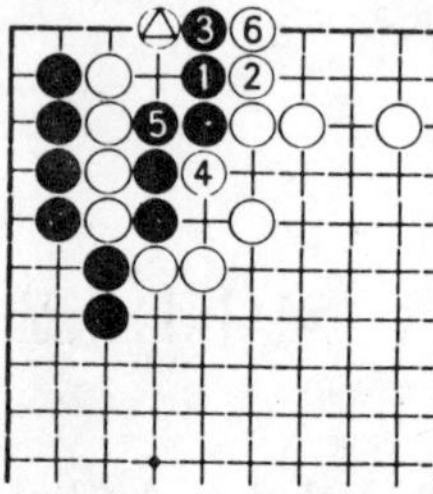

3 도

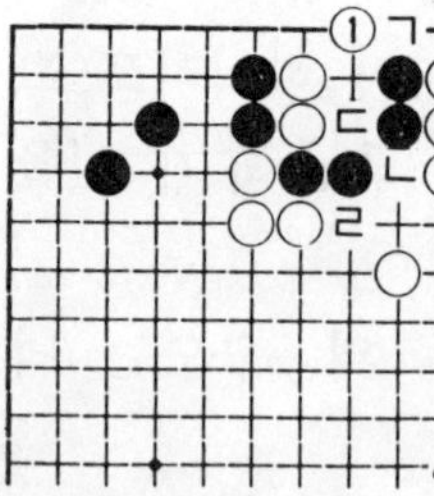

4 도

1 도 (정석)

백 1이 정석이다.

이렇게 수싸움에서는 제 1 선에 마늘모로 붙여둔 것이 위력을 발휘하는 경우가 많이 있다. 이 다음 흑ㄱ일 경우 2도가 되고, 또 ㄴ에 두면 3도가 된다.

2 도 (계속)

백△에 대해 흑 1로 붙여두면 백 2로 넘어간다. 원본에서 '묘수'라고 언급하고 있는 것은 바로 이 넘는 수를 뜻한다. 백 2 대신 ㄱ에 두면 흑ㄴ을 당해 실패한다.

3 도 (변화)

백△일 때 흑 1로 응수하면 백 2, 흑 3, 백 4, 흑 5, 백 6으로 백이 한수 이긴다. 백△의 마늘모 붙임수가 수를 늘이는 역할을 하고 있는 것이다.

4 도 (같은 뜻)

이것도 역시 백 1이 매우 중요한 수로 제28문과 같은 의미이다. 흑ㄱ에 두어도 백ㄴ, 흑ㄷ에 백ㄹ이 된다.

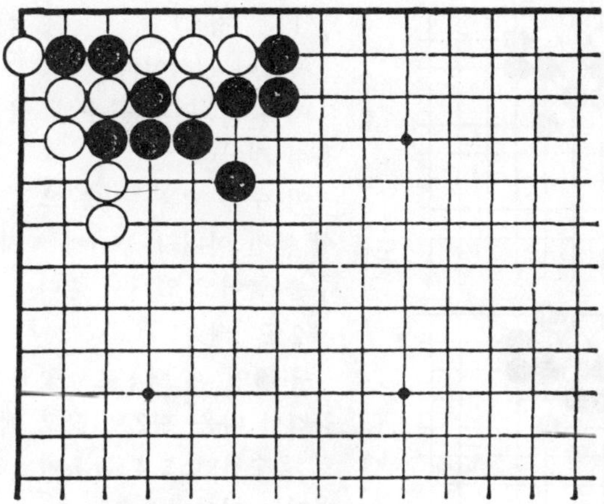

제29문

흑이 먼저 둘 때

흑 두 점으로 백 4점을 끊었다. 그런데 백은 석수, 흑은 두 수씩의 수수를 각각 가지고 있다. 여기에서 흑선으로 백 4점을 잡을 수 있느냐 하는 것이 문제의 주요 안건이다.

이 문제는 일반적인 실전의 대국에서 자주 나타난다.

그림을 자세히 살펴 보면 백에게는 약점이 있다.

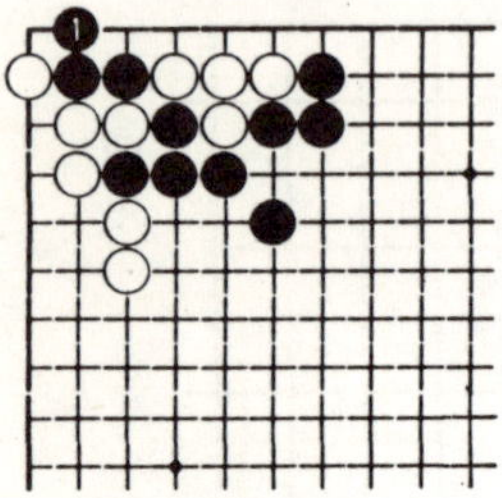

1
도

1 도 (정석)

흑 **1**이 정석이다.

이것도 ' 귀의 특수성 ' 을 이용한 것이다.

이 수는 백을 '자충'으로 유도할 뿐만 아니라 동시에 자신의 수를 늘이고 있어서 좋다.

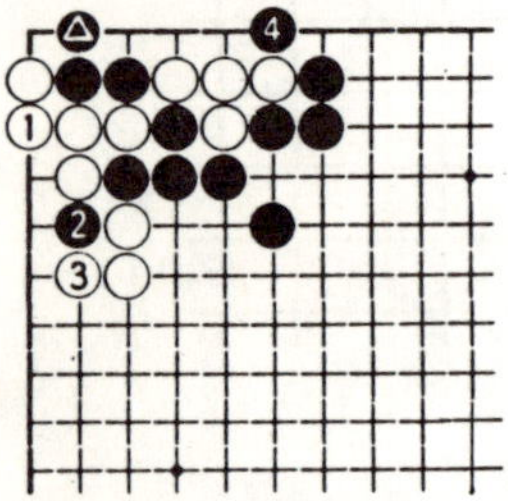

2
도

2 도 (계속)

흑△일 때 백 **1**로 잇고 나서 공격한 다음 흑 **2**로 끊고 백 **3**으로 응수하면 흑 **4**로 흑이 한수 이기는 것이다.

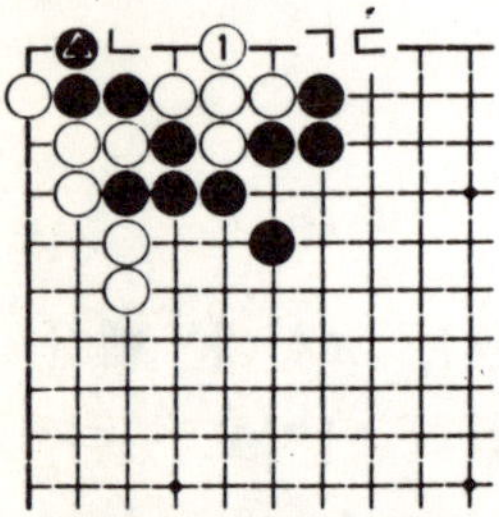

3
도

3 도 (변화)

흑△에 대해 백 **1**로 응수하면 어떻게 될까? 만약 흑이 당황한 나머지 ㄱ으로 내려설 경우 백은 ㄴ으로 패로 만들려는 생각인데 그렇다고 흑ㄴ으로 응수하는 것은 너무 정직하다고 할 수 있겠다. 흑은 여기서 손을 빼는 것이 바람직하다.

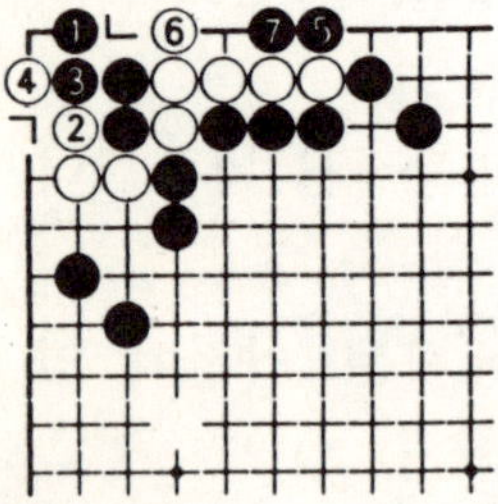

4
도

4 도 (참고)

'잡는수'의 문제로 '현현기경'에 수록되어 있다. 흑 **1**, **3**의 취지는 이 문제와 똑같다. 백ㄱ, 흑ㄴ에 두어 다섯집 뛰어듦 수로 백은 살지 못한다.

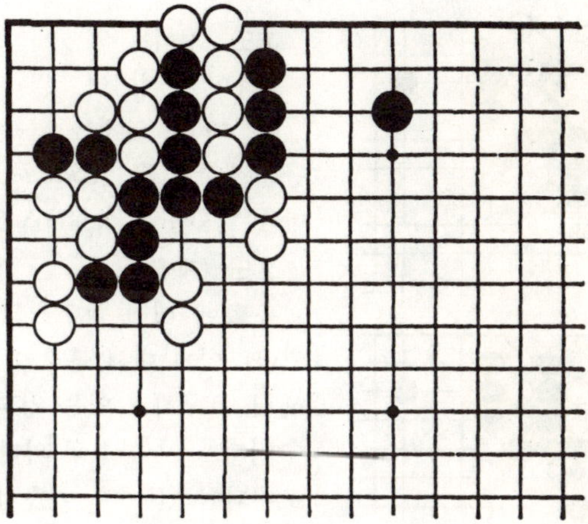

제30문

흑이 먼저 둘 때

언뜻 보면 상당히 복잡해 보이는 문제이다. 그러나 자세히 살펴보면 꼭 그렇지만도 않다. 물론 백에 비하여 흑의 수수는 절대적으로 부족하다. 하지만 묘수를 터뜨린다면 의외로 수수를 역전시킬 수도 있다는 것을 알아야 한다.

흑은 아무래도 백의 약점을 이용하여 탈출구를 찾을 수밖에 없다.

그렇다면 올바른 수순은?

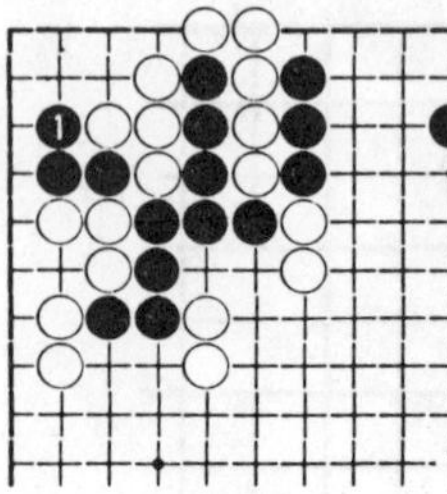

1 도

1 도 (정석)

흑 **1**이 정석이다.

단, 이 수 외에는 다른 저항수단을 생각할 수 없으므로, 문제는 다음의 한수라고 할 수 있겠다.

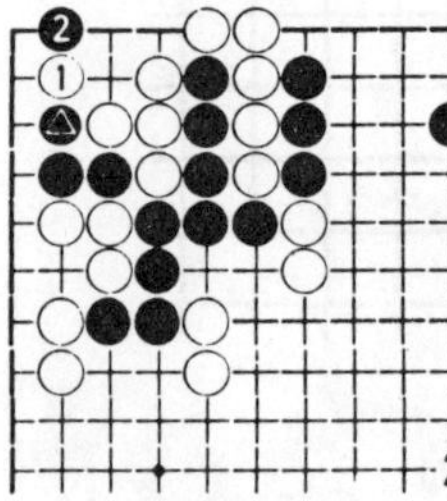

2 도

2 도 (계속)

흑▲에 대해 백 **1**은 당연한 것이다. 이에 대해 흑 **2**가 이 문제에서 요구하고 있는 정석의 묘수이다. 이 한수에 의해 백에게 포위되어 있는 흑 아홉점을 구출할 수가 있다.

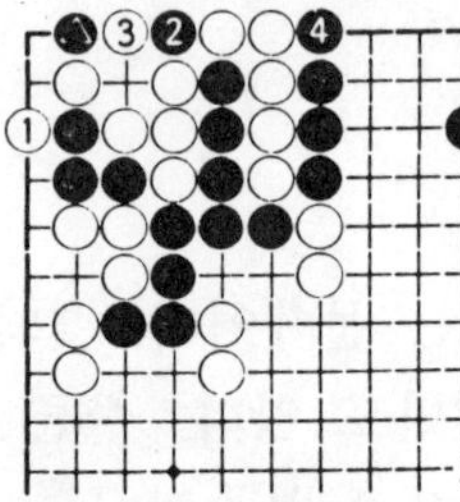

3 도

3 도 (계속)

흑▲에 백 **1**이면 흑 **2**로 먹여친다. 이것은 바로 백을 '자충'으로 유도하려는 것이다. 백 **3**으로 둘 수 밖에 없으며 그때 흑 **4**로 단수하면 백은 잇지 못하게 된다.

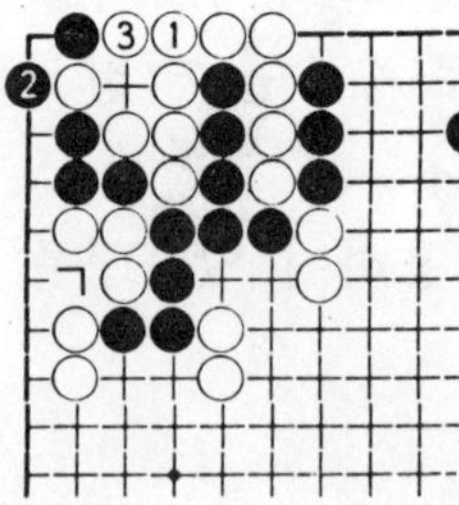

4 도

4 도 (변화)

'자충수'가 되지 않기 위해서는 백 **1**의 곳을 잇지 않을 수 없는데, 그렇게 해도 흑 **2**에 백 **3**이라는 괴로운 패가 만들어진다. 이렇게 되면 흑이 이긴 것이라고 할 수 있겠는데, 그 이유는 흑ㄱ이라는 좋은 팻감이 있기 때문이다.

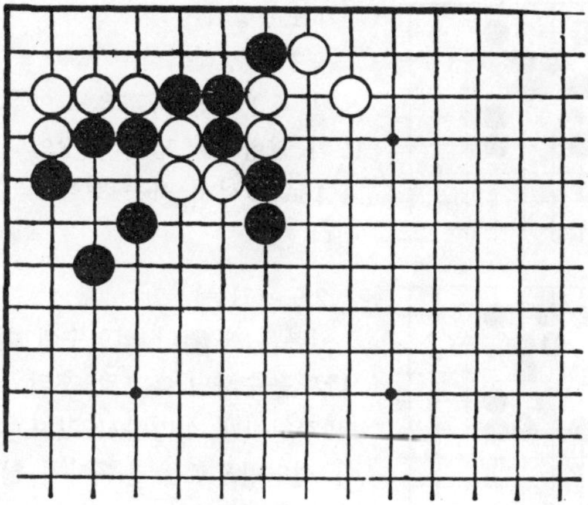

제31문

흑이 먼저 둘 때

흑선으로 과연 귀의 백을 잡을 수가 있을까?

이 문제의 주요 포인트는 귀의 백을 어떻게 하면 효과적으로 잡을 수 있을까 하는 점이다.

아무렇게나 두어서는 결코 문제의 해답을 찾을 수가 없을 것이다.

현재의 상황으로는 분명히 백이 유리하다. 흑으로서는 이것을 어떻게 극복하느냐이다.

신중을 기하여서 올바른 수순을 찾아 보자.

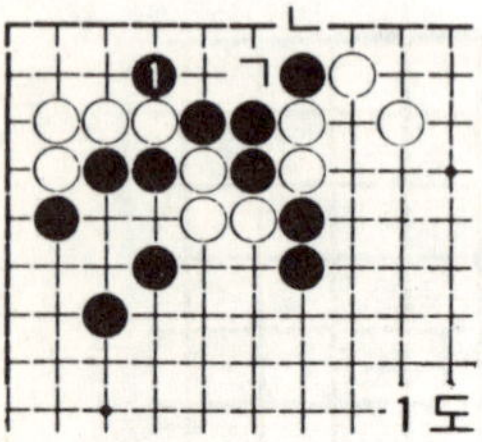

1 도

1 도 (정석)

흑 **1**이 정석이다.

이 흑 **1**대신 흑**ㄱ**으로 이으면 백 **ㄴ**의 젖힘수를 당해 끝장이다. 흑 **1**로 젖혀서 사는 길을 찾을 수가 있다.

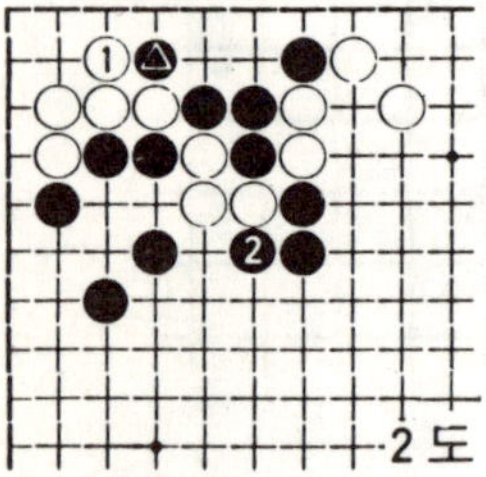

2 도

2 도 (원본)

원본은 흑◭의 젖힘수에 대해 백 **1**로 응수하면 흑 **2**로 흑의 승리라고 간단하게 설명하고 있다. 하지만 이 설명만으로는 충분하지 않다. 왜냐하면 이것은 **3 도**의 패로 저항하는 수단이 있기 때문이다.

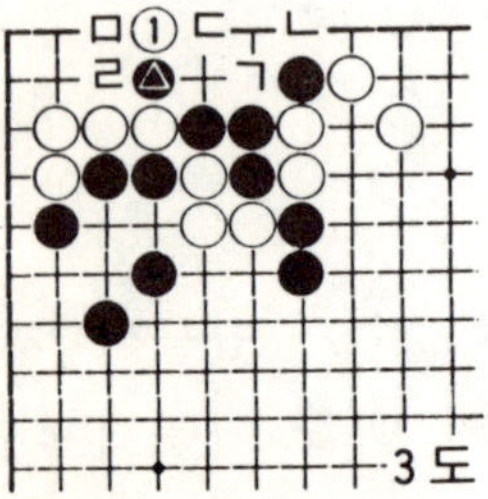

3 도

3 도 (저항)

백에게는 강력하게 백 **1**로 붙여서 저항할 수가 있다. 다음에 흑**ㄱ**에 두면 백**ㄴ**으로 백이 이긴다. 또 흑 **ㄷ**에 두면 백**ㄹ**, 흑**ㄱ**으로 패가 만들어진다.

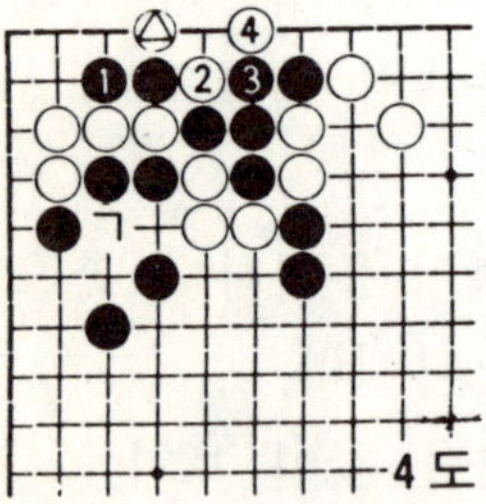

4 도

4 도 (패)

백◬에는 흑 **1**로 나가 백 **2**, 흑 **3**, 백 **4**로 양쪽이 최선을 다해 패싸움을 벌이는 것이 이 문제도의 정석이다. 백 역시 **ㄱ**의 좋은 팻감이 있으므로 흑이 이긴다고 딱 잘라서 말할 수 없다.

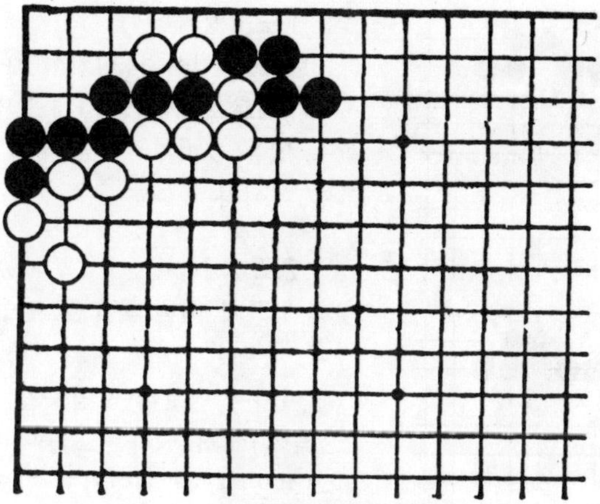

제32문

백이 먼저 둘 때

이 모양도 실전에 자주 나타나는 문제이므로 신중을 기하여 익혀두기 바란다.

백은 선수라는 잇점을 이용하여 우선 흑의 수수를 줄여나가도록 하는 것이 바람직한 방법이 될 것같다.

수읽기를 하여본 후에 올바른 수순을 찾아서 바른 착수를 진행해 보자.

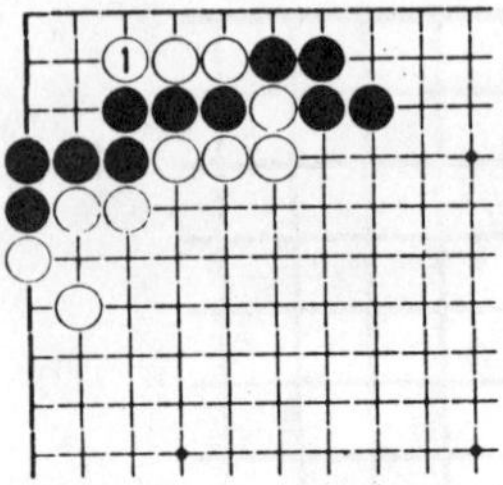

1 도

1 도 (정석)

백 **1**이 정석의 시발점이다.

대체로 이 수는 쉽게 찾아 낼 수 있을 것이다. 다음 수가 문제인 것이다.

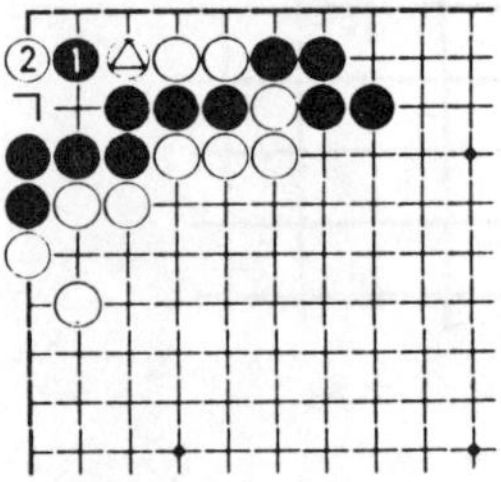

2 도

2 도 (계속)

백 Ⓐ에 대해 흑 **1**은 필연적이다.

여기서 백 **2**의 붙임수가 원본(原本)에서 말하는 묘수이다. 귀의 '2·1'에 해당하고 있으며, 흑으로서는 '자충'이 되므로 흑 ㄱ으로 잇지 못한다.

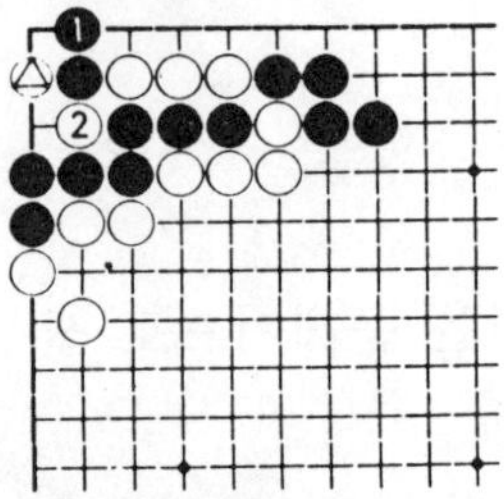

3 도

3 도 (계속)

백 Ⓐ(**2** 도의 백 **2**)에 대해 흑 **1**하면 백 **2**로 먹여쳐 '환격'의 수가 성립한다. 또 흑 **1**로 **2**의 곳을 이으면 백 **1**로 두어 만족한다.

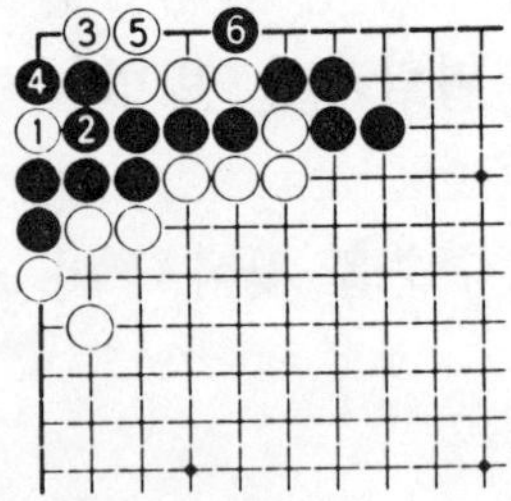

4 도

4 도 (실패)

직접 백 **1**로 단수치면 흑 **2**로 잇고 백 **3**으로 젖혀두면 흑 **4**로 집을 하나 확보하여 '유가무가'가 되므로 상대가 되지 않는다.

이렇게 되면 백의 실패가 된다.

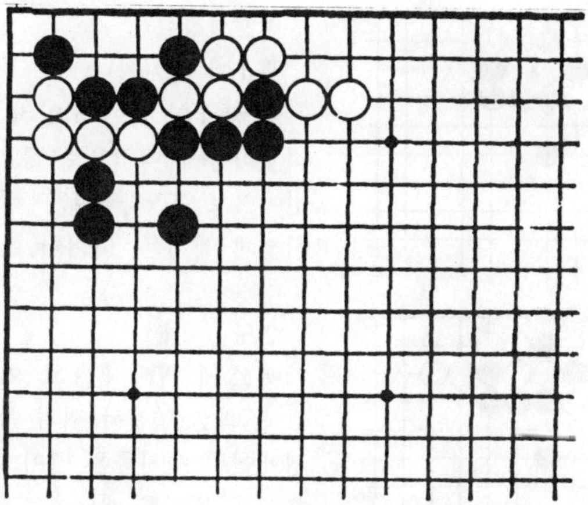

제33문

백이 먼저 둘 때

이 문제에는 함정이 있다. 언뜻 보면 쉬운 문제처럼 생각되어 함부로 두다가는 십중팔구 실패하게 된다. 결코 무조건으로는 살지 못한다.

현재 백의 수수는 흑에 비하여 부족하므로 흑의 수수를 효과적으로 줄일수 있는 방법을 찾아야 한다.

백의 용단이 필요한 문제이다.

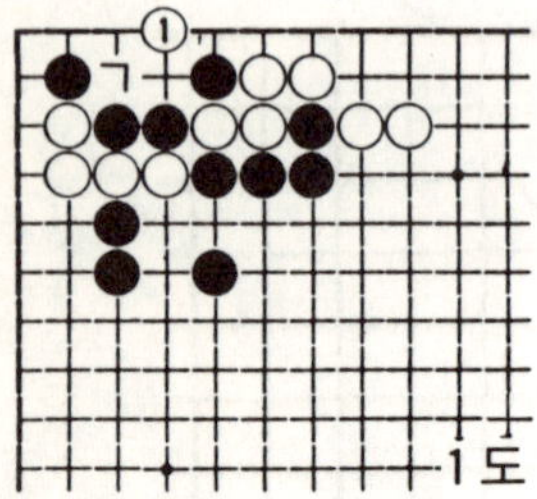

1도

1도 (정석)

백 **1**이 정석이다.

이 백 **1**의 곳이 모양의 급소이다. 다음에 백ㄱ으로 끊으면 그만이므로 흑도 백ㄱ의 끊음수를 어떻게 해서든 막아야 한다.

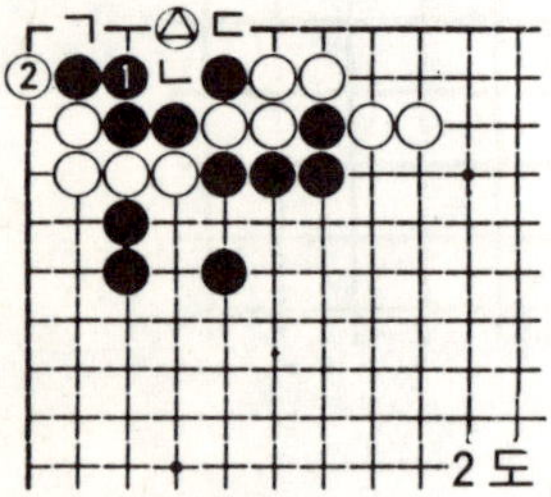

2도

2도 (계속)

백△에 대해 흑 **1**로 이으면, 그때 백 **2**로 젖혀 귀의 특수성에 관계없이 수싸움은 백이 이긴다. 흑ㄱ에 두어도 백ㄴ, 또 흑ㄴ에 두어도 백ㄷ이 된다.

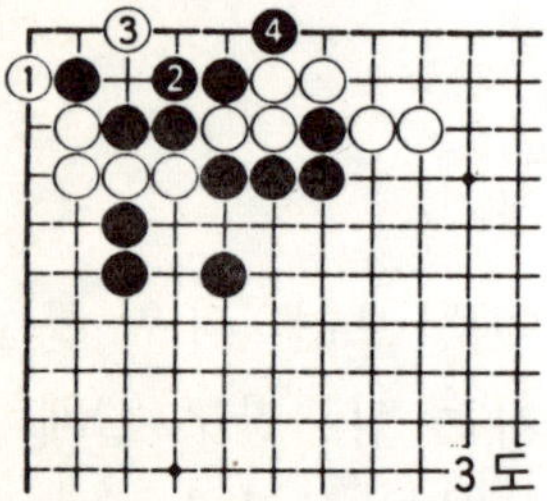

3도

3도 (실패)

일반적으로 백 **1**의 젖힘수를 생각하기 쉽지만, 이것은 바람직하지 못하다.

흑 **2**로 이었을 때 백 **3**으로 뛰어들면 흑 **4**로 한 번 젖혀두는 것이 올바른 수순이다.

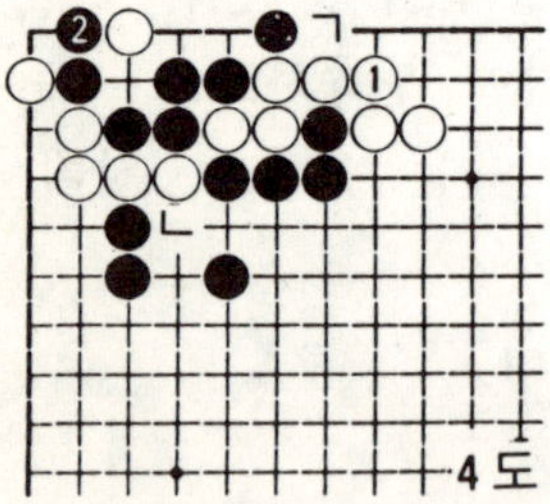

4도

4도 (계속)

흑▲에는 백 **1**, 그러면 흑 **2**로 백이 패한다. 이 다음 백ㄱ에 두어도 흑ㄴ으로 '유가무가'가 되어 버린다.

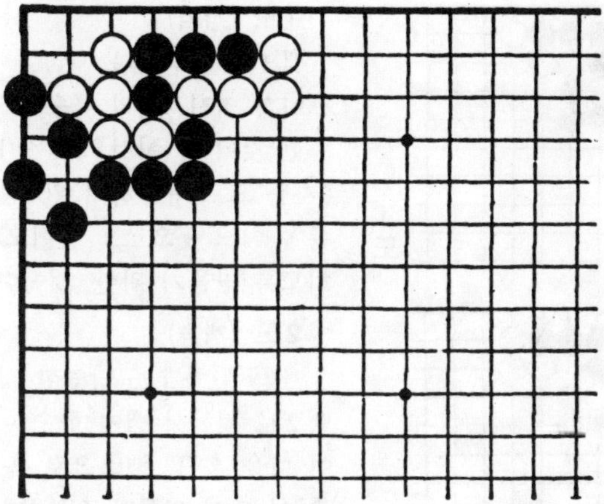

제34문

백이 먼저 둘 때

흑과 백이 서로 끊긴 상태이다. 백은 두 수, 흑은 석수씩의 수수가 있다. 여기에서 백선으로 흑 4점을 잡을 수 있는 방법은 없을까?

백은 무엇보다도 먼저 자기의 수수를 늘릴 수 있도록 묘책을 강구해야 한다.

수계산을 하여 보면 지금 당장은 백이 한 수가 모자란다. 그러므로 흑보다 백이 수수가 더 많아지도록 묘수를 두지 않으면 안된다.

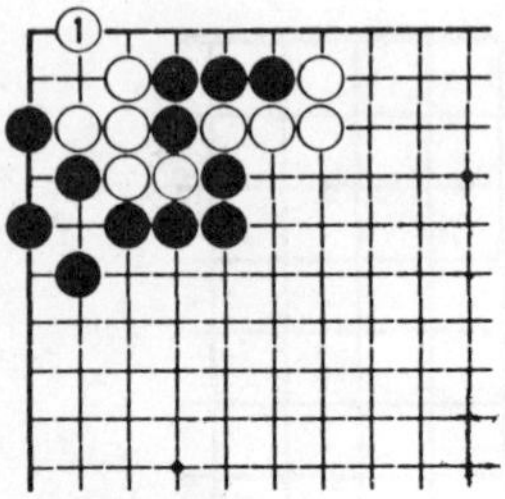

1도

1도 (정석)

백 1이 정석이다.

이것 역시 '귀의 특수성'을 이용한 것이다. 이것으로 상대방을 '자충'으로 유인하여 왼쪽과 오른쪽 어느 곳으로도 들어오지 못하도록 만들기 위한 것이다.

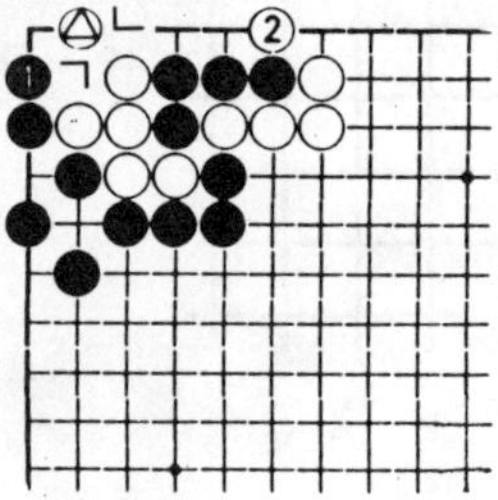

2도

2도 (계속)

백 ◬에 흑 1은 당연한 것인데, 백 2로 젖혀서 백이 한수 이긴다. 이 다음 흑ㄱ, 백ㄴ으로 흑은 '자충'이 되어 왼쪽과 오른쪽 어느 곳으로도 들어갈 수가 없다.

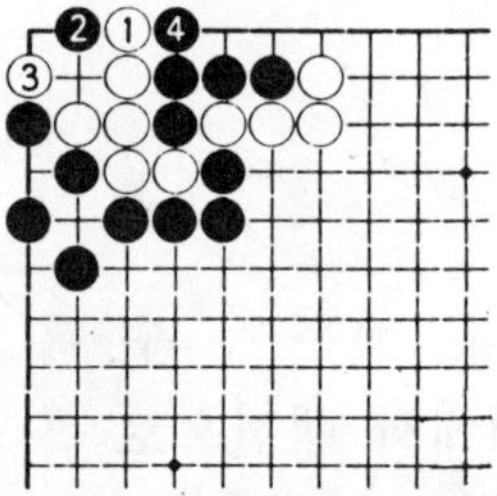

3도

3도 (실패)

잠자코 백 1로 내려서면 흑 2의 붙임수를 당해 어쩔 수 없이 백 3으로 둘 수 밖에 없는데 흑 4로 패가 되어버린다.

백 1로 3에 두어도 흑 1로 나가 역시 패가 만들어진다.

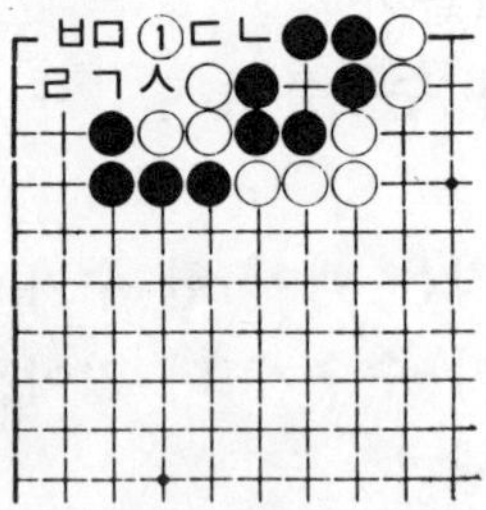

4도

4도 (참고)

이 모양에서도, 백 1이 올바르다. 흑ㄱ, 백ㄴ을 교환하여 패가 만들어진다. 또 백 1로 ㄷ의 곳에 내려서면 흑 1, 백ㄱ, 흑ㄹ, 백ㅁ, 흑ㅂ, 백ㅅ이 되어 백은 후수의 빅으로 산다.

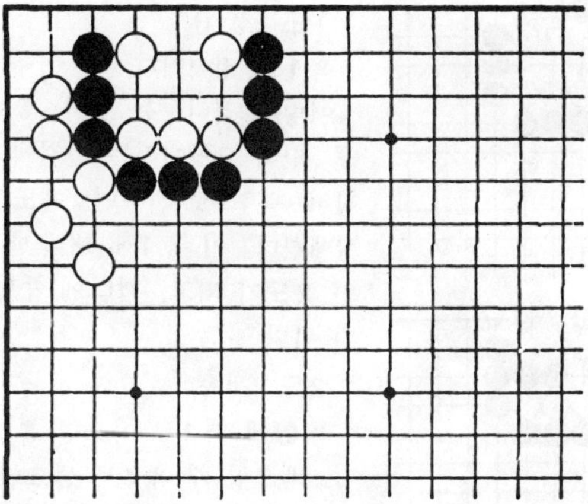

제35문

흑이 먼저 둘 때

이 그림의 주요 안건은 백에게 포위당해 있는 흑 3점을 어떻게 하면 살릴 수 있겠는가 하는 점이다.

한눈에 보기에도 결코 쉬운 문제로는 생각되지 않는다. 사실 이 문제는 상당히 어렵다. 묘수를 찾지 않는 이상 쉽게 흑을 살릴 수가 없다.

흑은 백의 급소를 찔러서 수싸움에 이겨야 한다. 그렇다면 올바른 수순은 어떻게 되는가?

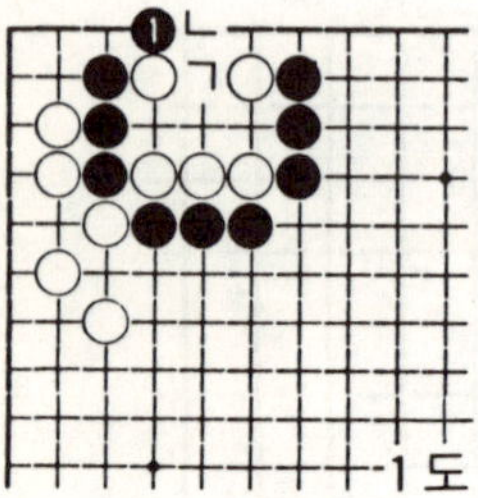
1 도

1 도 (정석)

흑 **1**이 정석이다.

이렇게 젖혀두는 것이 중요한 수로 만약 모양이라는 관점에만 사로잡혀 흑 **ㄱ**으로 끼우면 **4 도**가 되어 실패한다. 이 흑 **1**에 대해 백 **ㄱ**에 두면 **2 도**가 되고, 백 **ㄴ**에 두면 **3 도**가 된다.

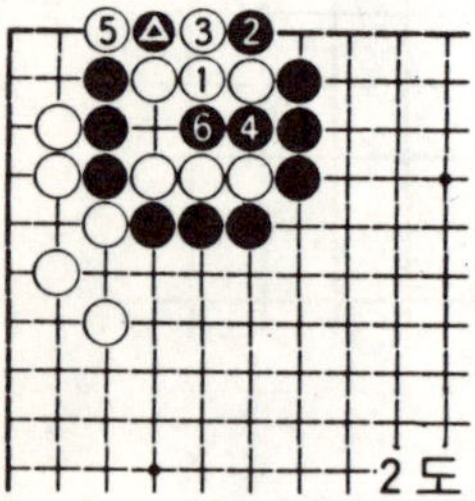
2 도

2 도 (계속)

흑▲에 백 **1**로 이으면 흑 **2**로 둔다. 백 **3**일 때 흑 **4**로 뚫으면 백은 '자충'이 되므로 이을 수가 없다. 다음 백 **5**, 흑 **6**으로 흑은 되살아난다.

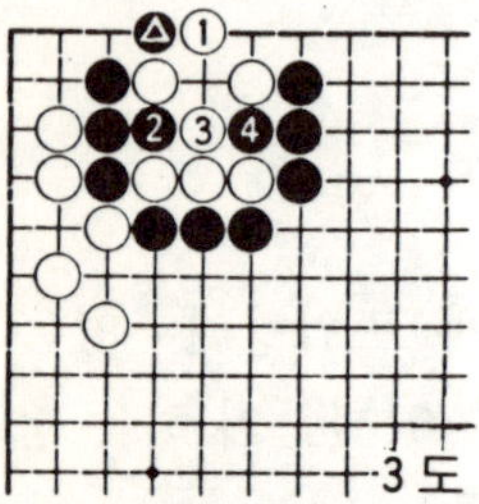
3 도

3 도 (변화)

흑▲에 백 **1**로 막으면 흑 **2**로 잇는다. 백 **3**에는 패를 때리지 말고 흑 **4**로 넘어가 흑의 성공이다. 단, 주의할 점은 흑 **2**로 **4**에 두거나 하면 백 **2**를 당해 흑이 패배하게 된다.

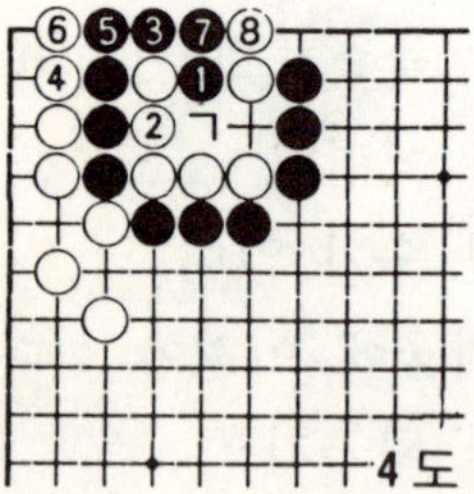
4 도

4 도 (실패)

'좌우동형의 중앙에 수가 있다'는 점만 생각해서 흑 **1**로 나가는 것은 백 **ㄱ**으로 응수해 주면 흑 **7**로 내려서서 성공이지만 백은 **ㄱ**으로 응수하지 않고 백 **2**로 이어 이하 백 **8**까지로 오히려 흑이 잡히게 되어서 실패다.

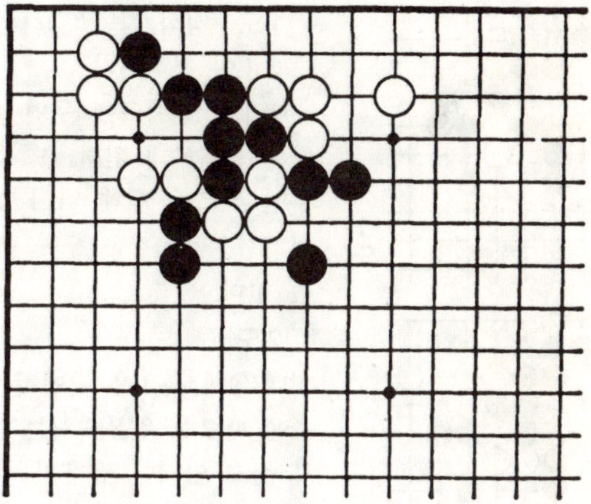

제36문

백이 먼저 둘 때

백의 수수가 한 수 부족한 모양이다. 그러나 백은 먼저 둔다는 잇점이 있으므로 흑의 급소를 찔러서 과감한 착수를 진행해야 한다.

일반적인 수순으로는 결코 성공하지 못한다. 보다 날카로운 수순을 구사해야 한다.

필히 수읽기를 한 후에 수순을 진행하도록 하자. 그래야만 불필요한 수를 없앨 수 있다. 바짝 긴장한 수순이어야만 성공할 수가 있다.

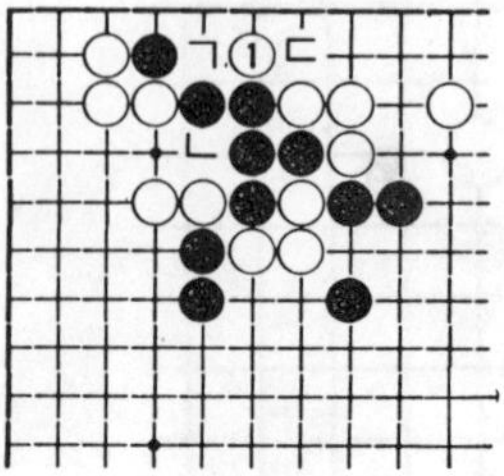

1
도

1도 (정석)

백 1이 정석이다.

백 1대신 백ㄱ에 두면 흑 1을 당해서 패하게 된다. 또 백ㄴ에 두면 흑ㄷ을 당해 역시 실패다. 여기서 흑을 잡는 수는 백 1외에는 없다.

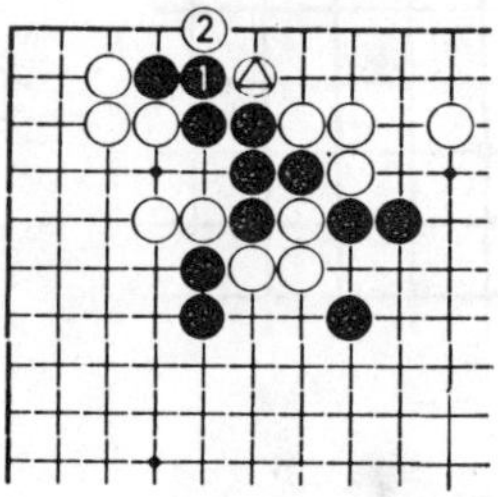

2
도

2도 (계속)

백◎에 흑 1은 필연적이다. 다음에 백 2를 원본에서는 정석으로 삼고 있지만 필자가 보기엔 3도가 올바른 것 같다.

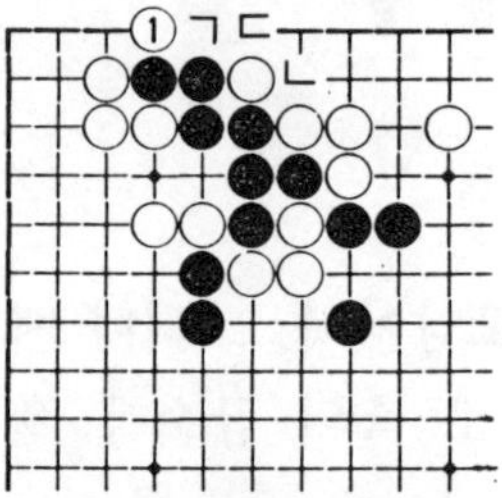

3
도

3도 (비교)

백 1에 두거나 백ㄱ(2도의 백 2) 에 두거나 이 지점에서 실리에 큰 차이는 없다. 그러나 실전일 경우에는 흑은 이곳에서 손을 빼고 다른 곳으로 눈을 돌릴 것이다. 그리고 패싸움이 벌어져서 흑ㄴ, 백ㄷ이 된다고 가정하면 백ㄱ보다는 백 1이 이익이다.

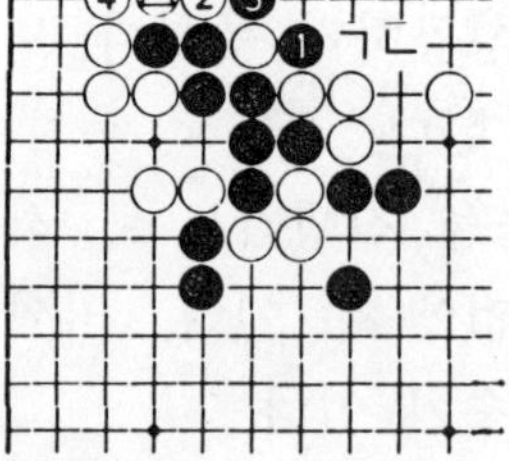

4
도

4도 ((계속)

백◎에 흑 1, 백 2, 흑 3이 되고 백 4로 이어 백의 승리다. 흑ㄱ이면 백ㄴ이 된다. 또 백◎로 2에 두어도 흑 1, 백◎, 흑 3, 백 4여서 결과는 마찬가지이다.

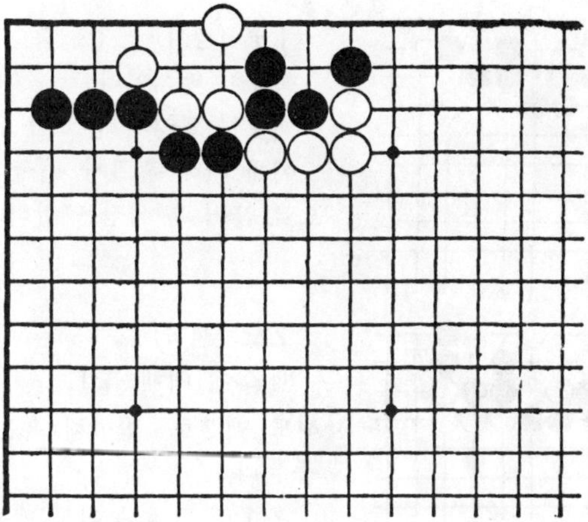

제37문

백이 먼저 둘 때

이 모양은 실전에서 자주 나타나는 문제 중의 하나이다.

지금 당장으로서는 백이 여간 불리한게 아니다. 그러나 백선이라는 잇점을 가지고 있으므로 백은 이 장점을 가지고 흑의 급소를 찌른다면 백의 수수를 늘리면서 한편으로는 흑의 수수를 줄일 수 있는 이중 효과를 볼 수가 있을 것이다.

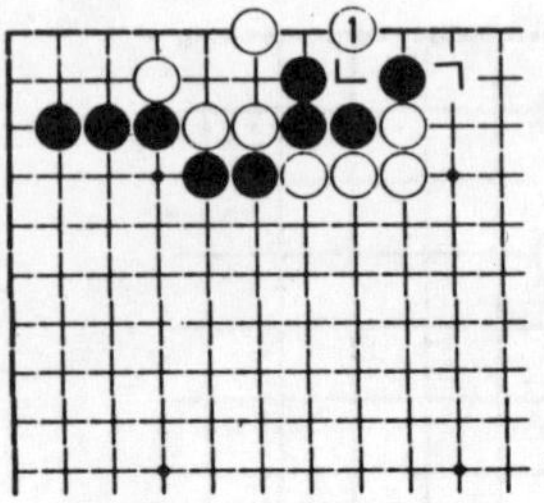

1 도

1도 (정석)

백 **1**이 정석이다.

백 **1**이 모양의 급소가 된다.

이에 대해 흑ㄱ에 두면, 백ㄴ으로 끊어 흑 석점은 잡혀버린다.

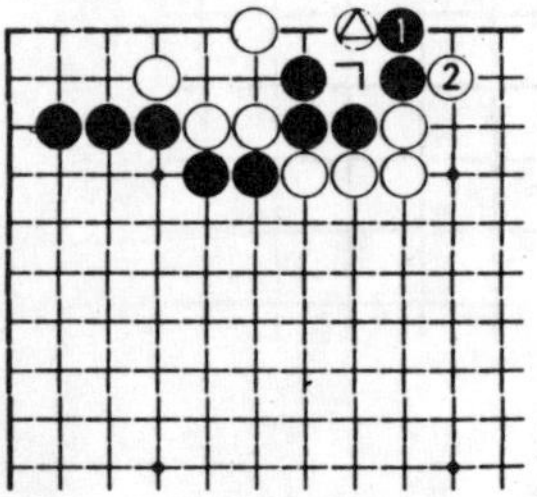

2 도

2도 (계속)

백◬에 대해 흑 **1**로 저항한다 해도 백 **2**로 반발해 흑은 모두 죽는다.

흑 **1**로 ㄱ에 두어도 백은 **2**로 수비해서 불만이 없다.

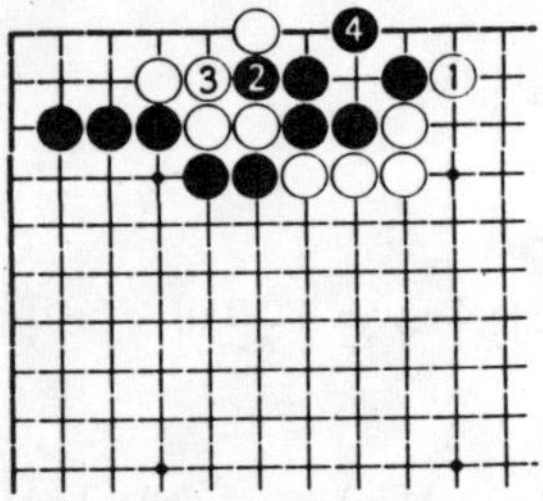

3 도

3도 (실패)

백 **1**로 막으면, 흑 **2**, 백 **3**일 때 흑 **4**로 집을 확보하게 되므로, 수싸움에서 이것은 백의 패배가 된다.

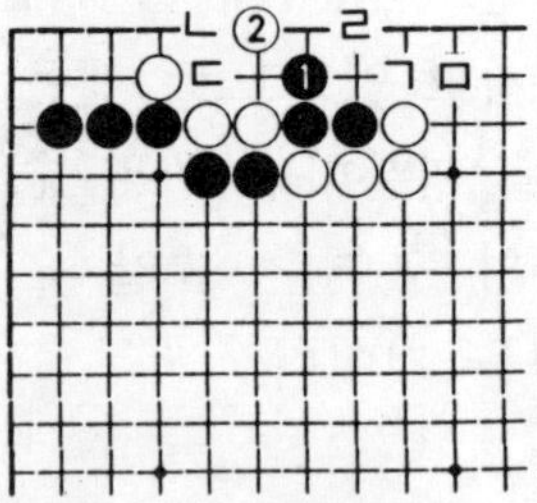

4 도

4도 (참고)

이 그림은 흑 **1**, 백 **2** 다음, 흑ㄱ으로 젖힌 모양이다. 제 9문에서는 흑이 패했지만, 이 모양에서는 흑ㄱ에 두지 않고 흑ㄴ에 두어 백ㄷ, 흑ㄱ, 백ㄹ, 흑ㅁ으로 흑의 승리가 된다.

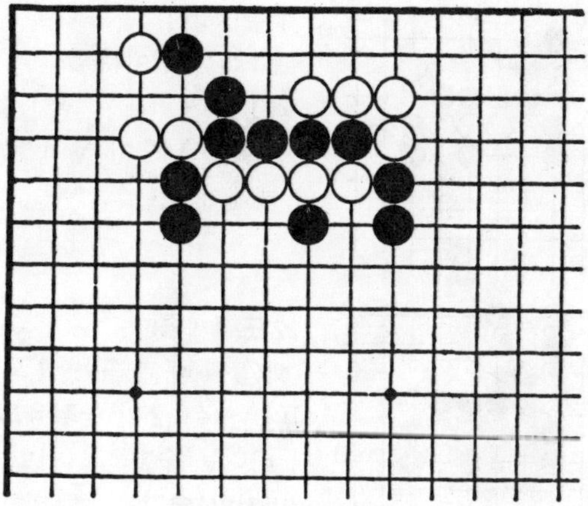

제38문

백이 먼저 둘 때

한눈에 상당히 어려운 수준급의 문제임을 간파할 수가 있을 것이다.

흑에 비하여 백의 수수는 너무나 부족하다. 단순한 수싸움으로는 강약이 보통이다. 백으로서는 다른 비상한 수를 쓰지 않으면 안된다. 평범한 수로는 결코 흑을 제압하지도 백이 삶을 도모하지도 못할 것이다.

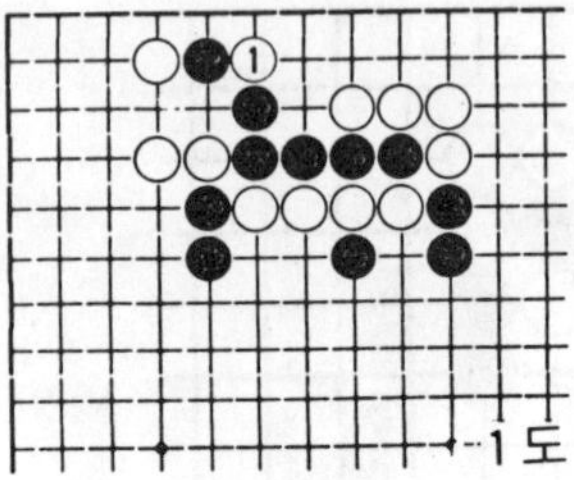

1 도 (정석)

백 1 이 정석이다.

백 1 을 생략해서 흑 1 을 허용하면 흑은 넉수가 되어 버려 백의 패배가 된다.

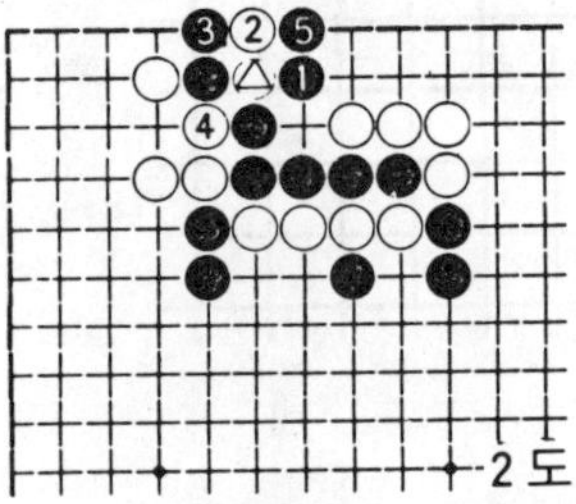

2 도 (계속)

백Ⓐ에 대해 흑은 1 로 단수친다. 백은 2 의 두점으로 키워서 버리는 수법으로 이런 경우의 일반적인 수법이다.

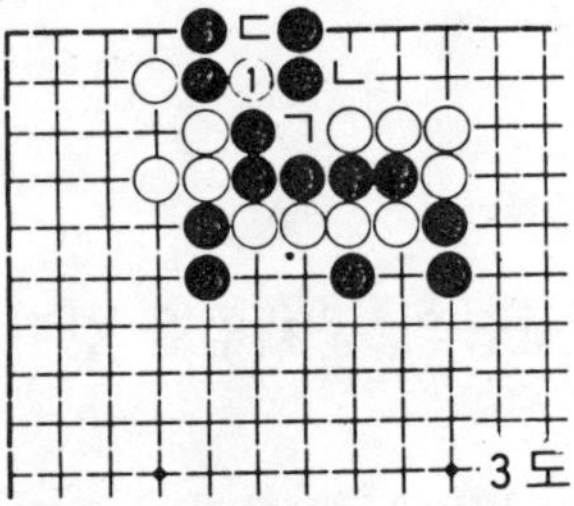

3 도 (계속)

2 도에서 백 두점을 따낸 자리에 백 1 로 먹여치는 것이 결정적으로 일격을 가한 것이다.

흑ㄱ이면 백ㄴ이 되고 또 흑ㄷ에 두면 백ㄱ이 된다.

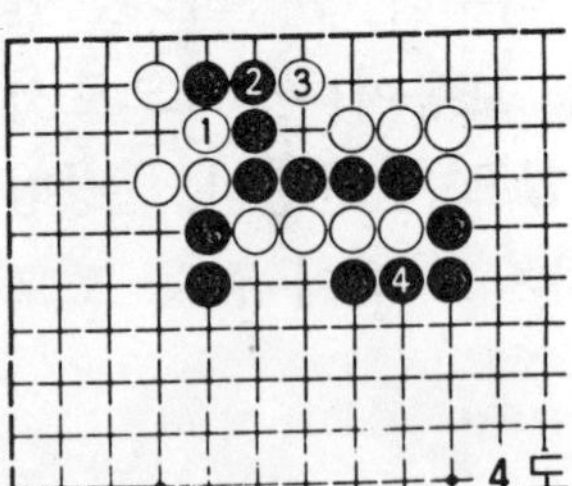

4 도 (나쁨)

정석의 수순을 알지 못하고 이렇게 백 1, 흑 2, 백 3, 흑 4 로 두어 백 넉점을 버리는 것은 참으로 소극적인 자세라 아니 할 수 없다.

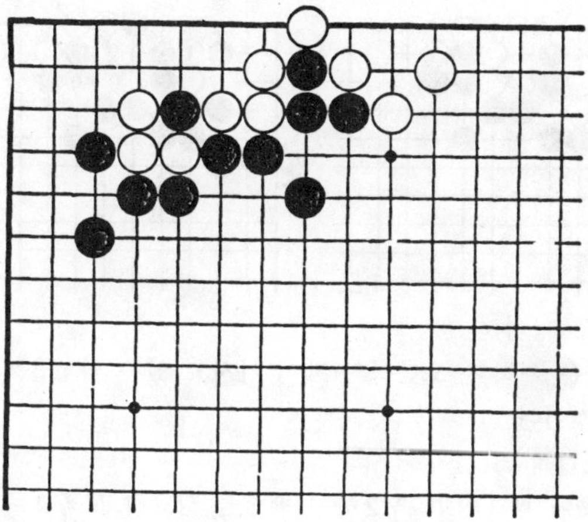

제39문

흑이 먼저 둘 때

백에게 단수당한 흑 한 점을 구출해내는 것이 이 문제의 지상 과제이다.

여기에서 흑은 백의 약점을 잘 활용하여 삶의 돌파구를 찾도록 해야 한다.

흑은 보다 과감한 착수를 하는 것이 효과적이다. 너무 소극적인 진행은 오히려 역효과를 낼 수도 있다.

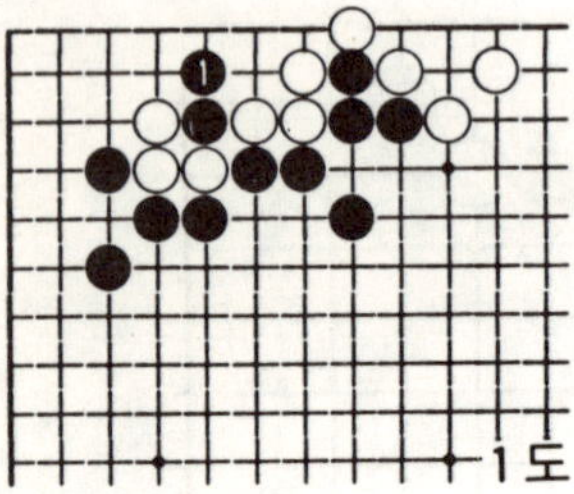

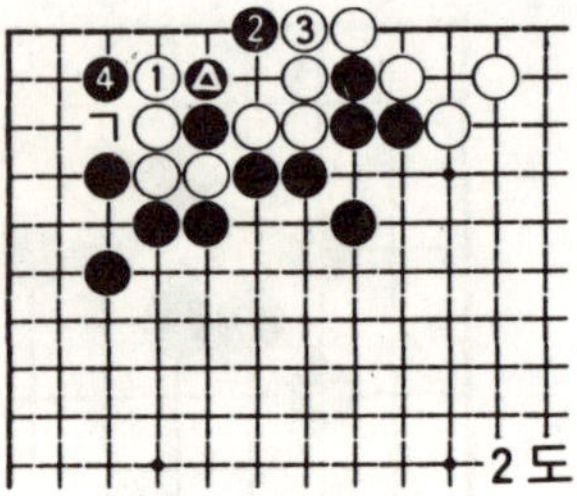

1도 (정석)

흑 1은 왼쪽과 오른쪽의 백이 가지고 있는 약점을 노리고 있는 것이다.

2도 (계속)

흑△에 백 1이면 흑 2하여 백 3을 강요하고 흑 4로 붙여둔다. 원본에서는 이 흑 4를 정석으로 보고 있는데 흑 4 대신 흑ㄱ으로 두어도 정석이 된다.

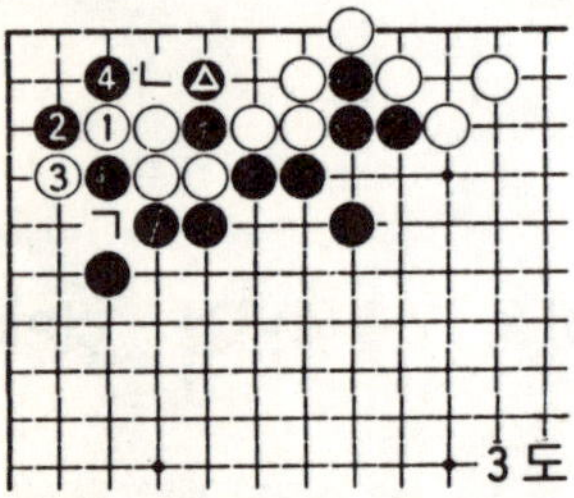

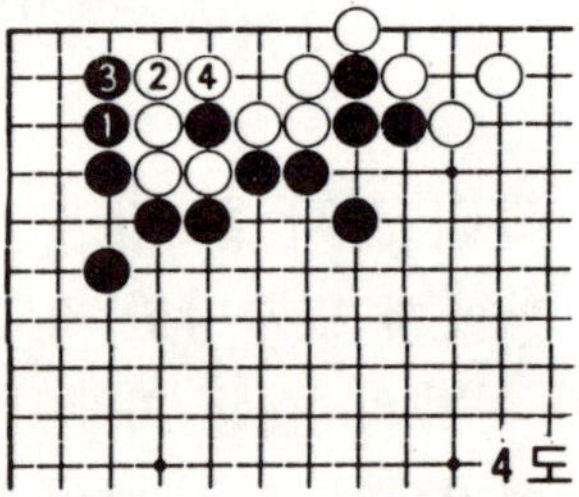

3도 (변화)

흑△일 때 백 1이면, 흑은 강력하게 2로 젖혀둔다. 백 3에는 흑 4로 백ㄱ에 두어도 흑ㄴ으로 잡게 된다.

4도 (나쁨)

흑 1, 3으로 두어서 선수를 잡았다고 만족할 일이 아니다. 백 2로 두지 않고 손을 빼어 흑 4로 백 석점을 따낸다고 해도 정석에 비해 무척 나쁘다.

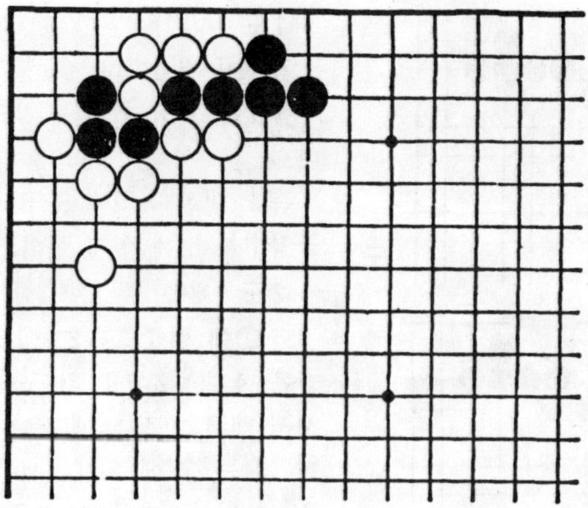

제40문

흑이 먼저 둘 때

이 그림은 상당히 어려운 수준급의 문제이다. 만약 이 문제를 막힘없이 풀 수 있는 사람이라면 그는 상당한 실력의 소유자라고 할 수 있을 것이다.

흑은 부족한 수수를 귀의 특수성을 이용하여 회복하도록 한다. 백 4점이 가지고 있는 수수보다 더 늘릴 수만 있다면 흑은 여기에서 성공을 거둘 수가 있는 것이다.

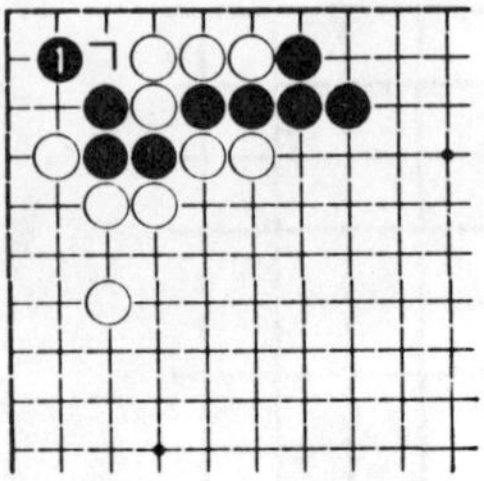

1
도

1 도 (정석)

흑 1이 정석이다.

흑 1은 오직 이 한수 밖에 없다.

흑 1 대신 흑ㄱ에 두면 백 1의 붙임수를 당해 실패 한다.

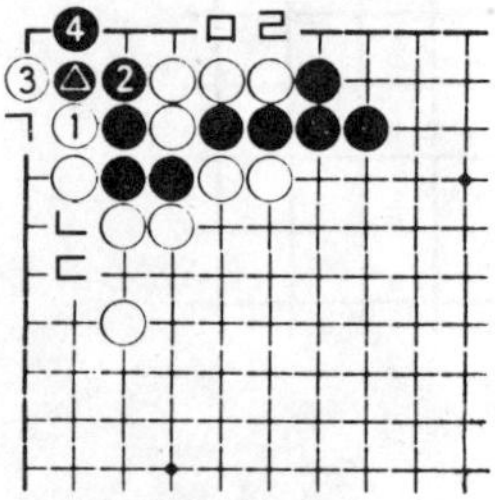

2
도

2 도 (계속)

흑△에 백 1, 흑 2, 백 3이면 흑은 4로 '2 · 1'의 곳에 내려서서 백ㄱ, 흑ㄴ, 백ㄷ, 흑ㄹ까지 '끊는 수'에 의해 백은 '자충'이 된다. 그런데 백ㄱ으로는 백ㅁ으로 반발해 오기도 한다.

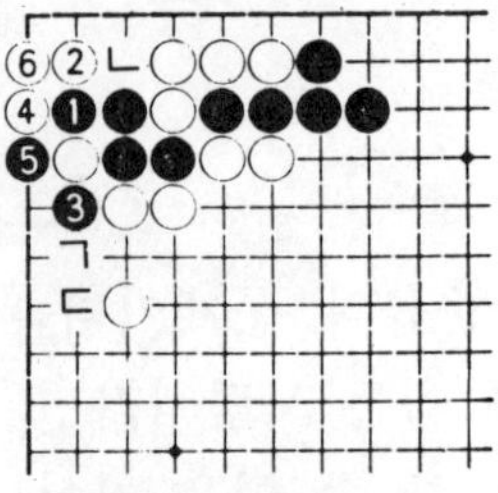

3
도

3 도 (실패)

흑 1에 두면 백 2로 뛰어 붙여 흑 3부터 백 4, 흑 5, 백 6까지로 흑이 패한다. 이 다음 흑ㄱ에 두어도 백ㄴ, 흑 이음, 백ㄷ으로 불만이 없다.

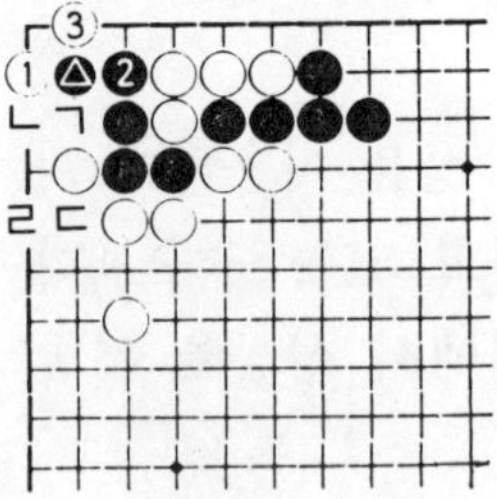

3
도

4 도 (패)

흑△일 때 백 1로 붙여두는 것이 백으로서는 최대한의 반발이어서, 흑 2에는 백 3으로 패가 만들어진다. 하지만 흑 2는 3에 두는 것이 올바른 것이다. 백 1에 흑 3 하면 백 2, 흑ㄱ, 백ㄴ, 흑ㄷ, 백ㄹ로 패가 만들어진다.

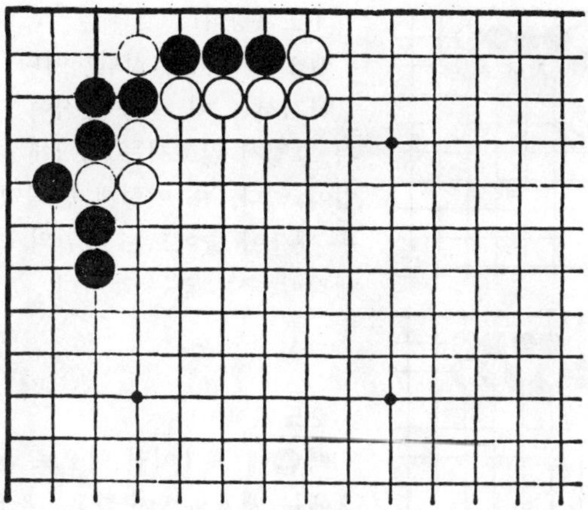

제41문

백이 먼저 둘 때

백선으로 흑의 세력권 속에 갇힌 백 한 점을 구출해낼 수가 있을까?

이러한 문제가 실전에서 나타나면 흔히 백 한 점을 포기해 버리기가 일쑤이다. 그러나 만약 수 읽기를 어느 정도 할 수 있는 사람이라면 결코 무분별하게 포기해 버리지는 않을 것이다. 신중하게 생각하면 의외로 수가 떠오르는 경우가 많다.

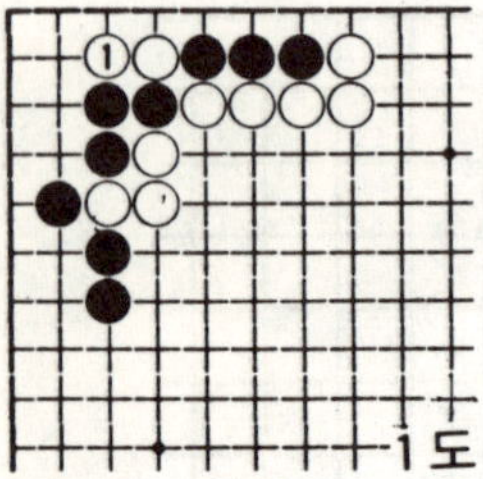

1 도 (정석)

백 **1**이 정석의 첫단계이다.

여기서는 이 돌을 움직여 나가야지 그렇지 않고서는 백에게 다른 방법이 없다. 또 이렇게 움직였을 경우 팻감이 줄어드는 따위의 손해를 생각할 수는 없는 것이다.

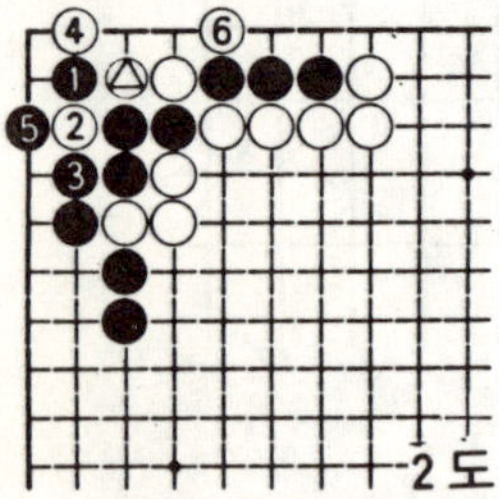

2 도 (계속)

백 △에 흑 **1**이면 백 **2**로 끊고 흑 **3**에는 백 **4**로 단수하고, 흑 **5**일 때 백 **6**으로 젖혀 흑 석점을 잡는다. 흑은 '자충'이 되어 곤란해진다.

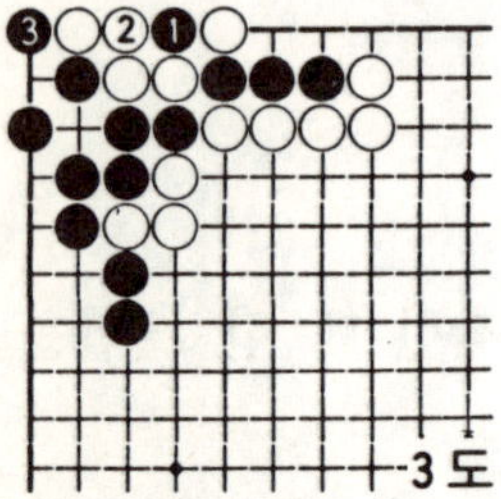

3 도 (패)

계속해서 흑은 패에 자신이 있을 경우에는 **1**로 먹여치고 백 **2**에는 흑 **3**의 '패'라는 수단을 사용한다. 백도 제41문에서 '패'로 만들 수 있다면 만족할 수 있을 것이다.

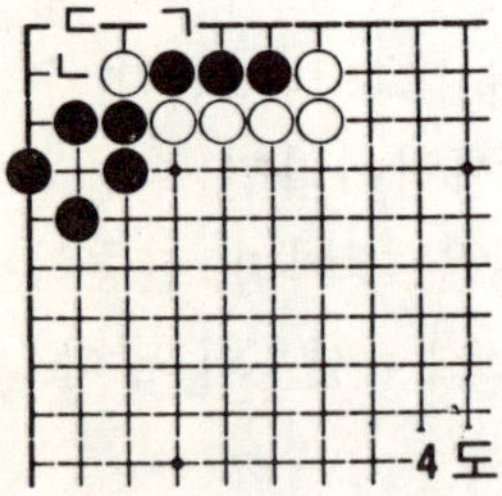

4 도 (참고)

그림의 경우에는 백ㄱ의 젖힘수가 융통성이 있는 수로 흑ㄴ, 백ㄷ으로 이것 역시 패로 만들 수가 있다.

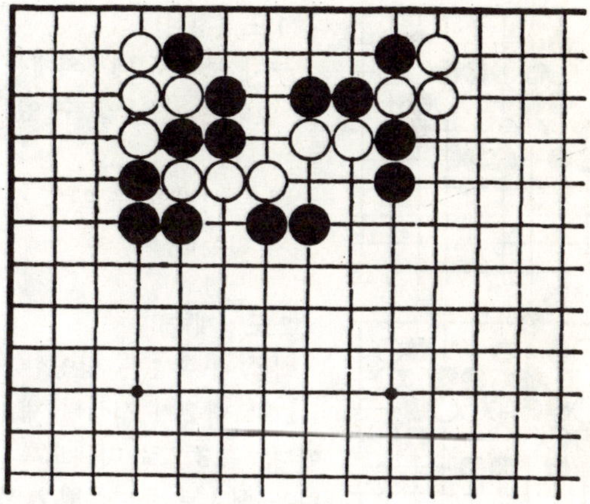

제42문

백이 먼저 둘 때

이 문제는 상당히 수준높은 문제이다. 실전에서도 자주 활용되는 모양이므로 신중하게 검토하여 익혀 두기 바란다. 기력(棋力) 향상에 도움이 될 것이다.

충분한 수읽기를 하여 수순을 찾아야 한다. 백의 수수에 비하여 흑의 궁도가 상당히 넓기 때문에 백은 급소를 강타하지 않으면 안된다.

백의 수순 중에서도 특히 제 일착이 중요하다.

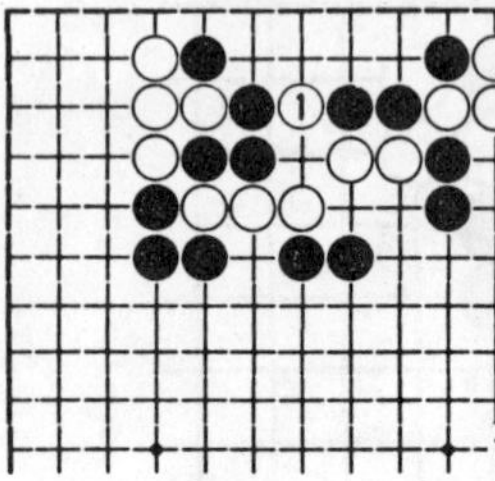

1 도

1 도 (정석)

누가 보아도 백 **1** 외에는 방법이 없다는 것을 알 수 있을 것이다.

백은 이밖의 수로는 수싸움이 되지 않는다.

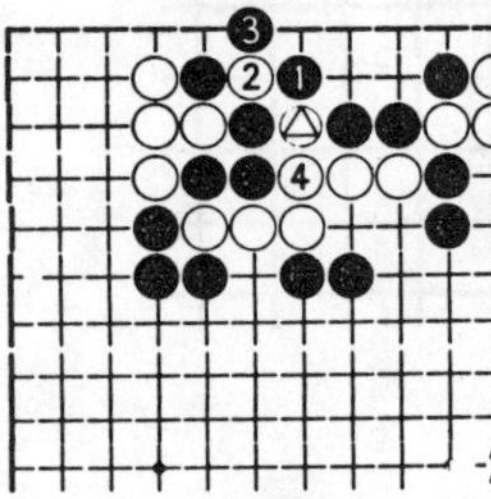

2 도

2 도 (계속)

백◬에 흑 **1**은 당연한 수이다.

그때 백 **2**가 정석의 제 1 단계이다. 흑 **3**으로 따내도록 강요한 다음 백 **4**로 둔다. 백 **2** 대신 바로 백 **4**에 두면 흑 **2**로 백의 패배가 된다.

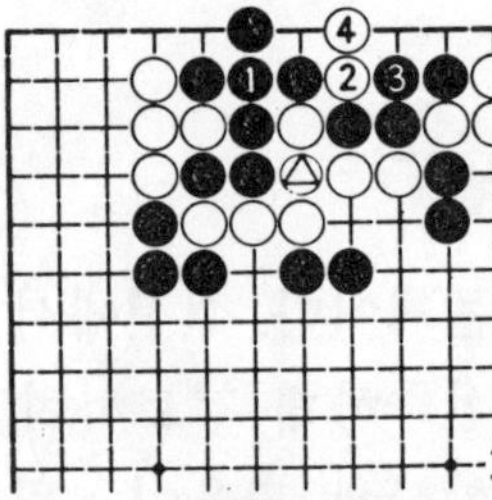

3 도

3 도 (계속)

백◬ (**2 도**의 백 **4**)에 대해서는 흑 **1**로 이을 수 밖에 없다.

그러면 백 **2**로 끊고 흑 **3**, 백 **4**로 흑은 '자충'이 되어 백 두점을 잡지 못한다.

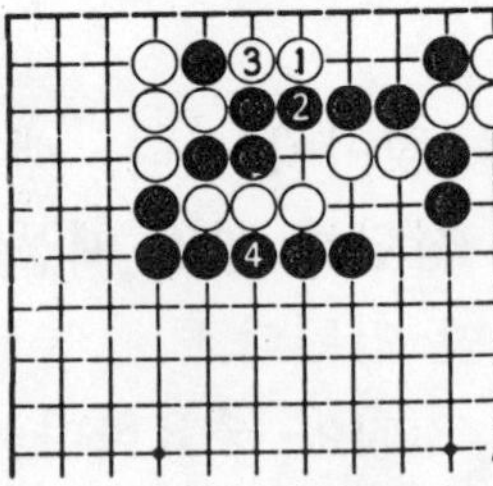

4 도

4 도 (나쁨)

정석을 두어서 이 흑을 전부 잡을 수 있는데도 불구하고 백 **1**, **3**으로 두는 정도로 만족하는 것은 너무 소극적인 자세라고 할 수 있다.

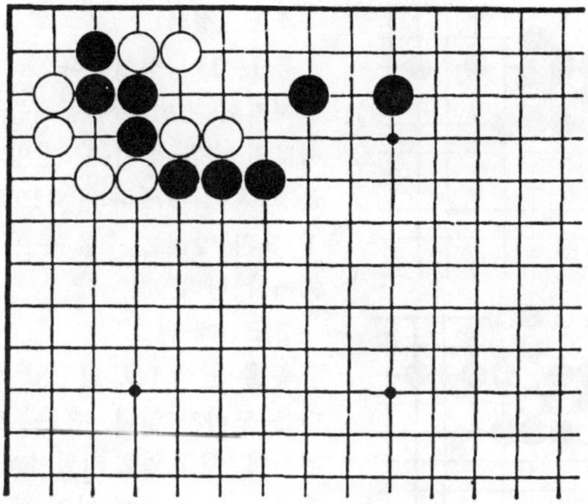

제43문

흑이 먼저 둘 때

이 그림은 과히 쉽지 않은 문제이다. 실전에서 이 문제가 나오면 많은 사람들이 아무렇게나 둔 나머지 실패하곤 한다.

여기에서는 결코 평범한 수가 듣지 않는다. 묘수를 찾아야 한다.

흑이 무턱대고 평범하게 백의 수를 줄이려고 한다면 틀림없이 실패한다.

세심한 주의를 기울여서 맥수를 짚어야 한다.

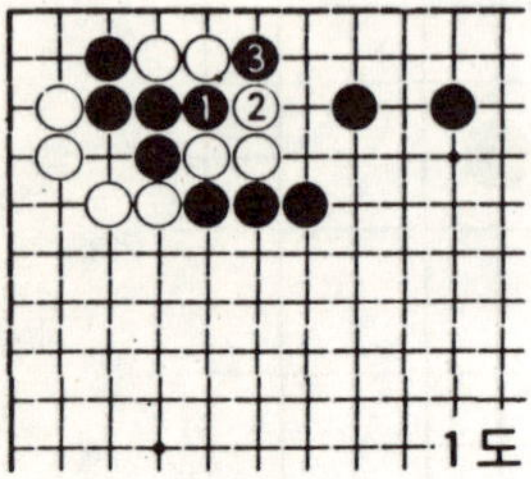

1도

1도 (정석)

흑 **1**, **3**이 정석이다.

여기서 평범하게 공배를 메워 서로의 수를 줄이는 방법으로는 분명 흑이 패배하게 되므로 흑은 **1**, **3**의 맞끊는 수를 두어 길을 뚫어야 한다.

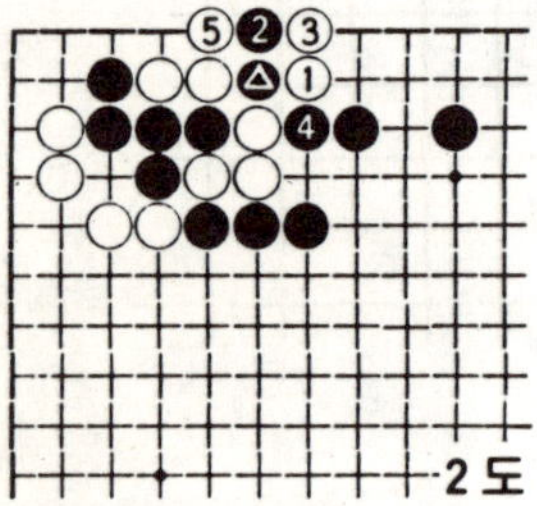

2도

2도 (계속)

흑▲면 백 **1**로 단수할 수밖에 다른 도리가 없다. 흑은 **2**로 내려서서 '두점으로 키워서 버리는' 요령이다. 이렇게 하여 백의 수를 줄인다. 백 **5**로 따내면 흑▲으로 먹여친다.

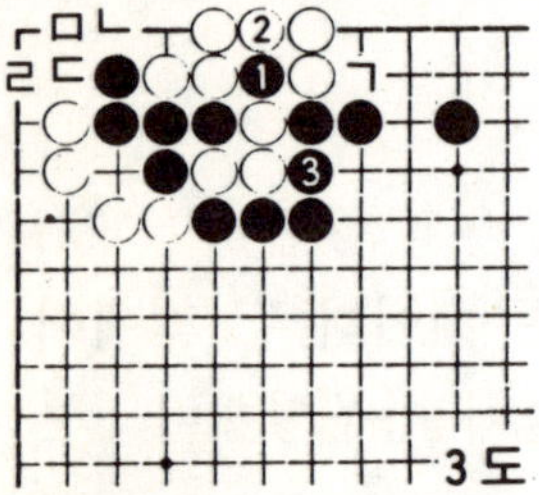

3도

3도 (계속)

흑 **1**로 먹여치고 백 **2**에 두면 흑 **3**으로 단수한다. 백이 석점을 이을 경우 흑ㄱ으로 구부려 수싸움은 흑의 승리가 된다. 실전에서라면 백은 석점을 잇지 않고 ㄴ으로 젖혀 두거나 ㄷ으로 내려설 것이다.

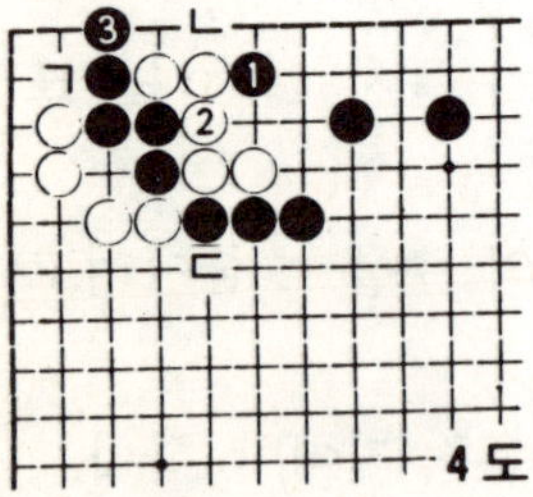

4도

4도 (뒷맛이 불만)

흑 **1**의 곳에 먼저 붙여두면 백 **2**, 흑 **3**, 백ㄱ, 흑ㄴ으로 흑이 이기기는 하지만, 백ㄷ으로 맞끊는 수를 노려서 뒷맛이 나쁘다.

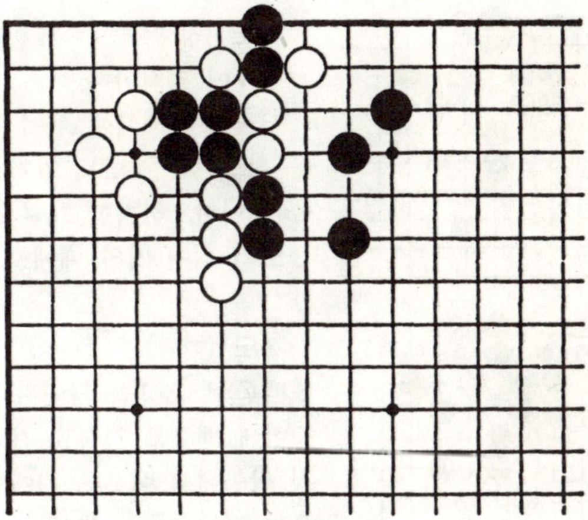

제44문

백이 먼저 둘 때

이 모양 역시 실전에서 많이 나타나는 문제이다. 신중하게 살펴서 기억해 두기 바란다.

백이 주의할 것은 오른쪽의 두 점이 잡히지 않도록 해야 한다는 점이다.

우선 눈에 보이는 대로 단수부터 치고 보면 오히려 실패하게 되므로 보다 차분하게 한 수 한 수를 진행하기 바란다.

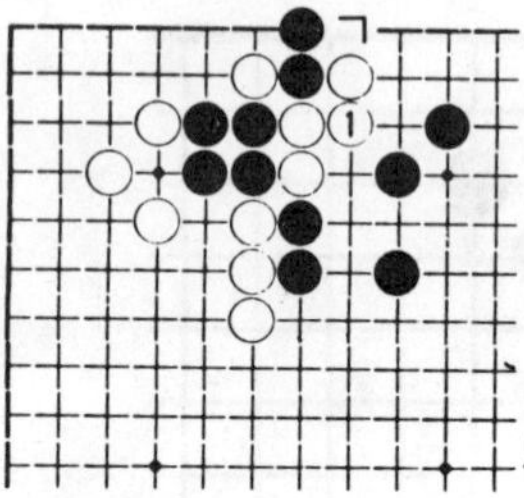

1도

1도 (정석)

백 **1**이 정석이다.

서둘러서 백ㄱ에 두어 흑 두점을 잡으려는 사람도 없지않아 있을 것이다. 하지만 그렇게 하면 **3도**가 되어 백의 패배로 끝난다.

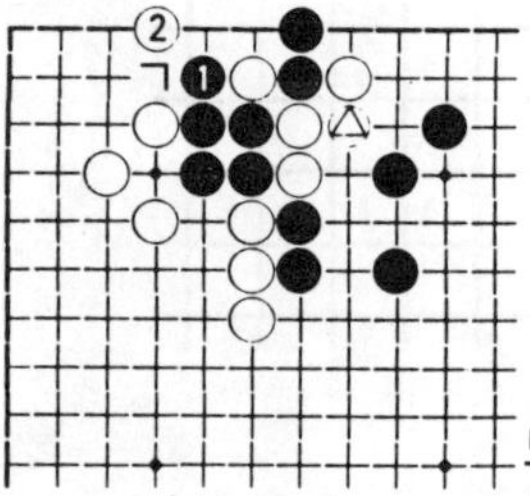

2도

2도 (계속)

백 △에 흑 **1**은 당연하다.

이에 백 **2**로 일격을 가한다. 자칫 잘못해서 백 **2**로 ㄱ에 두면 흑 **2**의 젖힘수를 당해서 '패'의 저항을 받게 된다.

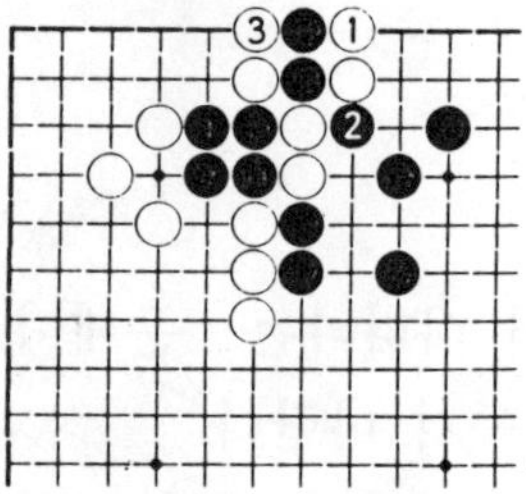

3도

3도 (실패)

백 **1** 하여 흑 두점을 잡으려는 것은 흑 **2**로 끊어서 조이는 수가 있으므로 실패한다. 이것은 조임수에 의해 백의 수수(手數)가 일 순간에 줄어들기 때문이다.

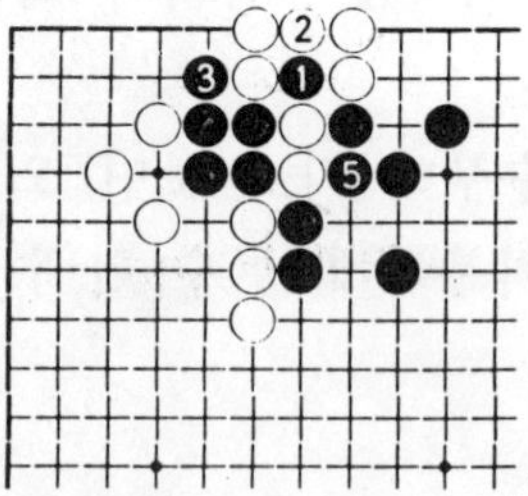

④ 이음

4도

4도 (계속)

흑은 두점을 따낸 자리에 **1**로 먹여친다. 백 **2**로 잡으면 흑 **3**, 백 **4**로 이으면 흑 **5**로 연결해 백은 석수가 되고 흑은 넉수가 되어 수싸움은 흑이 한수 승리다.

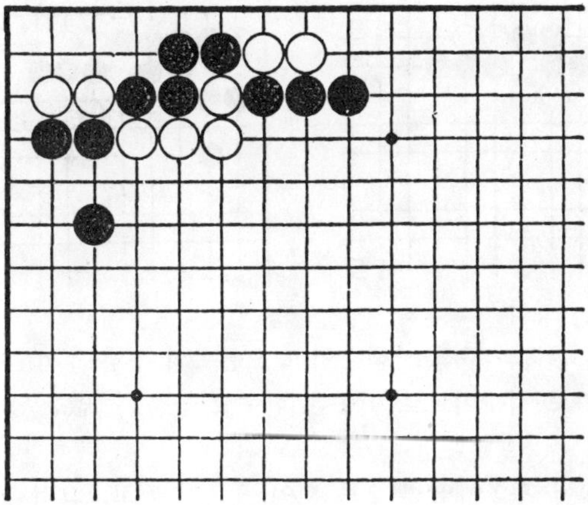

제45문

백이 먼저 둘 때

이 그림 역시 실전의 대국에서 자주 나타난다. 여기에서 수순이 잘못되면 백은 실패하고 만다. 수순이 가장 중요하다.

일반적으로 평범하게 생각한다면 분명히 백 두 점이 수를 늘리겠다는 의도에서 왼쪽의 백에서부터 착수를 진행할 것이다. 그러나 그러한 수순은 오히려 실패를 불러올 가능성이 많다.

올바른 수순을 찾아 보자.

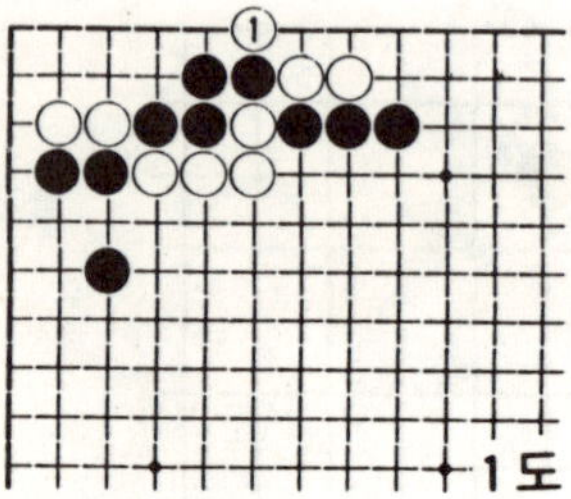

1도

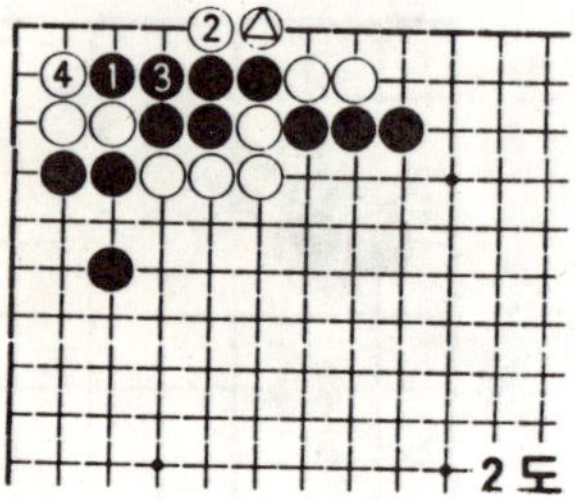

2도

1도 (정석)

백은 왼쪽의 두점도 석수이고 오른쪽의 두점도 석수인데, 흑의 넉점도 석수이므로 이곳은 한수도 늦출 수 없는 상황이다.

2도

백△에 흑 1이면 백 2로 뻗어 흑 3이 되고, 그러면 백 4로 막는다. 이렇게 되면 백은 이긴 것이다. 또 흑 1대신 흑 2에 두면 백 3의 반격을 받아 흑은 살지 못한다.

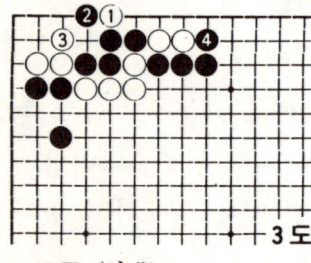

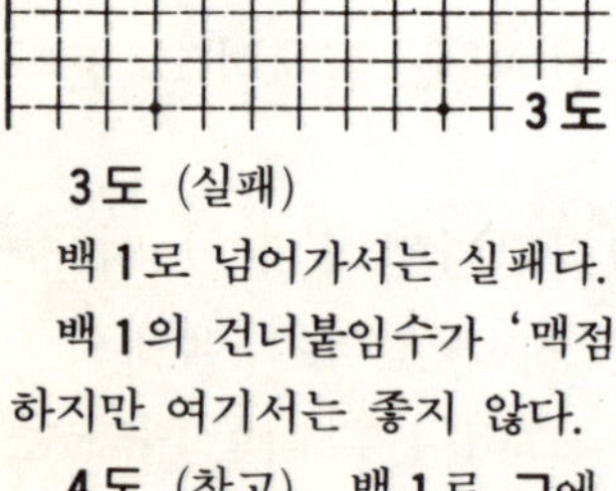

3도

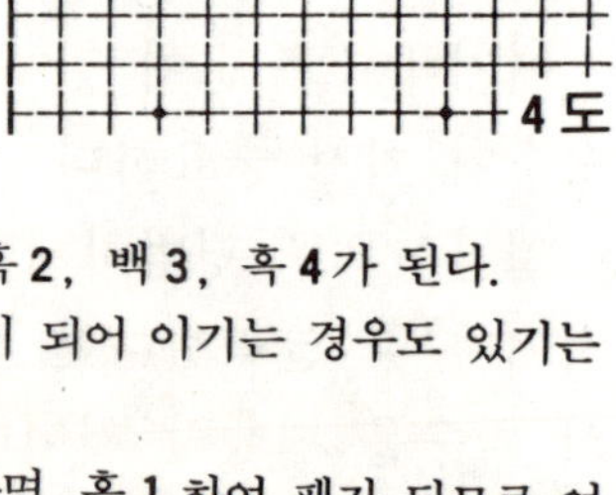

4도

3도 (실패)

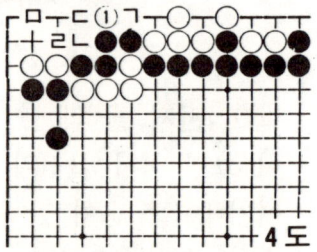

백 1로 넘어가서는 실패다. 흑 2, 백 3, 흑 4가 된다.

백 1의 건너붙임수가 '맥점'이 되어 이기는 경우도 있기는 하지만 여기서는 좋지 않다.

4도 (참고) 백 1로 ㄱ에 두면 흑 1 하여 패가 되므로 여기서도 백 1을 생각할 수 있지만 흑ㄱ, 백ㄴ, 흑ㄷ, 백ㄹ, 흑ㅁ으로 역시 패가 만들어진다.

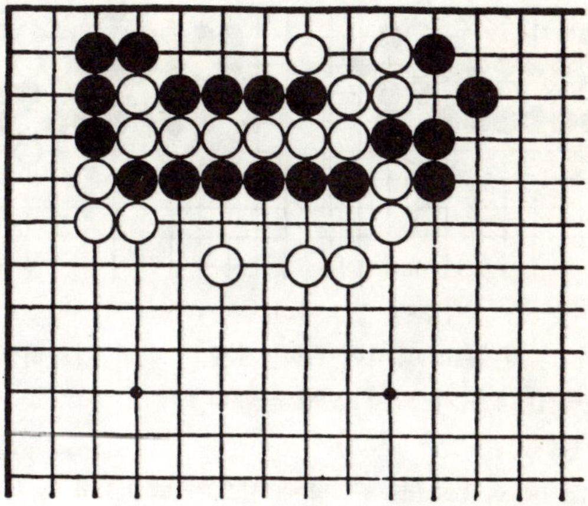

제46문

백이 먼저 둘 때

이 그림은 상당히 수준 높은 고급의 문제이다. 아무렇게나 두어서는 결코 문제의 해답을 올바로 구할 수 없을 것이다.

그림에서 보는 바와 같이 흑은 수수가 다섯 수이고 백은 현재 넉수이다.

그렇다면 백은 흑보다 수수가 한 수 부족하므로 자기의 수수를 늘리는 것이 급선무이다.

자, 이제 어느 정도 감이 잡혔을 것이다.

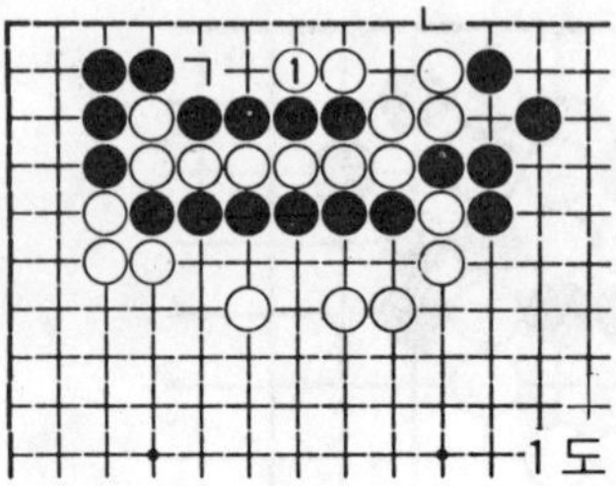

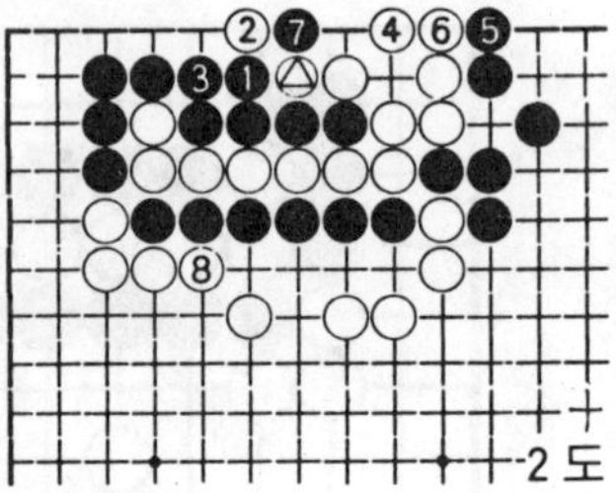

1 도 (정석) 　백 1이 정석이다.

백 1에 두지 않고 백ㄱ에 두면 3 도가 되어 실패하며, 또 백ㄴ에 두면 4 도가 되어 역시 실패다.

2 도 (계속)

백Ⓐ일 때 흑 1로 둘 수 밖에 없으며 백 2, 4로 두어 한 집을 확보하는 것이 현명한 방법이다. 흑 5, 백 6, 흑 7일 때 백 8로 백이 한수 이긴다.

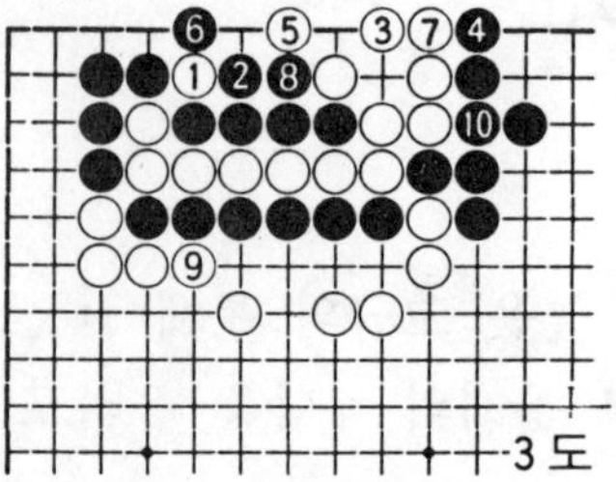

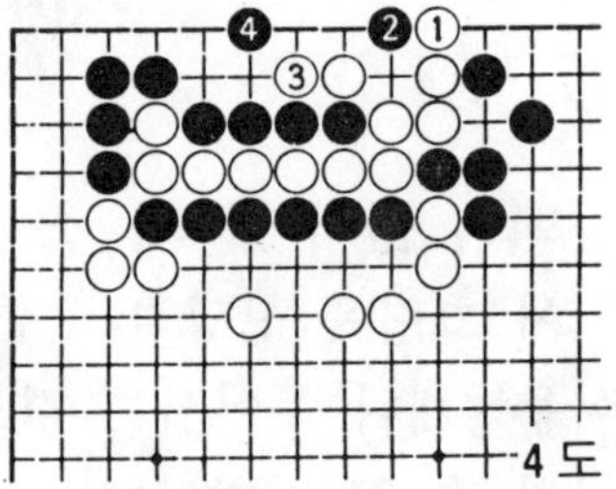

3 도 (실패) 　백 1로 끊으면 흑 2가 된다.

이 다음 백 3에 두어도 흑 4, 백 5, 흑 6, 백 7, 흑 8이므로 결국 백이 한수 부족하다.

4 도 (실패)

백 1로 내려서면 흑 2가 된다.

이 다음에 백 3에 두어도 흑 4가 있어서 이것도 백이 한수 부족하다.

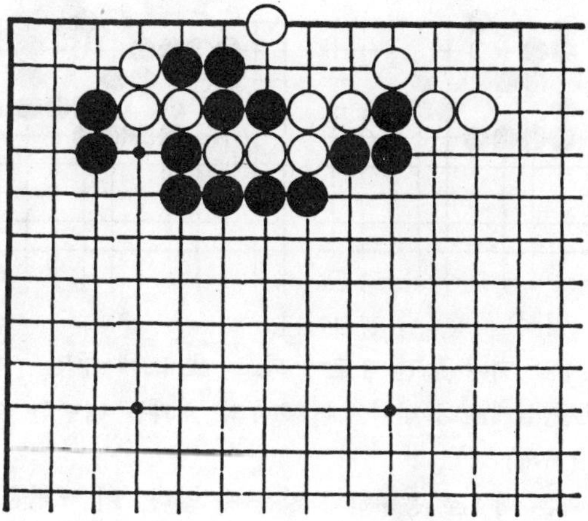

제47문

흑이 먼저 둘 때

이 모양 역시 실전의 대국에서 곧잘 나타나는 문제이다.

이 문제의 키 포인트는 흑 4점과 백 3점의 수싸움이다.

현재 수수는 같다. 그러나 국면을 살펴보면 흑이 약간 불리하다는 것을 알수가 있다. 백은 왼쪽으로 뻗어나갈 수 있는 소지를 가지고 있다. 여기에 흑은 맹목적으로 대항할 수만은 없다.

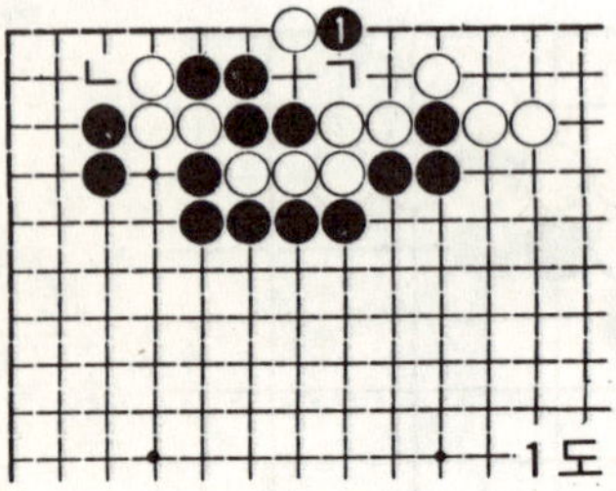

1도

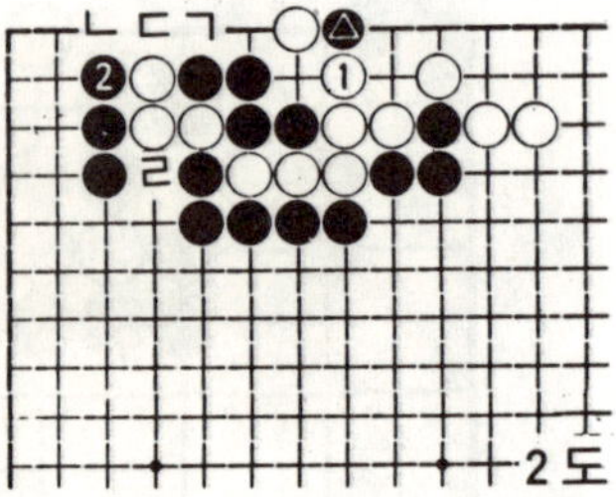

2도

1도 (정석) 흑 1이 정석이다.

이 흑 1로 ㄱ에 두면 3도가 되고, 또 ㄴ에 두면 4도가 되어 모두 실패로 끝난다. 이 흑 1의 효과는 대단한 것이다.

2도 (계속)

흑 △에는 백 1로 응수하지 않을 수 없다. 이 교환을 하고 나서 흑 2가 정석이다. 백ㄱ, 흑ㄴ, 백ㄷ, 흑ㄹ로 백은 '자충'이 되어 모두 죽는다.

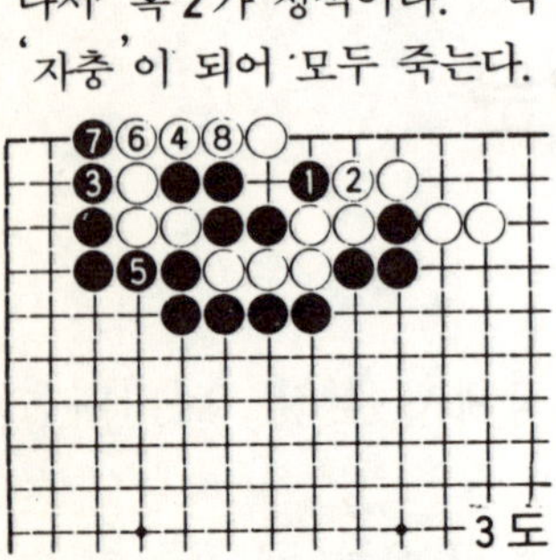

3도

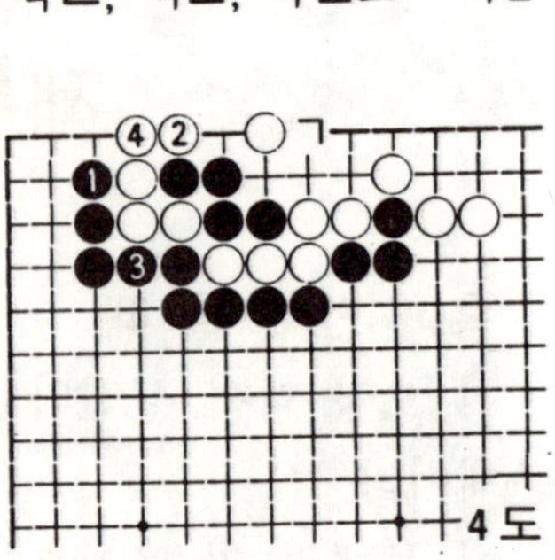

4도

3도 (실패) 흑 1은 백 2를 당해 실패다.

이 교환으로는 흑 3, 5일 때 백은 4, 6으로 응수하고 흑 7에 백 8로 이을 수가 있는 것이다. 이것은 흑이 '자충'이 되어 버린다.

4도 (나쁨) 처음에 아무런 대책도 없이 흑 1에 두면 백 2, 흑 3, 백 4 가 되어 흑은 수싸움에서 패한다. 흑 1로 두기 전에 ㄱ으로 붙여두는 것이 올바르다.

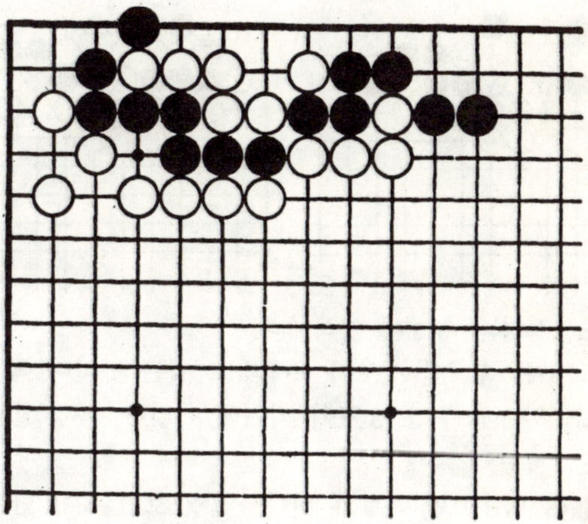

제48문

흑이 먼저 둘 때

이 그림은 흑 8점과 백 6점과의 수싸움을 주제로 한 문제이다.

여기서 흑선으로 백을 제압하고 삶을 도모하기 위해서는 무조건적인 수는 통하지 않는다. 흑은 수수가 부족하므로 백의 급소를 찾아서 전격적인 공격을 펼치지 않으면 안된다.

수읽기를 하여본 후에 착수를 진행하는 것도 대단히 중요하다.

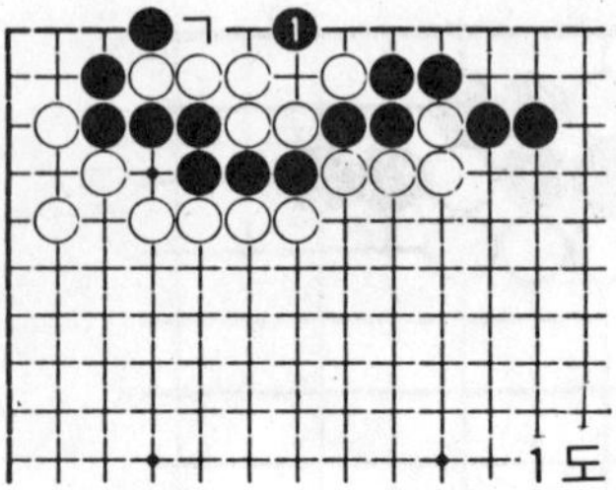

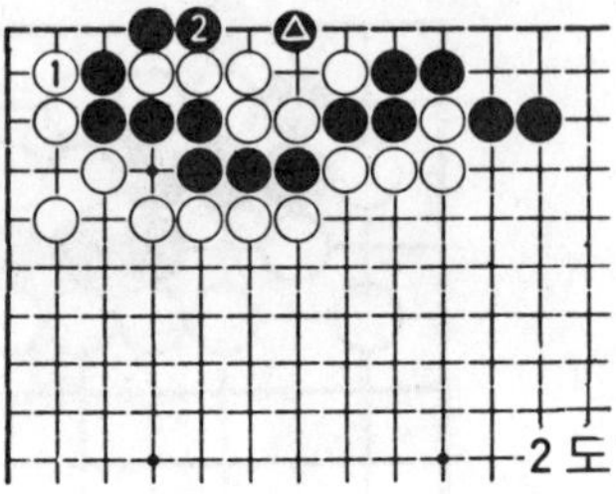

1 도 (정석)　흑 **1**이 정석이다.

이 급소는 흑, 백 서로가 욕심내고 있는 곳이다. 흑 **1**로 두지 않고 흑**ㄱ**에 두면 **3 도**가 되는데, 이것은 흑의 실패다.

2 도 (계속)

흑△에 백 **1**이면 흑 **2**가 된다. 얼핏 보면 흑이 단수를 당해 잡힐 것같이 보이지만 제 1 선을 어렵게 넘어가 백 여섯 점을 잡을 수가 있는 것이다.

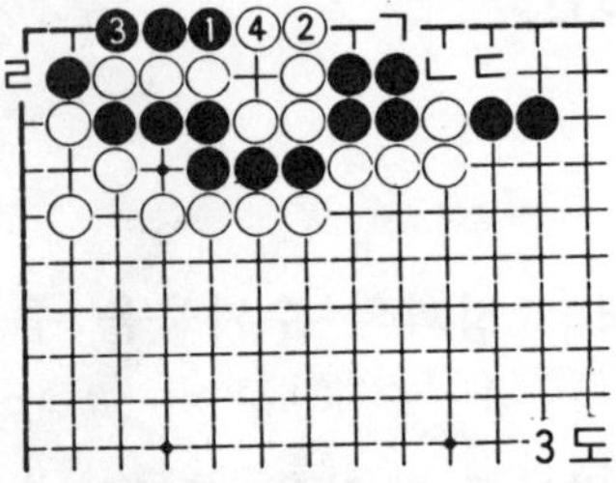

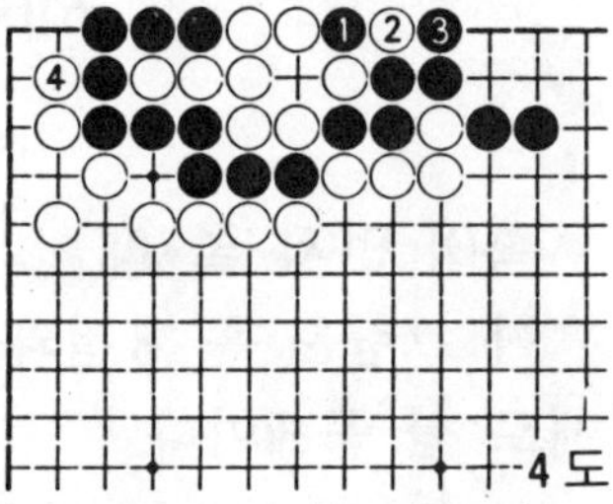

3 도 (실패)

흑 **1**로 움직이는 것은 바람직하지 못한다. 백 **2**가 급소여서 흑 **3**, 백 **4**로 진행되면 다음에 흑**ㄱ**은 백**ㄴ**으로 끊겨 흑**ㄷ**, 백**ㄹ**로 한 수가 부족하게 된다.

4 도 (계속)

3 도 다음에 흑 **1**로 먹여쳐서 백 **2**, 흑 **3**의 패로 만들지 않을 수 없을 것이다.

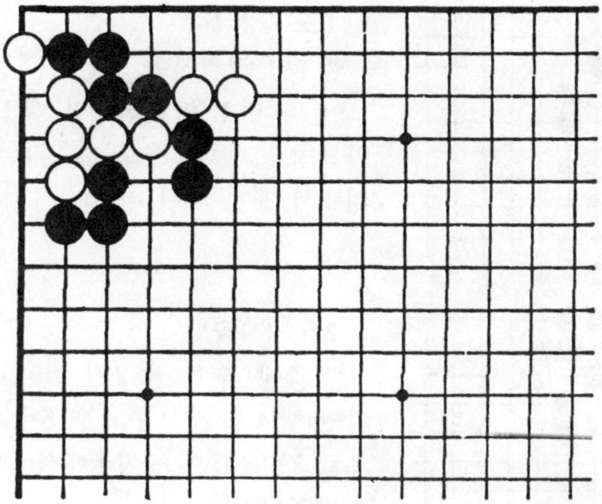

제49문

백이 먼저 둘 때

백이 상당히 불리하다는 것을 알 수 있을 것이다. 그러나 올바른 수순을 찾으면 의외로 문제의 해답을 풀기가 용이해진다.

여기에서도 백의 첫착수가 중요하다.

수읽기가 필요한 문제이다. 경과도를 머릿속에 그려보면서 한 수 한 수를 차분하게 진행해 보도록 하자.

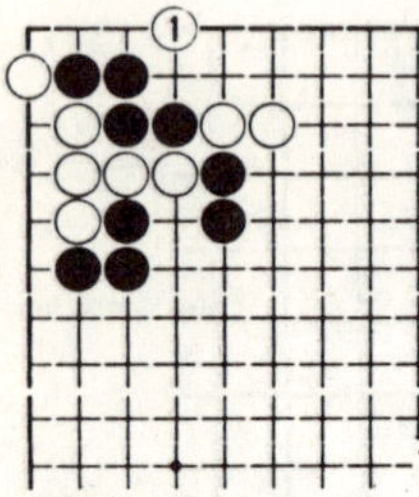

1 도

1 도 (정석)

백 **1**이 정석이다.

이 흑 넉점을 잡으려면 백 **1**이 올바르며 그외의 수로는 흑의 저항에 의해서 패가 되어 버린다.

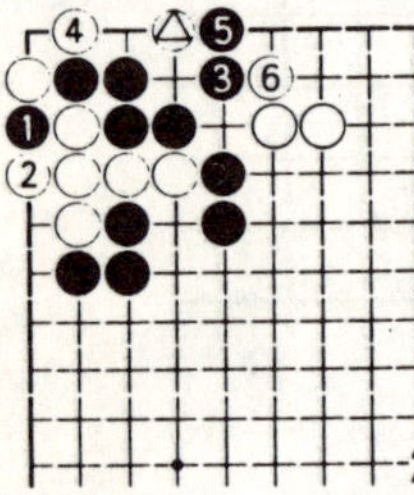

2 도

2 도 (계속)

백 Ⓐ에 흑 **1**, 백 **2**가 되고, 흑 **3**이면 백 **4**로 젖혀두고 흑 **5**에는 백 **6**으로 막아 백은 수싸움에서 가볍게 승리한다.

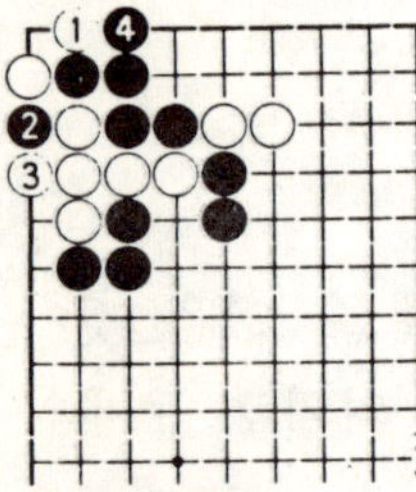

3 도

3 도 (실패)

백 **1**로 젖혀두면 흑 **2**로 먹여치고 백 **3**일 때 흑 **4**로 막아, 이렇게 되면 패싸움이 되어 버린다. 이렇게 되어서는 앞으로 꽤나 어렵게 될 것이다.

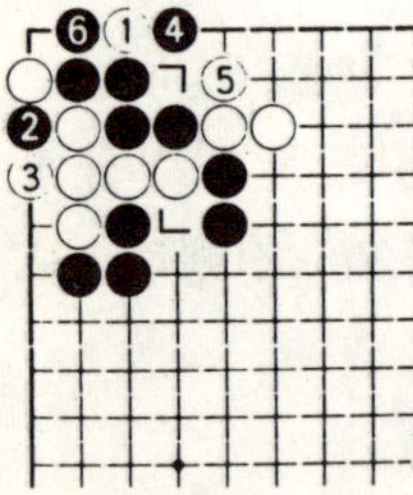

4 도

4 도 (실패)

백 **1**로 붙여두는 것도 역시 실패다. 이것도 흑 **2**, 백 **3**을 교환하고 나서 흑 **4**에 백 **5**로 두면 흑 **6**으로 따내는 '맥'이 있어서 백 **ㄱ**, 흑 **ㄴ**으로 패가 만들어진다.

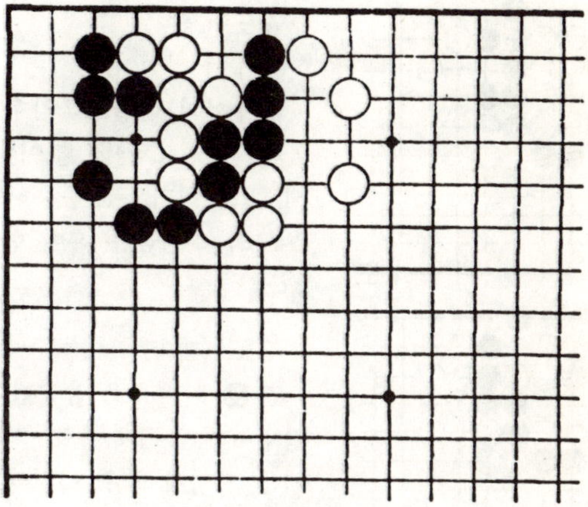

제50문

흑이 먼저 둘 때

상당히 재미있는 문제이다. 흑은 수수가 넉수, 백은 수수가 다섯수이다. 여러모로 보아서 흑이 상당히 불리한 상황에 있는 것만은 틀림없다.

그러나 흑은 먼저 둔다는 잇점이 있으므로 급소를 찌른다면 충분히 백을 앞질러갈 수가 있다.

따라서 흑은 묘수를 찾아야 한다. 수읽기의 힘을 이용하여 적정한 수순을 찾아내어 보자. 제 일착은 어디에다가 할 것인가?

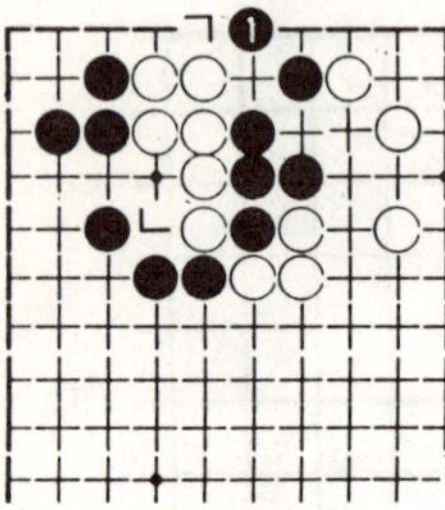

1 도

1 도 (정석)

흑 **1**이 정석이다.

제 1선의 마늘모붙임수는 수싸움에서의 요처(要處)이다. 이것에 대해 백ㄱ으로 응수하면 흑ㄴ부터의 수싸움은 흑이 한수 승리한다.

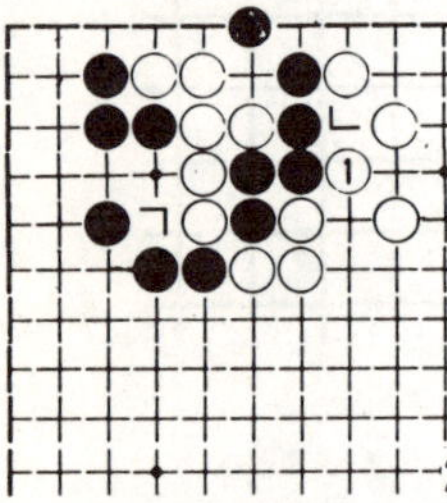

2 도

2 도 (계속)

흑 ▲에 백 **1**로 응수한다. 이때 평범하게 흑ㄱ에 두면 백ㄴ으로 백은 가볍게 한수 이긴다. 따라서 흑은 다음과 같이 두는 것이 정석이다.

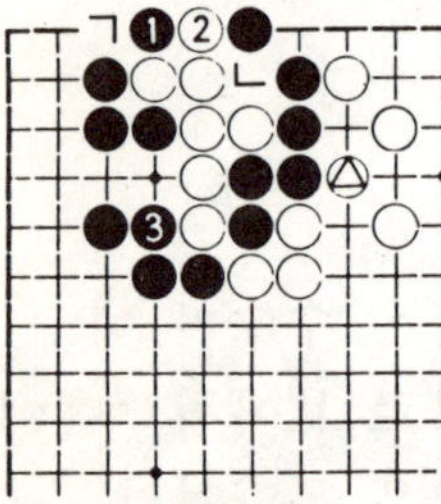

3 도

3 도 (계속)

백 △일 때 흑 **1**이 중요한 수순이다. 백 **2**는 필연적이다. 여기서 흑ㄱ으로 이으면 백ㄴ이 있어 흑의 패배다. 때문에 흑 **3**도 당연한 것이다. 백도 다음에 흑ㄱ의 이음수를 허용하면 실패하게 되므로 ㄱ으로 때릴 수 밖에 없다.

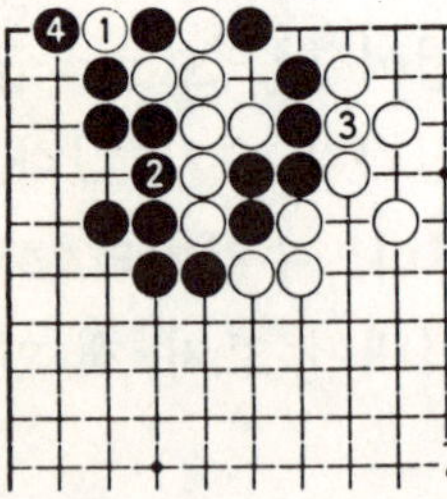

4 도

4 도 (계속)

다음 백 **1**로 때리는데 흑 **2**, 백 **3**이라는 필연적인 수순을 밟아서 흑 **4**로 수비하는 '패'가 흑, 백이 최선을 다한 것이다.

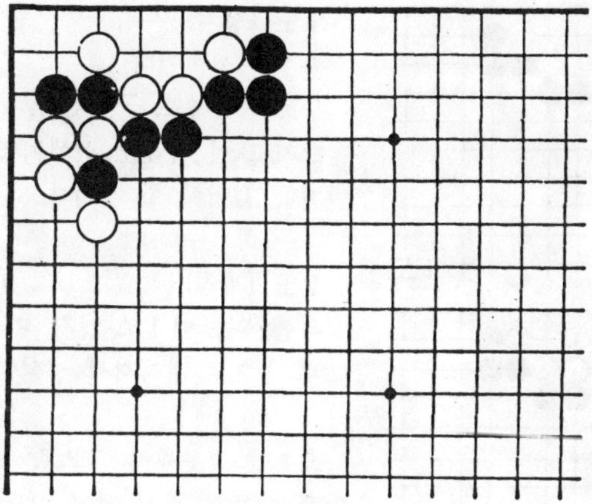

제51문

흑이 먼저 둘 때

이 문제는 결코 쉽지 않다. 상당히 어려운 수준급의 문제이다. 만약 이 문제를 막힘없이 풀 수 있는 사람이라면 상당한 실력의 소유자임에 틀림없을 것이다.

초보의 단계에 있는 사람들은 이 문제의 경과도를 상세히 기억해 두기 바란다. 기력(棋力) 향상에 많은 도움이 될 것이기 때문이다.

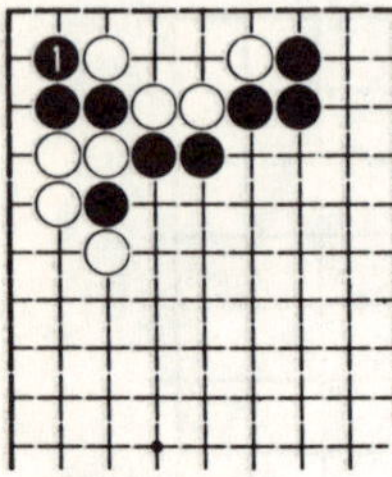

1 도

1 도 (정석)

흑 **1**이 정석이다.

무조건 흑 **1**로 구부린다.

그리고 이 다음에 진행되는 두수까지는 읽어야 할 것이다.

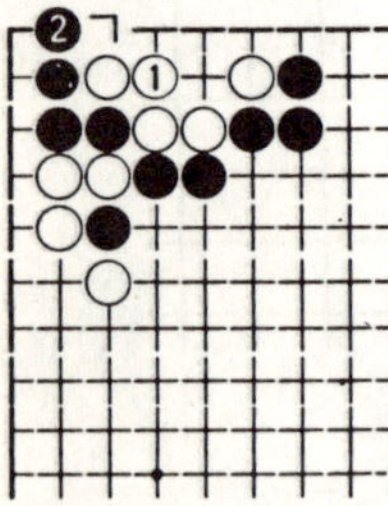

2 도

2 도 (계속)

흑 ▲에는 백 **1**로 잇기 마련인데, 그때 흑 **2**로 내려서서 정석이 끝난다.

흑 **2**를 잘못해서 **ㄱ**으로 젖혀두게 되면 다음과 같이 되어 실패이다.

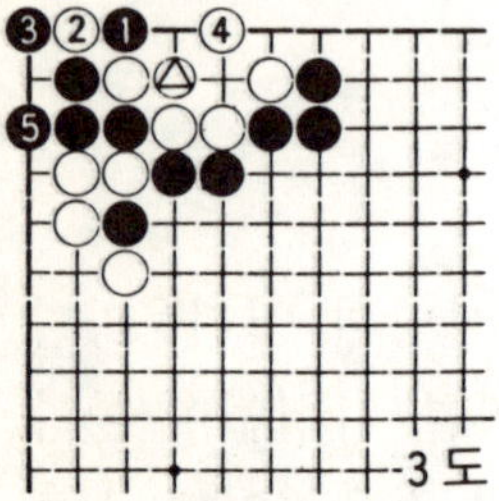

3 도

3 도 (실패)

백 △ 다음 흑 **1**로 젖혀두면 백 **2**의 먹여치기를 당해 바람직하지 못하다. 흑 **3**에 백 **4**, 흑은 **5**의 후수로 집을 확보해서 '빅'이 되지만 이것은 크게 실패한 것이다.

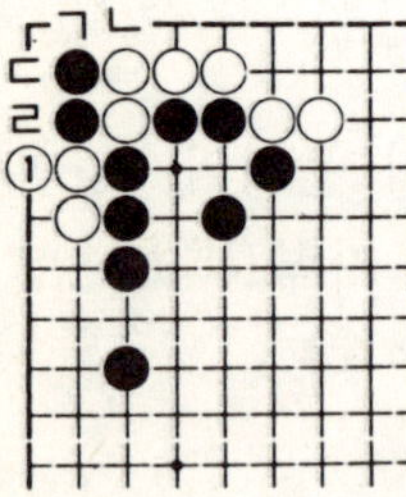

4 도

4 도 (참고)

젖혀두어서는 실패가 되며 여기서는 제 1 선에 내려서는 것이 좋다. 그러면 백 **1**로 뻗어 가볍게 백이 승리한다. 백 **1**로 **ㄱ**에 두면 흑 **ㄴ**으로 그만이다. 백 **ㄷ**에 두면 흑 **ㄹ**로 패가 만들어진다.

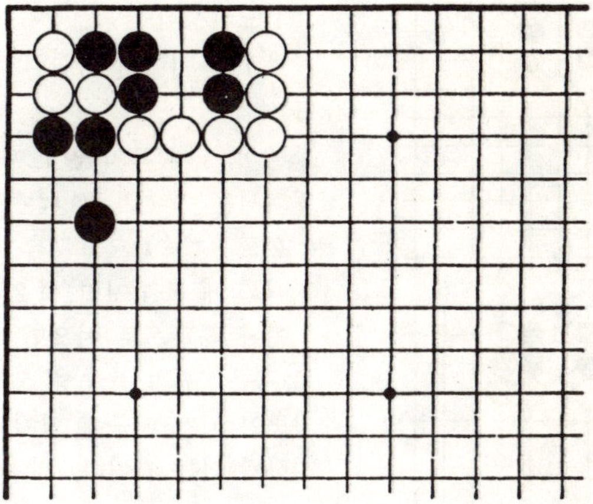

제52문

백이 먼저 둘 때

언뜻 보면 상당히 어려운 문제처럼 보인다. 그러나 문제의 내용과 바둑의 원리를 잘 알고 있다면 그다지 어렵지 않게 문제의 해답을 구할 수가 있을 것이다. 실전에서 자주 나타나는 문제이므로 주의하여 기억해 두기 바란다.

백의 제 일착이 중요한 변수이다. 어디에다가 첫수를 두느냐에 따라서 국면의 진행도가 달라지기 때문이다. 자, 그렇다면 올바른 수순은?

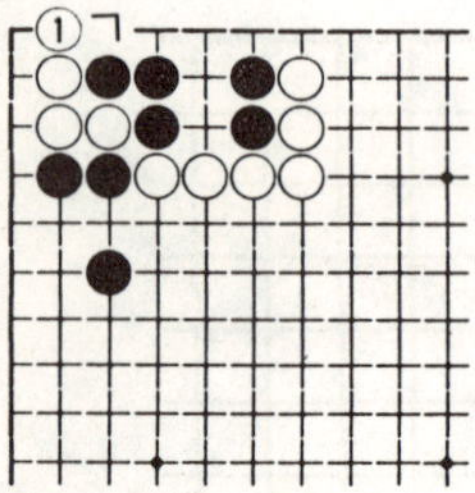

1 도

1 도 (정석)

백 1로 내려서는 것이 정석이다.

물론 백 1에 두지 않고. 백ㄱ에 젖혀서는 실패로 끝난다.

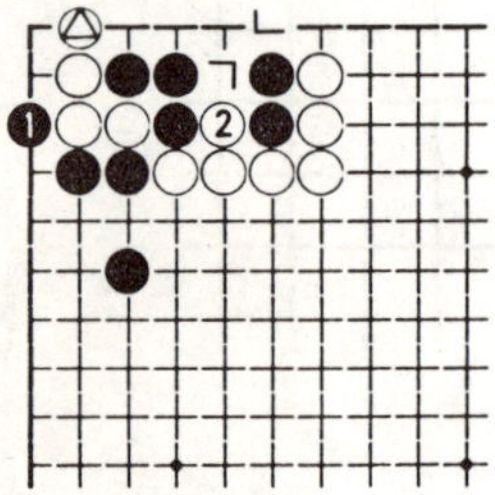

2 도

2 도 (계속)

백 ◬에 흑 1이면 백 2이다.

이에 흑ㄱ으로 이으면 백ㄴ으로 흑은 '귀의 특수성' 으로 인해 자충이 되기 때문에 백이 한수 승리하게 되는 것이다.

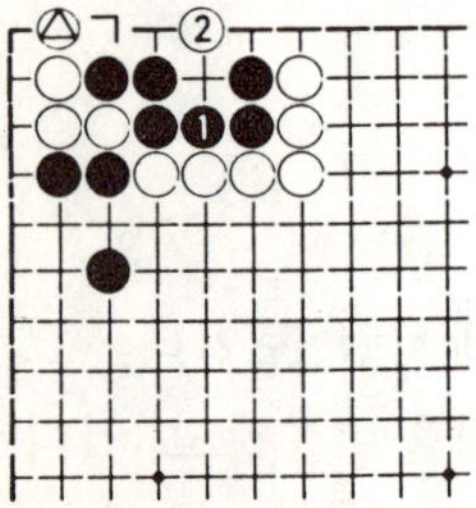

3 도

3 도 (변화)

백 ◬에 흑 1로 반발하면 어떻게 대응해야 될까?

백 2가 정석이다. 백 2로 두지 않고 백ㄱ에 두면 다음과 같이 되어서 실패다.

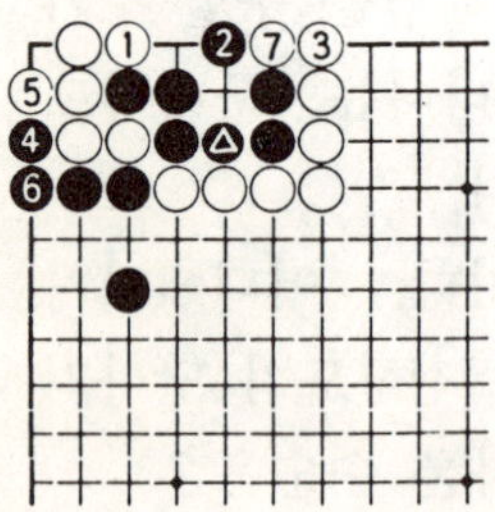

4 도

4 도 (실패)

흑 ▲에 속아서 백 1로 나오면 흑 2로 급소를 당해서 백 3, 흑 4, 백 5. 흑 6, 백 7로 빅이 되어버린다. 그리고 백은 후수가 되기 때문에 큰 손해이다.

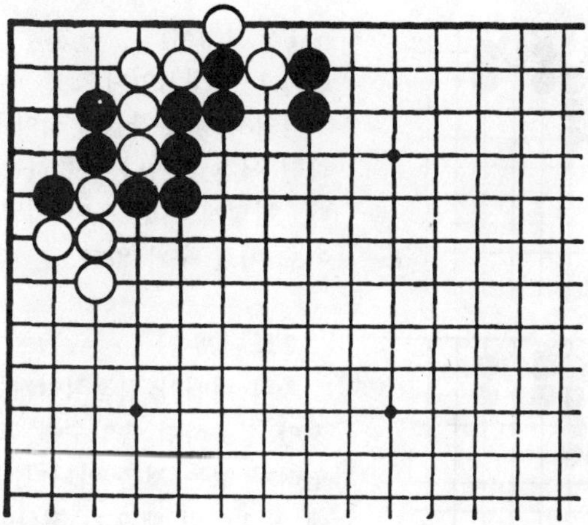

제53문

백이 먼저 둘 때

이 문제는 실전에서도 나온다. 그러나 대부분의 초보자들은 너무 당황한 나머지 평범한 수순을 진행하고 만다.

여기에서는 아무렇게나 두어서는 결국 백이 삶을 도모할 수도 없을 뿐더러 왼쪽의 흑 3점을 잡을 수도 없다. 평범한 수로는 결코 수싸움에서 이길 수가 없는 것이다.

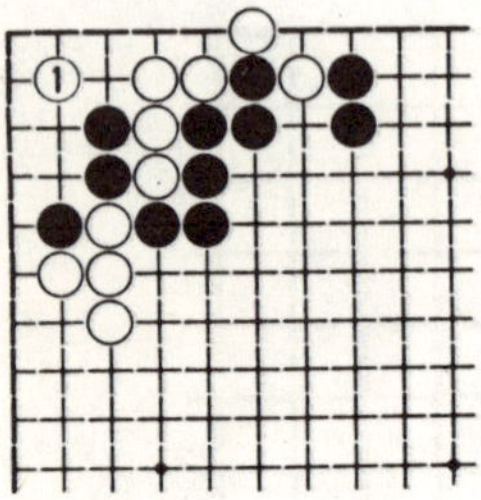

1 도

1 도 (정석)

백 1 이 정석이다.

여기서 제 1 착을 찾아내기만 하면 이긴 것이나 다름없는 것이다. 이렇게 되면 흑이 어떻게 두어도 이길 수가 없다.

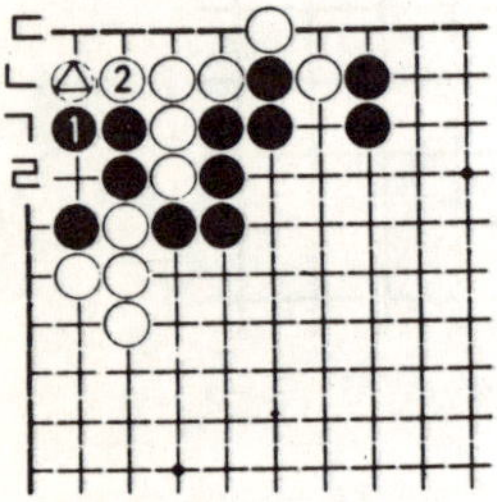

2 도

2 도 (계속)

흑의 패배가 결정적이기는 하지만 잘못하면 속임수에 빠져들 염려가 없는 것은 아니다. 백 ◬ 에 흑 1 이면 백 2 가 정석이다. 백 2 로 ㄱ에 두면 흑ㄴ, 백ㄷ, 흑ㄹ, 백 2, 흑ㄴ이여서 불만이다.

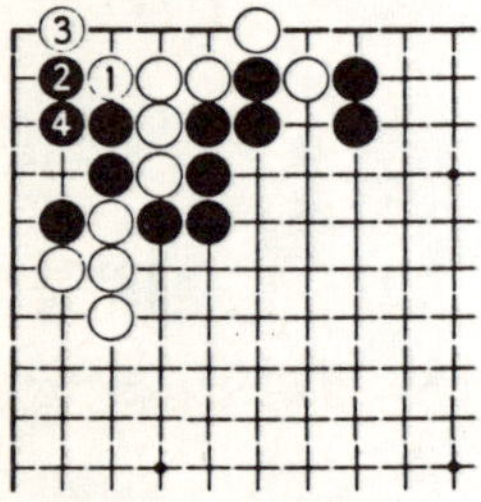

3 도

3 도 (실패)

백 1 로 뻗는 것은 실패다.

흑 2, 백 3 일 때 흑 4 로 이어서 문제가 발생한다. 이 다음의 진행은 어떻게 될까?

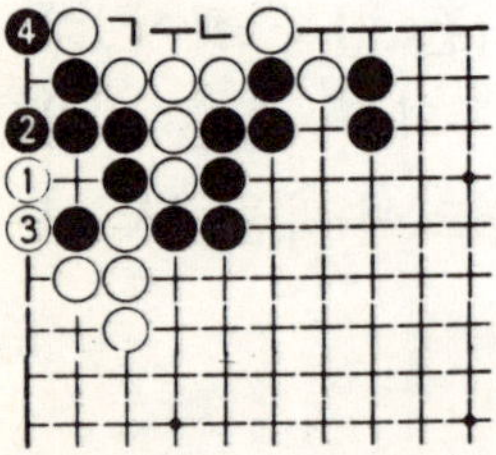

4 도

4 도 (계속)

계속해서 백 1 로 뛰어들면 흑 2, 백 3 이 되며 흑 4 로 먹여쳐서 백ㄱ이면 흑ㄴ이 된다. 이렇게 되면 쌍방이 사활을 건 패싸움이 되어버린다.

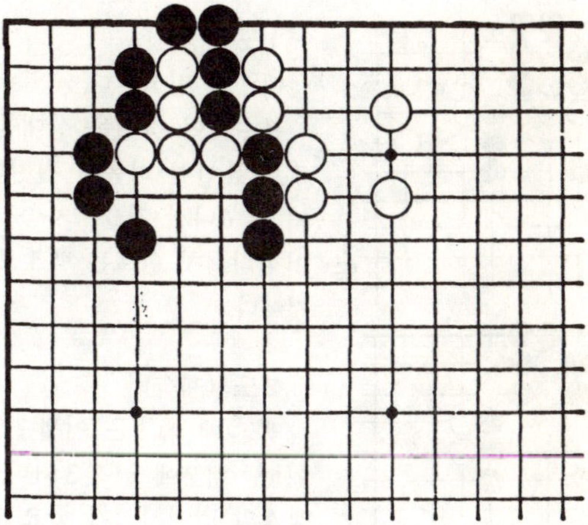

제54문

백이 먼저 둘 때

이 그림 역시 실전의 대국에서 곧잘 나타난다. 백선으로 흑의 세력권 안에서 삶을 도모할 수가 있을까?

백은 상당히 어려운 게임을 감당하지 않으면 안된다. 여기에서 무조건 밖으로 탈출을 시도해서는 안된다. 윗변 쪽의 흑을 끊어서 수싸움을 걸어야 한다. 그리고 수싸움에서 이겨야만 백은 비로소 삶을 도모할 수가 있다.

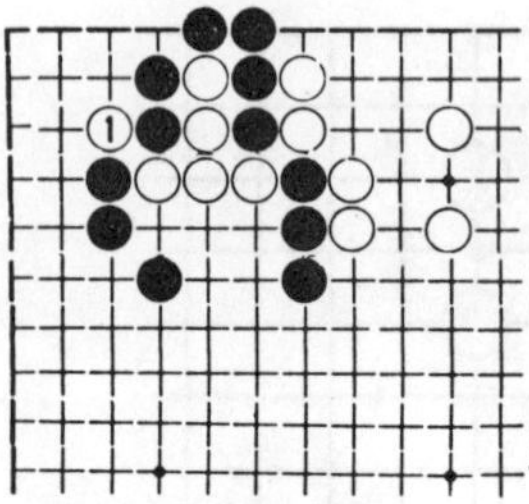

1 도

1 도 (정석)

백 1 이 정석이다.

부수적인 작전은 상대를 '자충' 으로 유인한 다음에 펼친다. 먼저 끊고나서 적을 '자충'으로 유인한다. 첫 단계는 백 1 로 끊는 것이다.

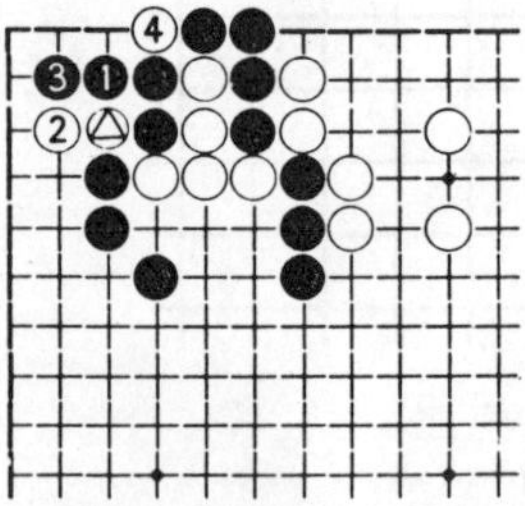

2 도

2 도 (계속)

백△에 흑 1 은 어쩔수없는 것이다. 백 2 에도 흑 3 이다. 이때 백 4 의 먹여치기가 중요한 수순으로 이렇게하여 흑을 '자충' 으로 유인해 낸다.

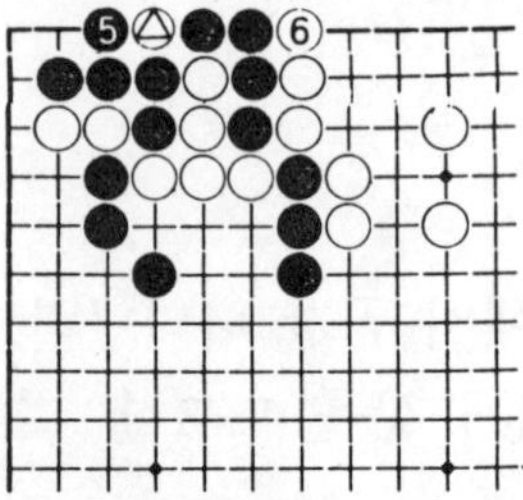

3 도

3 도 (계속)

백△로 먹여친 것을 흑은 5 로 따내지 않을 수 없다. 그러면 백 6 으로 단수쳐서 정석이 종결된다. 흑은 넉점을 잇지 못하므로 백의 승리이다.

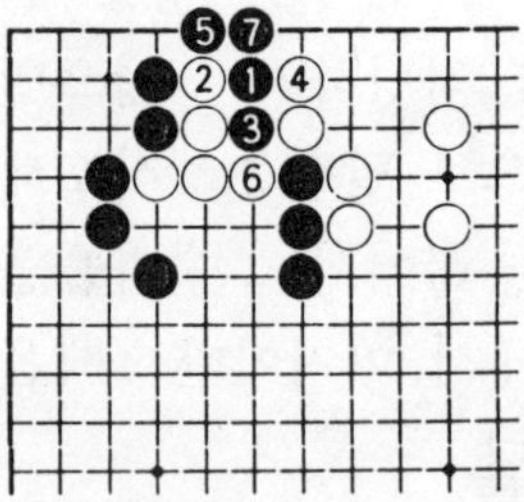

4 도

4 도 (분석)

제54문의 모양을 파악해 보면, 흑의 외목에 대해 백이 걸쳐 온 모양에서 부터 흑 1 이하의 수순이라고 말할 수 있다. 대단히 실전적인 문제라 하겠다.

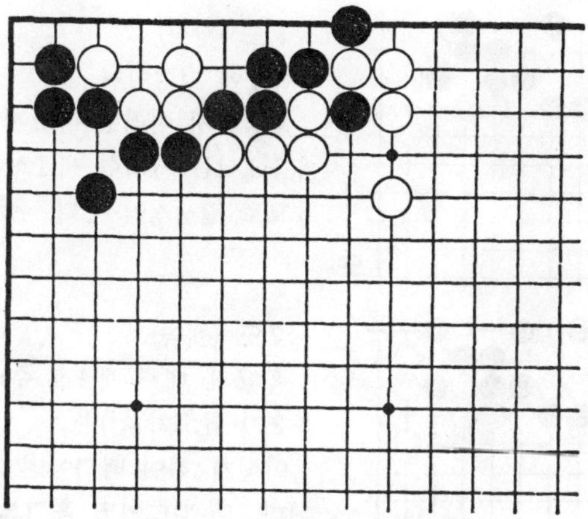

제55문

흑이 먼저 둘 때

이 문제는 그다지 어렵지 않으므로 초보자라 하더라도 쉽게 문제의 해답을 구할 수가 있을 것이다.

흑과 백의 수수가 둘다 같으므로 당연히 먼저 두는 쪽이 이길 것은 뻔하다.

그렇다면 이제 이 문제의 해답은 다 풀린 것이나 다름없다.

신중을 기하여 착수를 시작해 보자.

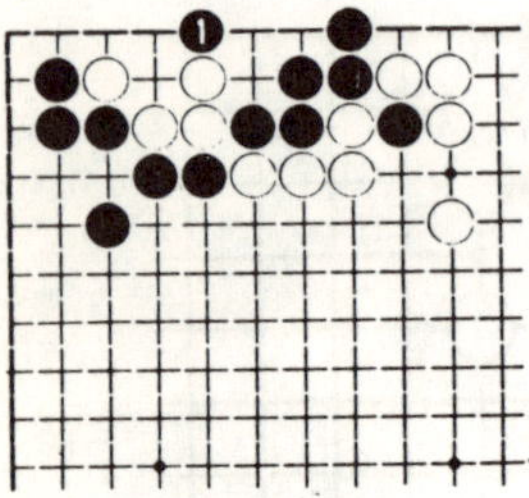

1
도

1도 (정석)

흑**1**이 정석이다.

지금까지 여러번 나왔지만 수싸움에서는 이러한 제1선의 마늘모로 필쟁점이 된다.

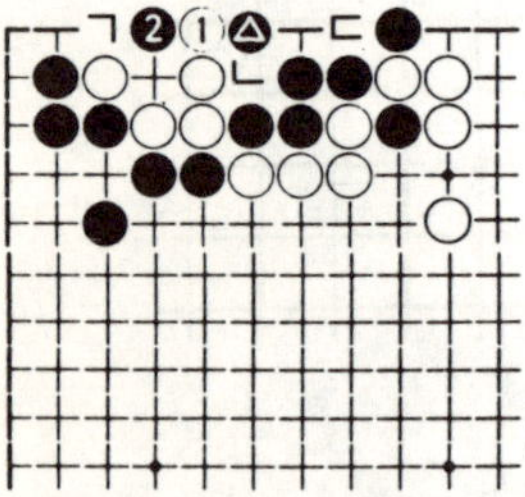

2
도

2도 (계속)

흑▲에 대해 백**1**로 수비하면 흑**2**가 급소가 된다.

이렇게 하여 백ㄱ이면 흑ㄴ이 된다. 또 백ㄷ이면 흑ㄱ으로 아무래도 흑이 승리한다.

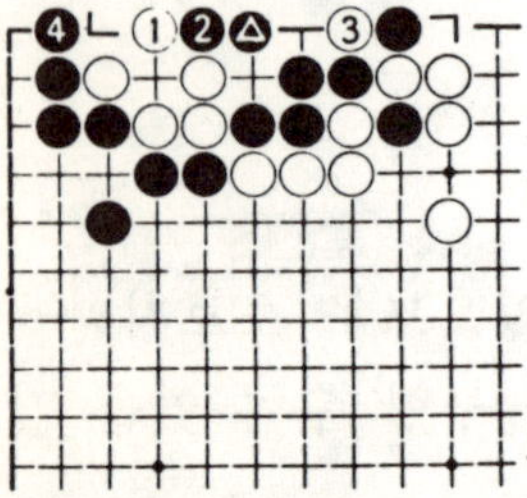

3
도

3도 (변화)

흑▲에는 백**1**로 어느 정도 저항을 하지만 흑**2**로 치받고 백**3**에 대해서는 흑**4**로 역시 흑의 승리다. 이 다음 백ㄱ이면 흑ㄴ으로 한걸음 앞서서 단수할 수가 있다.

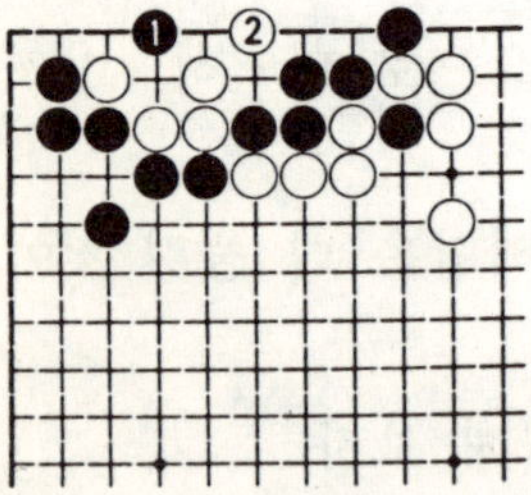

4
도

4도 (실패)

흑**1**로 뛰어들어서는 실패다. 백은 **2**의 마늘모로 붙여두어 오히려 흑이 패하게 된다.

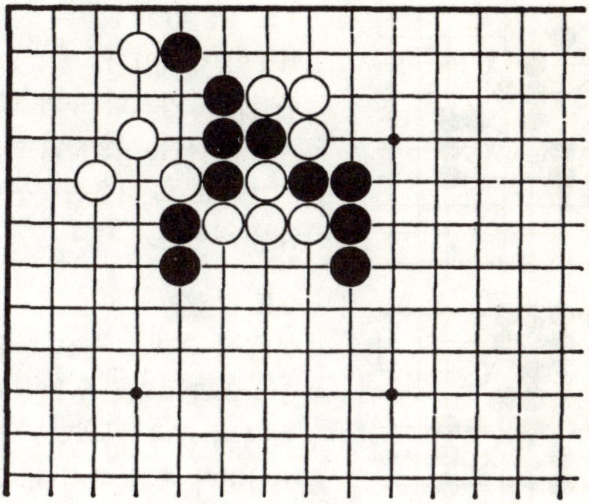

제56문

백이 먼저 둘 때

이 문제를 보고 특히 초보의 단계에 있는 사람들 중에서는 백이 삶을 도모하려는 것을 아예 당치않은 짓이라고 일축하기도 한다. 물론 언뜻 보면 그 얘기가 과히 틀릴 성싶잖다. 백은 꼼짝 못할 위치에서 더 이상 피할 길이 없는데, 흑은 비교적 여유가 있는 모양이기 때문이다.

여기서 백은 흑을 몰아쳐서 수싸움으로 이끌어가야 한다.

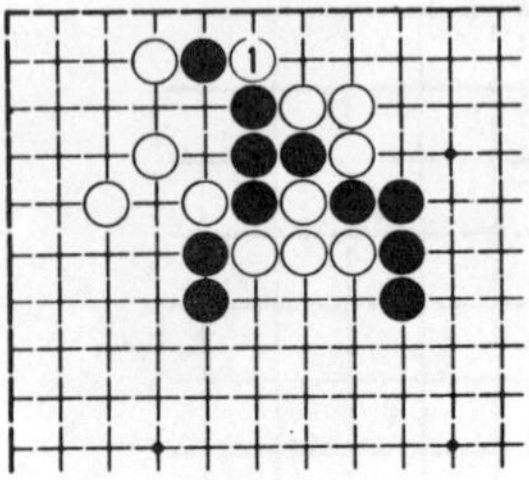

1 도

1 도 (정석)

백 1 이 정석이다.

한걸음도 양보할 수가 없다. 백은 이 1 외에는 수가 없는 것이다. 그리고 그 다음은 두점으로 키워서 버린다.

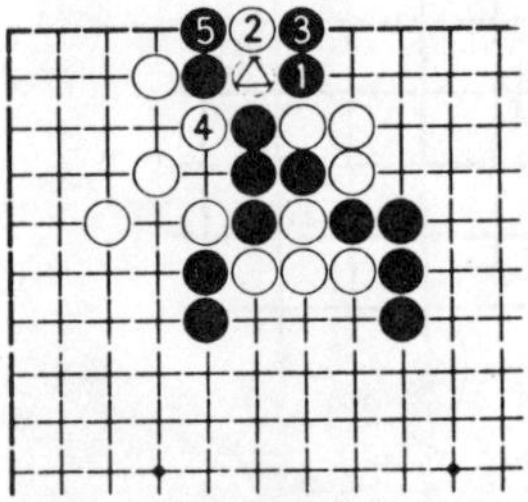

2 도

2 도 (계속)

백△에 흑 1 로 두고 백 2 에는 흑 3 으로 뻗는다. 흑 1 이나 3 의 수로 4 의 곳을 이으면 백 5 로 넘어가버려 흑의 패배다. 그래서 백은 4 로 단수해 흑 5 로 두점을 따내도록 강요한다.

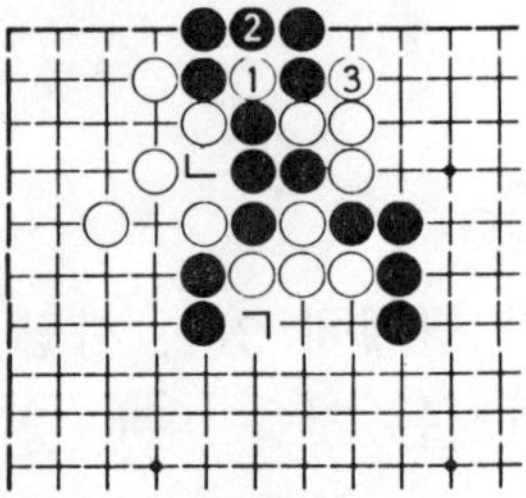

3 도

3 도 (계속)

이러한 경우 흑이 두점을 따낸 자리에 백 1 로 먹여치는 것은 일반적으로 사용되는 수이다. 흑 2 로 따내면 백 3 으로 막아 정석이 종결된다. 흑ㄱ에 두면 백ㄴ으로 받는다.

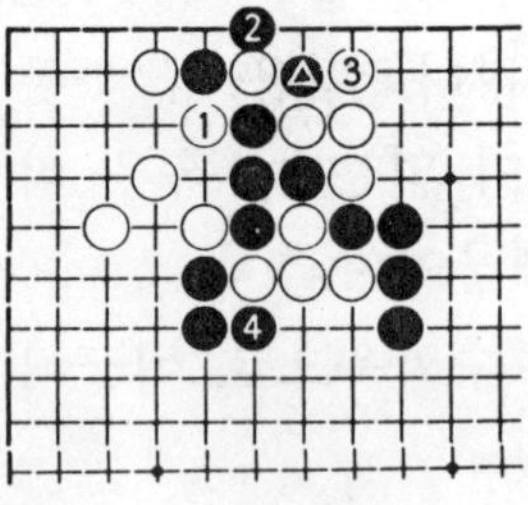

4 도

4 도 (실패)

흑▲일때, 두점으로 키워서 버리는 요령을 모르고 백 1 에 두면 흑 2, 백 3, 흑 4 가 되어 이번에는 수싸움에서 한수 부족하여서 백의 실패가 된다.

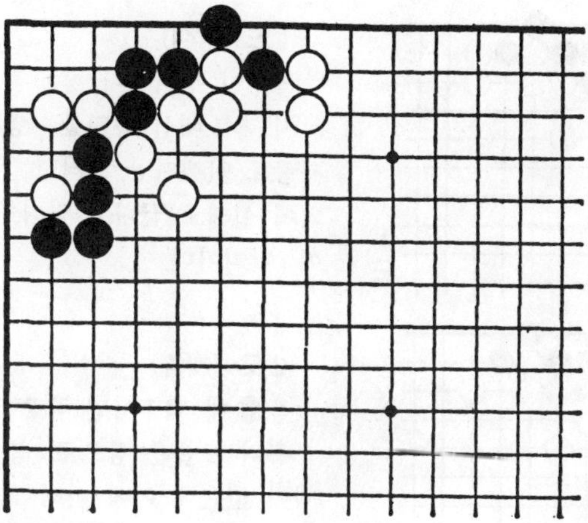

제57문

흑이 먼저 둘 때

언뜻 보면 흑이 자신만만할 것 같다. 그러나 반드시 그렇지만은 않다.

백에 못지 않게 흑에게도 약점이 있다. 신중을 기한 착수를 하지 않을 경우, 흑은 백의 수에 걸려들어 죽음을 면치 못한다.

결코 가볍게 생각해서는 안될 문제이다. 수읽기를 하여 본 후에 틀림없는 수순을 진행하여야 한다.

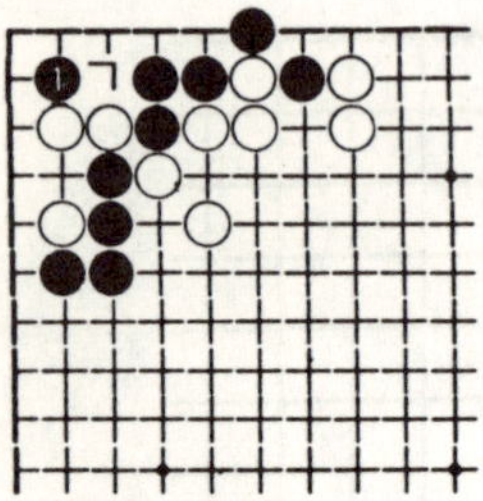

1도

1도 (정석)

흑1이 정석이다.

이 흑1대신 흑ㄱ을 생각하는 사람도 있겠지만, 그러면 3도가 되어 실패로 끝나고 만다. 흑1이 이익이다.

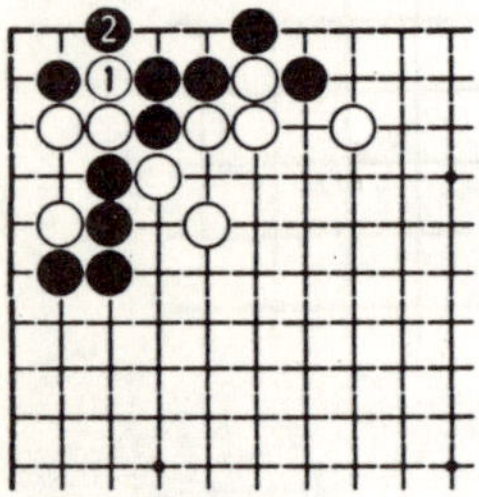

2도

2도 (계속)

흑▲에 백1이면 흑2가 된다.

흑의 모습은 참으로 견고하기 짝이 없는데 이에 비해 왼쪽의 백은 '자충'이 되어서 꼼짝할 수가 없으므로 흑의 승리가 된다.

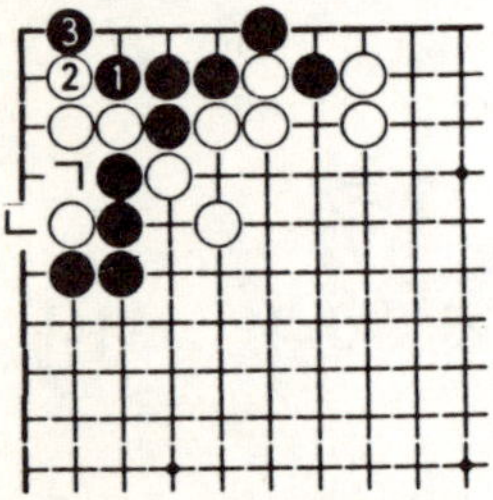

3도

3도 (실패)

흑1로 둘 경우 백2는 당연한 것이다. 그런데 흑3은 다음에 백ㄱ에 두면 흑ㄴ으로 이길수 있다고 생각한 것이지만 백은 다음과 같은 방법이 있다.

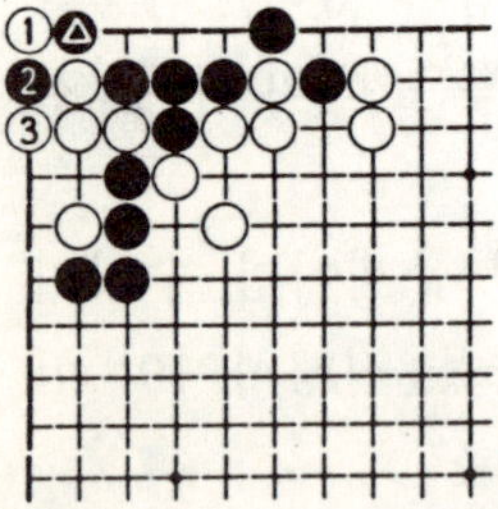

4도

4도 (계속)

흑▲일때 백에게는 1로 먹여치는 수가 있다. 따라서 흑2에 백3으로 패가 만들어진다. 이렇게 되어 흑의 실패로 끝난다.

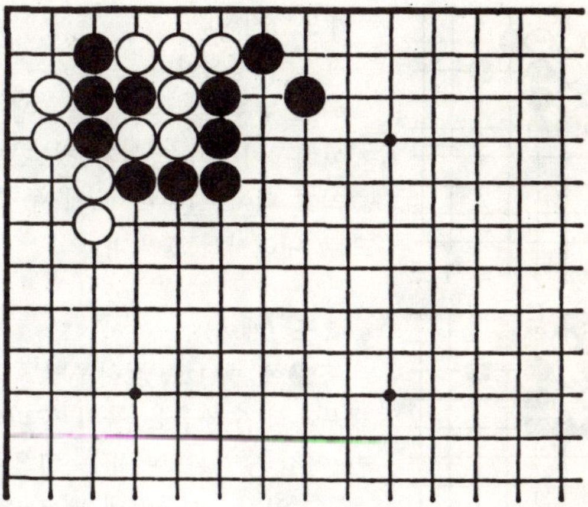

제58문

흑이 먼저 둘 때

결코 쉬운 문제는 아니다. 그렇다고 수가 까다로운 문제도 또한 아니다. 흑은 두 수, 백은 석 수의 수수를 가지고 있기 때문에 흑으로서는 대단히 불리한 입장이다. 그러나 흑선이라는 잇점이 있기 때문에 한 수의 부족분은 급소를 찌르므로써 곧 해결되게 할 수가 있다.

아뭏든 흑으로서는 귀의 특수성을 이용하여 수수를 늘리면서 백을 제압할 수 있는 묘수를 찾자.

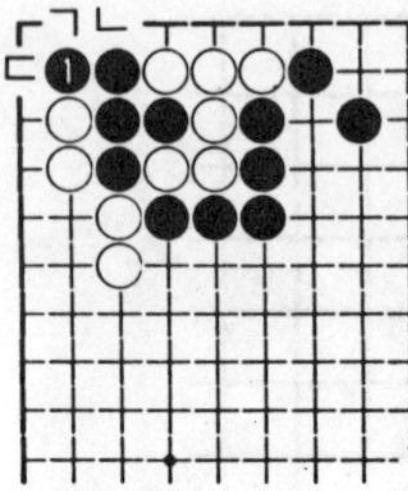

1 도

1 도 (정석)

흑 1이 정석이다.

어느 누구든지 이 수를 생각했을 것이다. 이것이 정석의 첫 단계이다. 그리고 백이 ㄱ이나 ㄴ에 두면 흑ㄷ으로 내려서서 승리다.

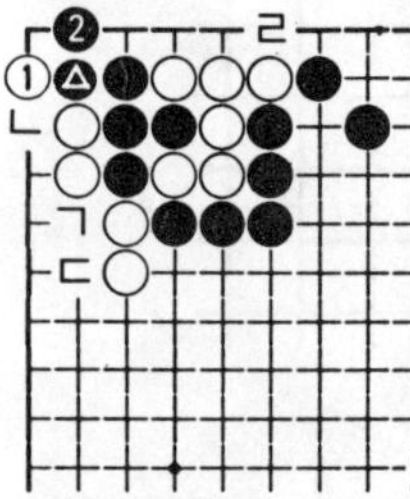

2 도

2 도 (계속)

흑▲에 백 1로 젖혀두면, 흑 2로 구부려서 수싸움은 흑의 승리다. 흑이 이길 수 있는 이유는 ㄱ으로 끊을 수 있기 때문인데 백 ㄴ으로 이으면 흑ㄱ, 백ㄷ, 흑ㄹ이 된다.

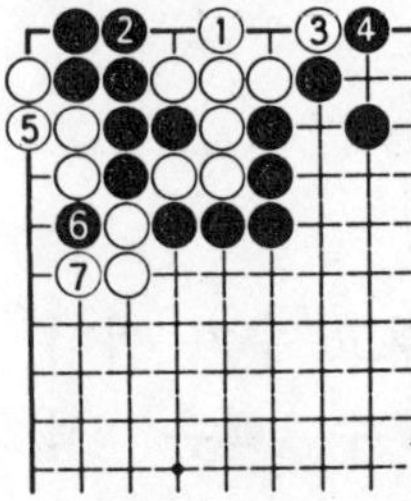

3 도

3 도 (비상수단)

앞에서 본 것처럼 수싸움은 백의 실패이지만, 비상수단으로서 백에게도 다음과 같은 수로 저항할 수가 있다. 다시 말해서 백 1은 2의 곳에 먹여치는 패를 노리는 것이다. 흑 2일 때 백 3과 흑 4를 교환해서 늘어진 패가 된다.

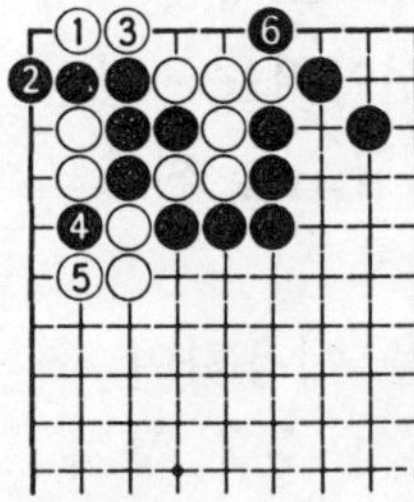

4 도

4 도 (참고)

흑▲에 백 1로 붙여 두어서 흑 3이면 백 2로 패가 만들어지지만, 흑 2, 백 3, 흑 4하면 백이 한수 부족하다.

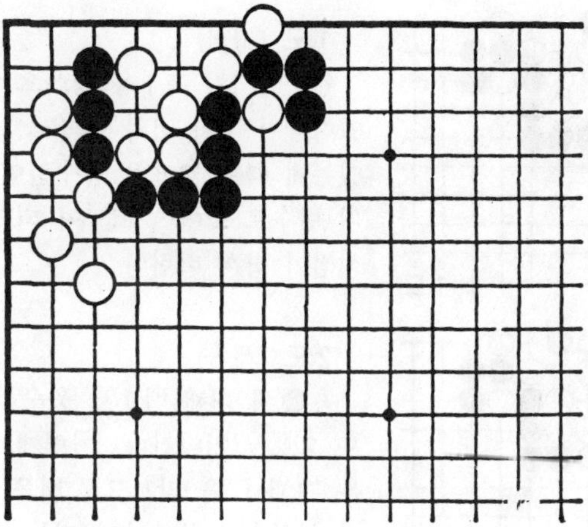

제59문

흑이 먼저 둘 때

이 그림은 실전에서도 자주 나타나는 문제이다. 언뜻 보면 흑이 도저히 삶을 도모할 수가 없을 것 같다. 그러나 수읽기를 하여 보면 의외로 흑이 백을 제압하고 삶을 도모할 수 있는 수가 있음을 알 수가 있다.

흑은 선수로 백의 약점을 강력하게 찔러야한다. 제 일착이 중요하므로 신중을 기하여서 수순을 진행하도록 하자.

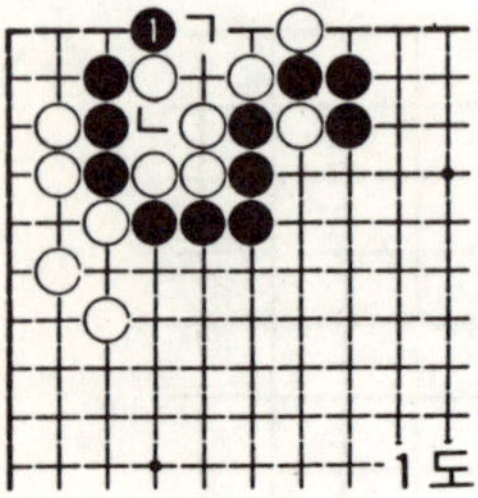

1 도

1 도 (정석)

원본에서는 흑 1을 정석으로 삼고 있다. 이 수가 백의 약점을 찌르고 있는데 백이 ㄱ으로 응수하면 흑ㄴ의 단수로 몰아 '자충'이 되므로 백 석점이 잡혀 버린다.

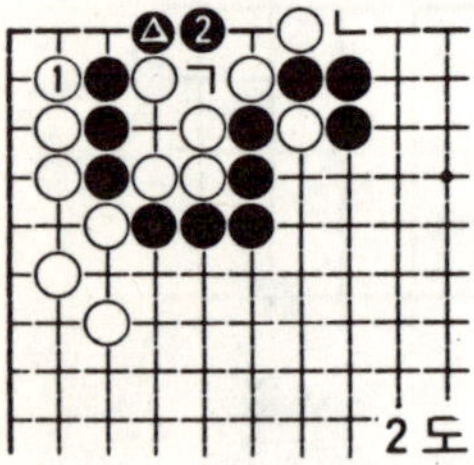

2 도

2 도 (계속)

흑△에 대해 백 1로 응수하면 흑은 2로 기어나간다. 이렇게 해서 흑은 ㄱ과 ㄴ을 맞보므로 백은 수싸움에서 한수가 부족하게 되는 것이다.

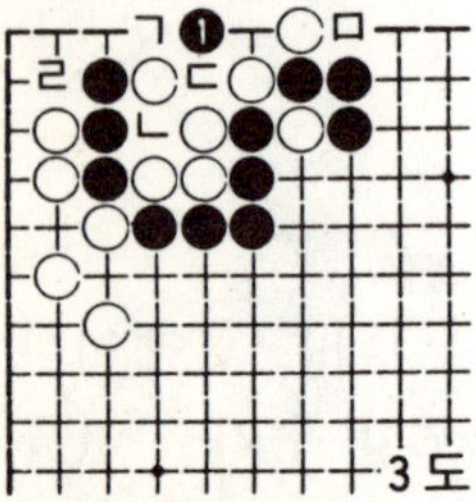

3 도

3 도 (다른 정석)

이 흑 1도 정석이다. 백ㄱ이면 흑ㄴ으로 그만이다. 또 백ㄱ에 두지 않고 백ㄷ에 두면 흑ㄱ, 백ㄹ, 흑ㅁ하여 2도와 같이 되어 버린다. 이것이 원본(原本)의 정석보다 바람직하다.

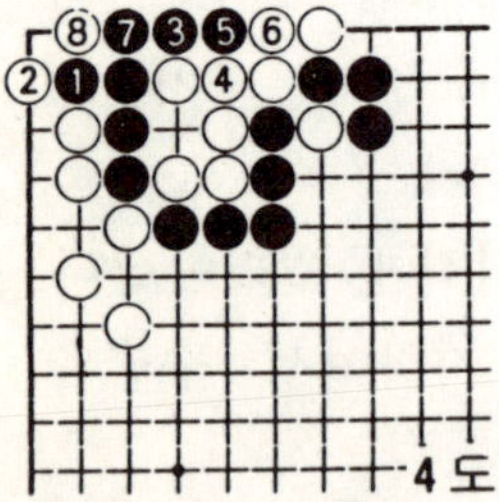

4 도

4 도 (실패)

흑 1로 뻗어 백 2와 교환하는 것은 나쁘다. 이렇게 하면 흑 3에도 백 4로 잇는 수가 있어 백 8까지 패가 만들어져서 실패다.

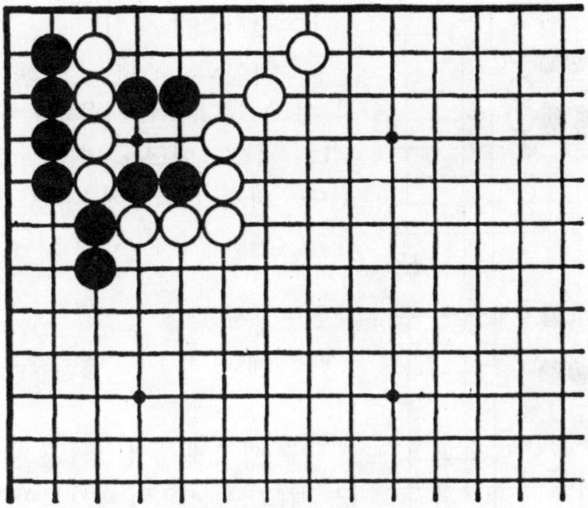

제60문

백이 먼저 둘 때

백선으로 과연 흑 4점을 제압하고 삶을 도모할 수가 있을까?

이 그림은 의외로 실전의 대국에서 잘 등장한다. 백의 수수가 한결 모자란다. 그러나 백은 선수이다. 이 선수라는 잇점을 이용하여 수수를 늘리도록 하여야 한다. 여기에서 만약 수순이 잘못되면 백은 맥을 못추고 쓰러지게 된다. 작전이 빈틈없는 수순이라야만 백이 삶을 도모하게 된다.

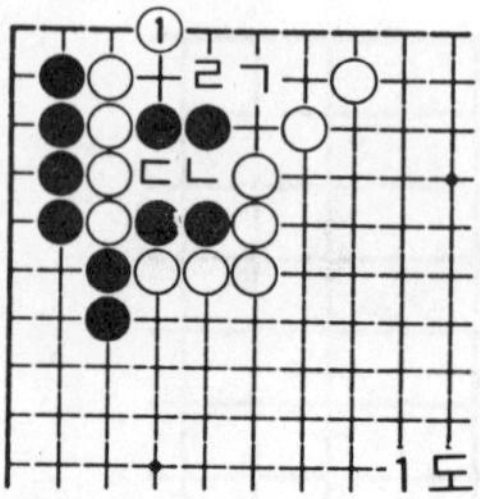

1 도 (원본의 정석)

원본에서는 그림의 백 1을 정석으로 삼고 있다. 흑 ㄱ으로 응수하면 백ㄴ, 흑ㄷ, 백ㄹ로 백이 승리하게 된다. 하지만 백 1에 대해 흑은 다음과 같이 응수할 수가 있다.

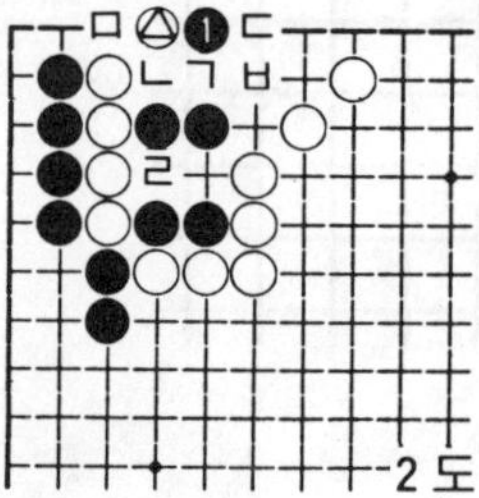

2 도 (계속)

백◬에는 흑 1로 응수하는 것이다.

다음 백ㄱ에 두면 흑ㄴ, 백ㄷ, 흑ㄹ, 백ㅁ, 흑ㅂ으로 패가 만들어 진다. 이 패가 싫을 경우 백은 다음과 같이 두어야 한다.

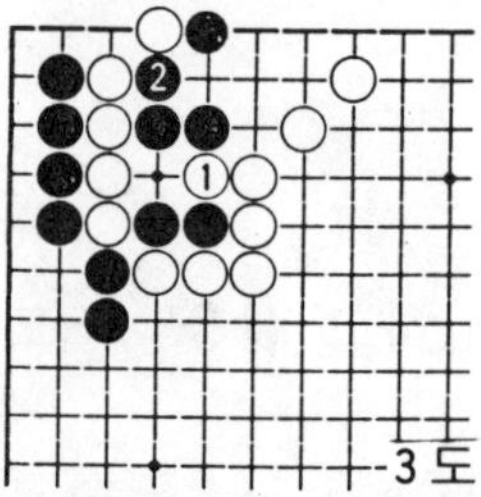

3 도 (실패)

백 1에 대해서는 흑 2로 받는다.

이렇게 해서 백은 흑 두점을 잡고, 흑은 두점을 희생시킨 대신 넘어갈 수가 있다. 이렇게 되어서는 실패가 된다.

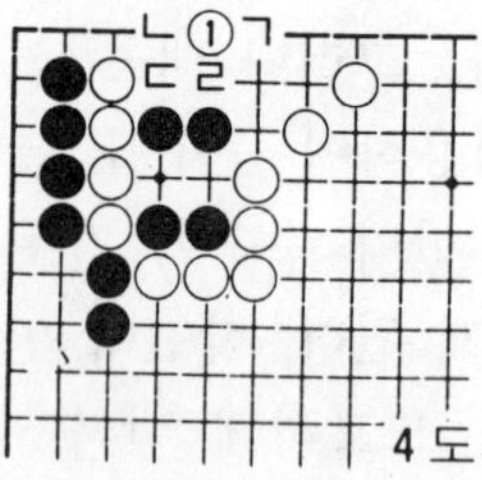

4 도 (정석)

이 경우 백 1을 정석으로 볼 수 있다. 이것에 대해 흑ㄱ이면 백ㄴ으로 완벽하게 포위되어 있는 흑을 잡게 된다. 또 흑 ㄱ대신 흑ㄴ에 두어도 백ㄷ, 흑ㄹ, 백ㄱ이 된다.

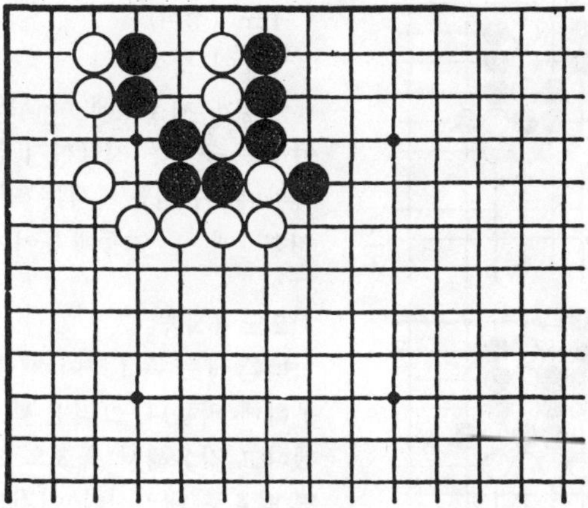

제61문

백이 먼저 둘 때

흑에게 포위된 백 3점이 삶을 도모하기 위해서는 어떻게 해야 하는가?

백은 흑 다섯 점과 수싸움을 벌여야 한다. 흑과의 수싸움에서 이겨야만 비로소 삶을 도모할 수가 있다.

여기에서는 흑으로 하여금 스스로 수를 줄일 수 있도록 급소를 찔러서 공격한다. 말하자면 자충수를 유도하는 것이다.

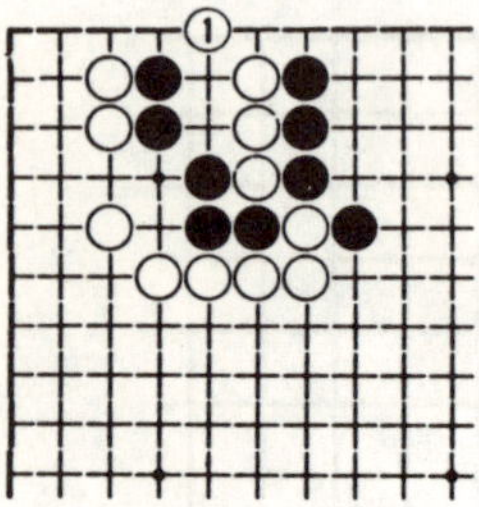

1
도

1도 (정석)

백 1이 정석이다.

이렇게 제 1선에 마늘모로 붙여두는 수법은 지금까지 많이 보아왔다. 수싸움에서는 먼저 이러한 '맥'을 염두에 두어야 한다.

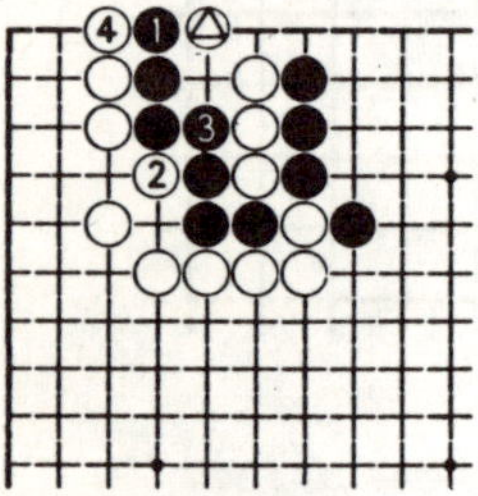

2
도

2도 (계속)

백△에는 흑 1하여 백을 넘지 못하게 막는다. 그러면 백 2로 끊겠다고 강요해서 흑 3으로 이으면 백 4로 내려선다. 이것으로 흑은 '자충'이 되어 끝장이다.

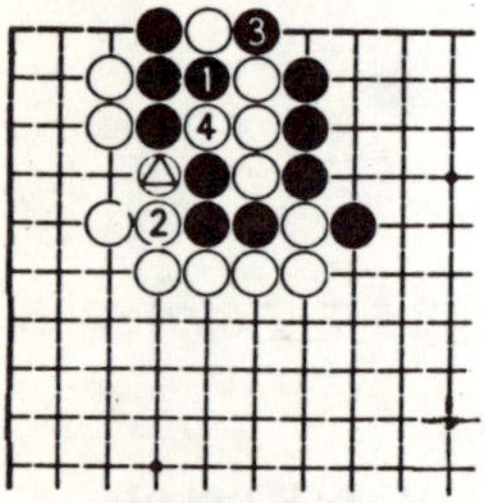

3
도

3도 (변화)

백△에 흑 1이면 백 2이다. 흑 3으로 때리면, 백도 4로 흑 석점을 때린다. 흑은 1, 3이 완전히 살지 못한 상태로 달아나야 하기 때문에 흑의 패배이다.

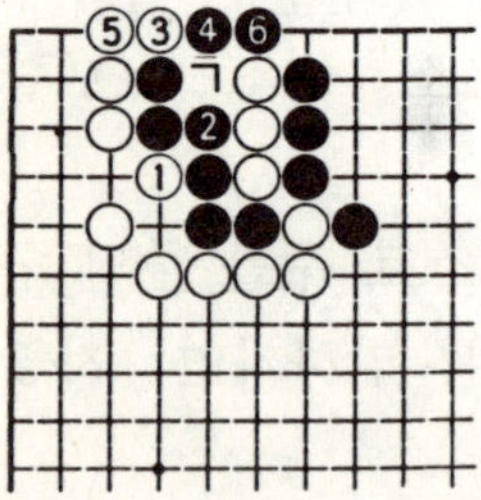

4
도

4도 (실패)

백 1, 3, 5를 선수로 행사해서 끝내기에 만족해서는 안된다. 2도와 비교해 보면 그 차이는 출입(出入) 계산 으로 21집이 된다. 또, 백 1, 흑 2 다음 백 4는 흑ㄱ에 두어 백의 패배다.

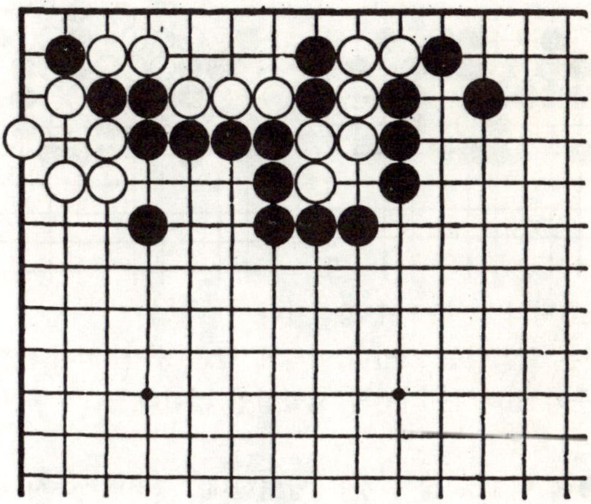

제62문

흑이 먼저 둘 때

이 그림은 상당히 어려운 고급의 문제이다. 한눈에 보아도 알 수 있듯이 또한 상당히 복잡한 모양을 하고 있다.

언뜻 보면 윗변 전체가 백집처럼 생각된다. 그러나 사실은 그렇지 않다. 수읽기를 하여보면 의외로 백을 무너뜨릴 수 있는 묘책이 있음을 알게 될 것이다. 물론 흑이 백과 수싸움을 벌인다는 것은 매우 벅찬 일이다.

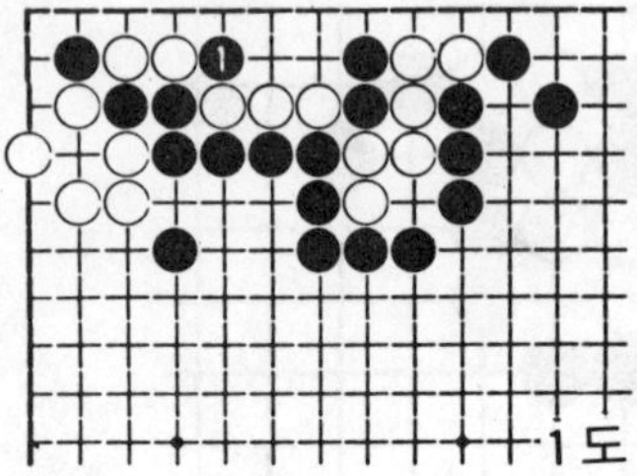

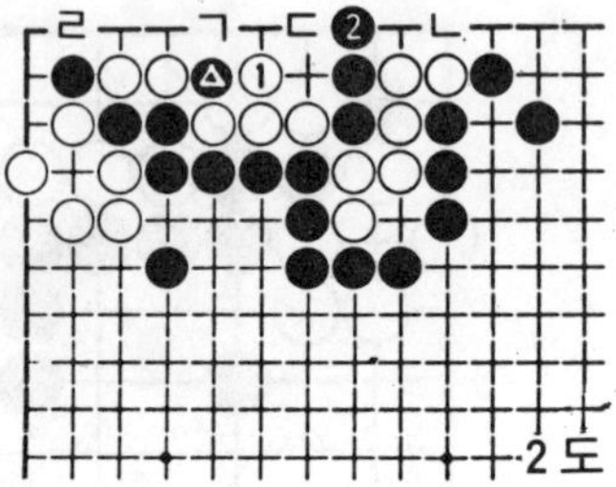

1도 (정석)　흑1이 정석이다.

이것은 끊으라는 것인데, 이렇게 끊는 수가 '적의 진영(궁도) 속에 수가 있다'는 격언의 시발점인 것이다.

2도 (계속)

흑▲에 백1로 끊는 것은 당연한데, 그러면 즉시 흑2로 내려선다. 이하 백ㄱ, 흑ㄴ이 된다. 백ㄱ 대신 흑ㄷ에 두면 흑ㄱ, 백ㄹ, 흑ㄴ이 된다.

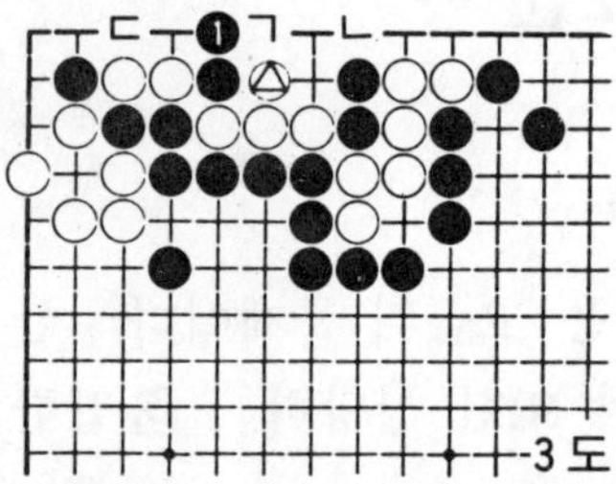

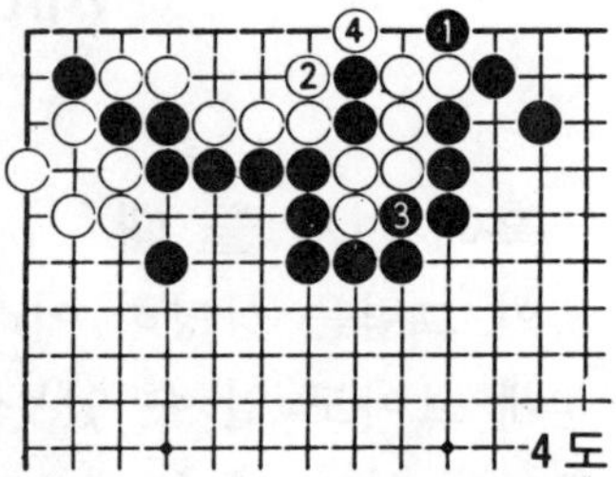

3도 (변화)

백△에 대해 흑1로 내려서는 변화도 있다. 이 다음 백ㄱ 이면 흑ㄴ으로 2도와 같은 결과가 되며, 또 백ㄴ이면, 흑ㄱ 다음 흑ㄷ으로 두는 결과가 된다.

4도 (악수)

흑1, 3으로 두어 백2, 4를 허용하는 것은 너무나 나쁜 것이다.

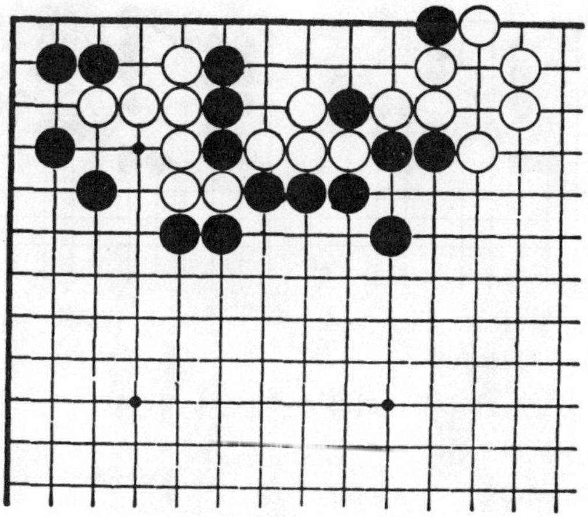

제63문

흑이 먼저 둘 때

흑선으로 왼쪽의 백을 잡고 오른쪽의 흑도 삶을 도모할 수 있는가 하는 점이 이 문제의 주요 안건이다.

바둑의 격언에는 '사석을 잘 이용하라' 라는 말이 있다. 흑은 이 격언을 되새겨볼 필요가 있다. 지금 흑은 백의 품안에 다섯 개의 돌을 투하시켜 놓고 있다. 여기에서 흑이 다섯 개의 돌을 다 살리려고 하는 것은 매우 어리석은 생각이다.

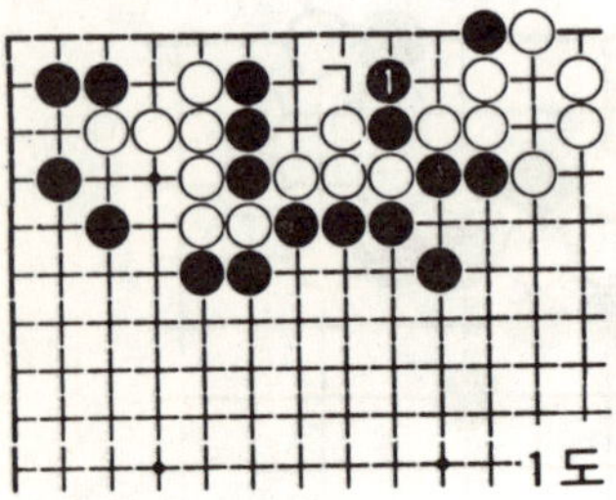

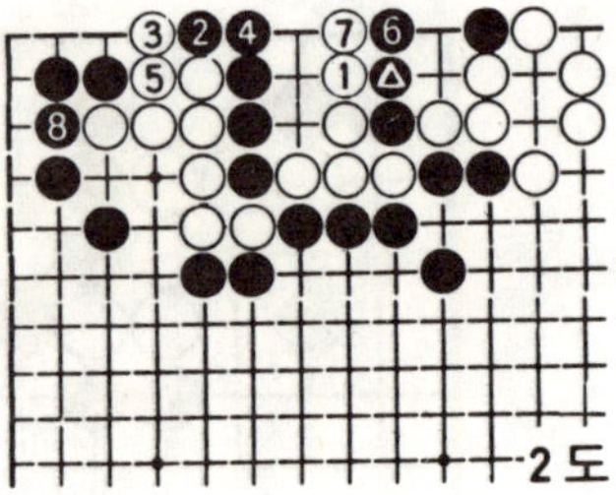

1도 (정석)

흑1이 정석이다.

'두점으로 키워서 버리라'는 격언에 따라서 흑1로 내려서서 백ㄱ을 강요한다.

2도 (계속)

흑▲에 대해 백1로 둘 수 밖에 없으므로 흑은 2, 4로 젖혀 잇는다. 그리고 백3, 5일 때 흑6이 절묘한 수이다.

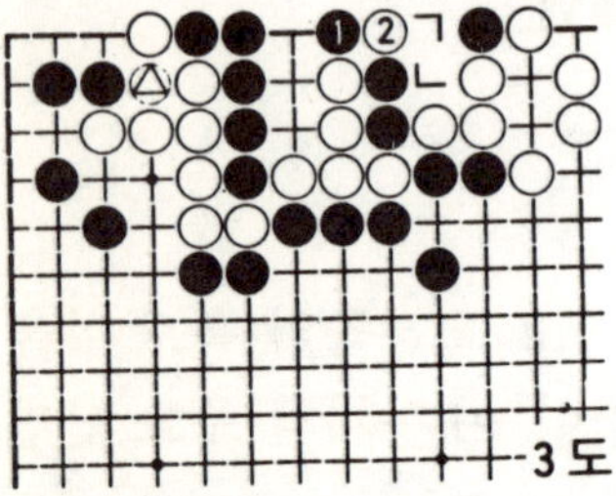

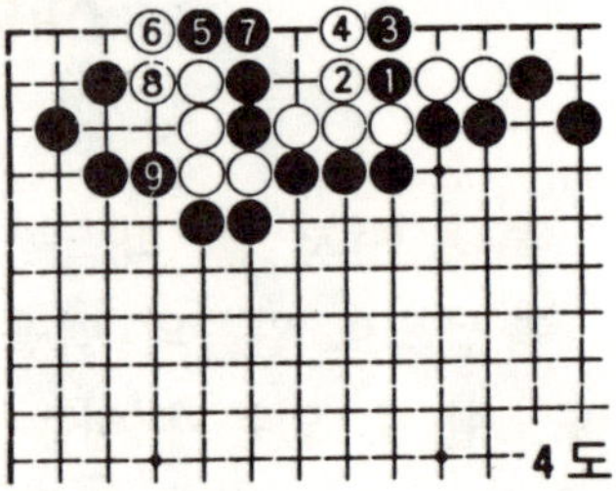

3도 (실패)

백△일 때 흑이 성급하게 흑1로 젖혀 두면 백2로 먹여치는 수단에 의해서 흑ㄱ, 백ㄴ이므로 흑의 실패다. 이 2로 ㄴ의 곳에 단수하면 흑은 2로 이어버린다.

4도 (현현기경)

「현현기경」에 출제된 문제와 의도는 똑같다. 여기서는 백이 완전히 죽는다.

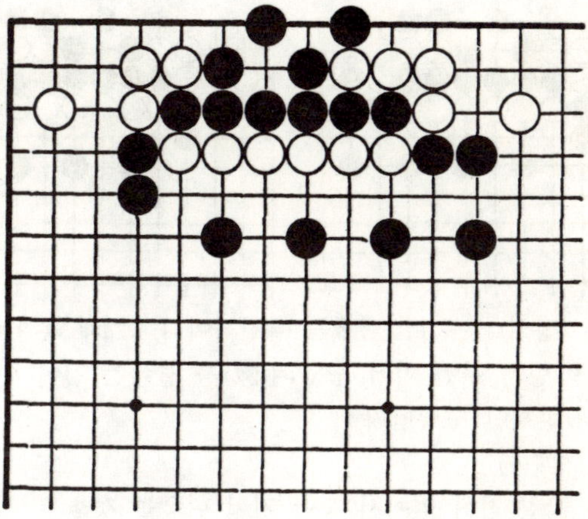

제64문

흑이 먼저 둘 때

상당히 복잡할 것 같아 보이는 문제이다. 그러나 의외로 그다지 어렵지 않은 문제이다. 수읽기를 어느 정도 할 수 있는 사람이라면 충분히 문제의 해답을 구할 수 있을 것이다.

흑은 우선 자기의 수수를 늘려놓은 다음에 백을 공략하는 것이 바람직한 수순이다.

그렇다면 첫 착수는 어디에다가 두어야 할까? 수읽기의 힘을 이용하여 올바른 수를 찾아 보자.

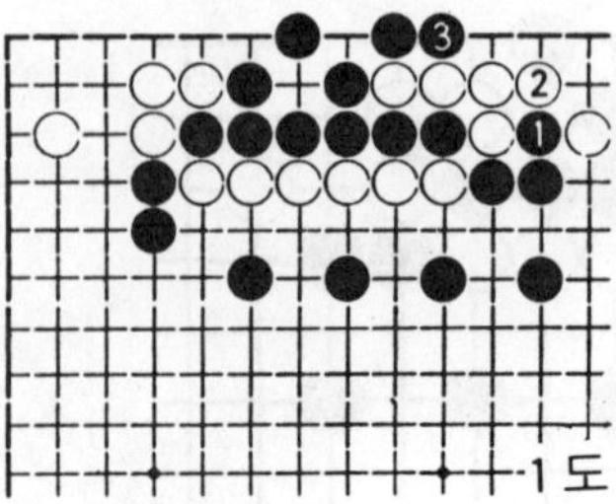

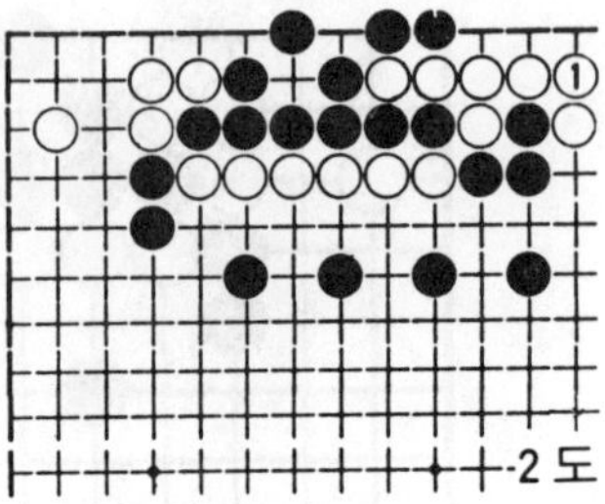

1 도 (정석) 흑 **1**, 백 **2** 는 필연적이다. 그때 흑 **3** 이 정석이다. 이렇게 한번 기어 수수(手數)를 늘이는 것이 수싸움에서의 일반적인 수법이다.

2 도 (계속)

백은 끊긴 점이 있어서 흑이 기어 나오는 것을 막지 못한다. 흑▲에 대해서 백 **1** 은 당연한 것이다.

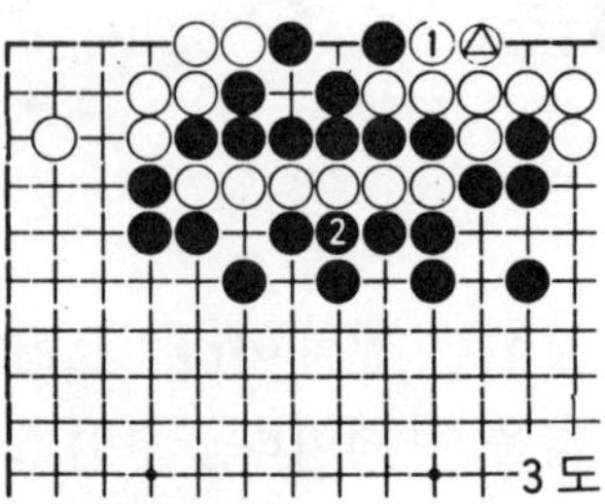

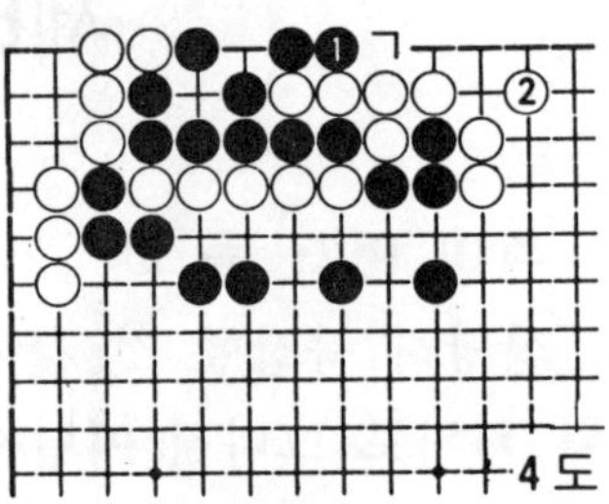

3 도 (계속)

계속해서 서로 수를 줄여 나가면 이 모양이 된다. 결국은 흑이 한수 이긴다. 백 **1** 의 곳은 백△와 함께 두수가 소비되었다. 이것은 **1 도** 흑 **3** 의 영향력에 의한 것이다.

4 도 (원리)

흑 **1** 일 때 백 **2** (이것은 수싸움에서 직접적인 영향이 없는 수)로 두었기 때문에 흑의 승리가 되는 것이다.

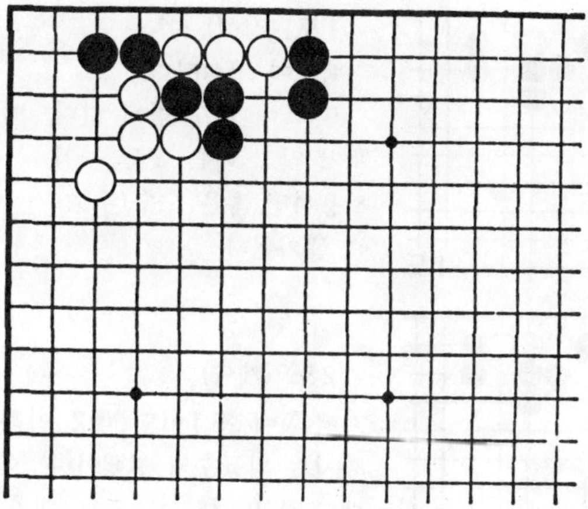

제65문

백이 먼저 둘 때

흑과 백의 수수는 같지만, 주위 상황으로 보아 훨씬 유리한 모양이다. 백은 흑의 품안에 갇힌 모양이지만, 흑은 귀쪽으로의 전진을 도모할 수 있는 여지를 가지고 있다.

따라서 백의 급선무는 흑 두 점의 전진을 막고 아울러 흑의 수수를 줄이는 차원에서 착수가 진행되어야 한다는 점이다.

그렇다면 제 일착은 어디에다가 두어야 할까?

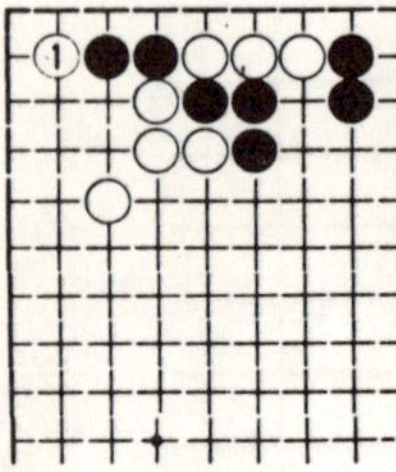

1 도

1 도 (정석)

백 1이 정석이다.

오직 이 한수 밖에 없다. 백 1에 두지 않고 다른 곳을 두어 흑 1을 허용하면 흑은 수수(手數)가 한꺼번에 증가된다.

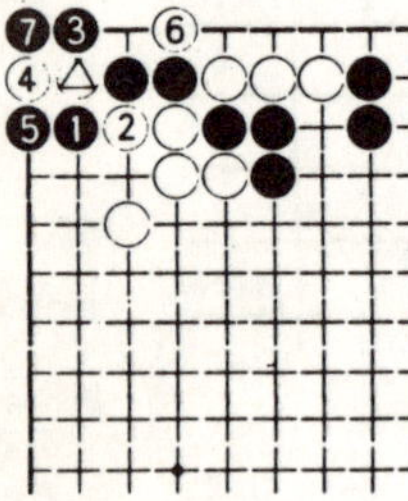

2 도

2 도 (계속)

백△에 흑 1이면 백 2 이하 흑 7까지는 외곬수의 진행이다. 이 다음 백△로 먹여치고, 흑이 백△를 따낸다.

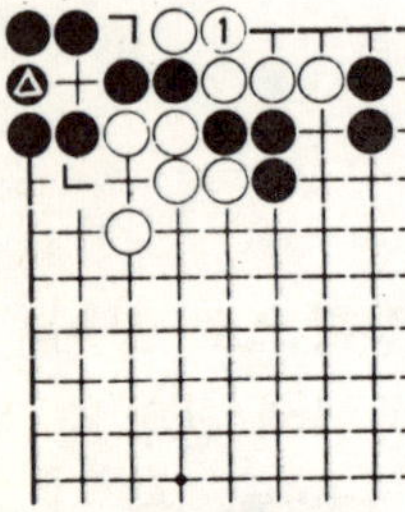

3 도

3 도 (계속)

흑▲하여 백 한점을 따내면 백 1로 잇는다. 흑ㄱ에 두면 백ㄴ이고 또 흑ㄴ에 두면 백ㄱ으로 백의 승리다. 처음부터 여기까지의 수순을 읽어 둘 필요가 있다.

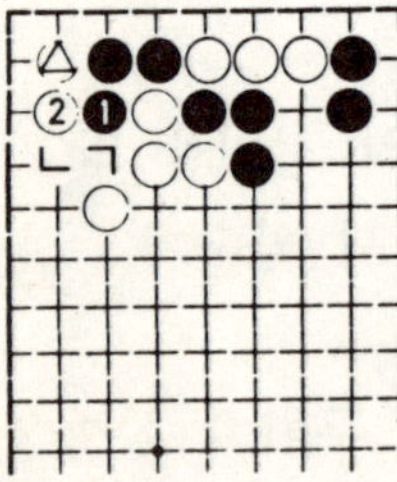

4 도

4 도 (변화)

백△에 흑 1이면 백 2로 늦춘 다음 흑ㄱ이면 백ㄴ으로 공배를 메워 가볍게 백이 한 수 이긴다.

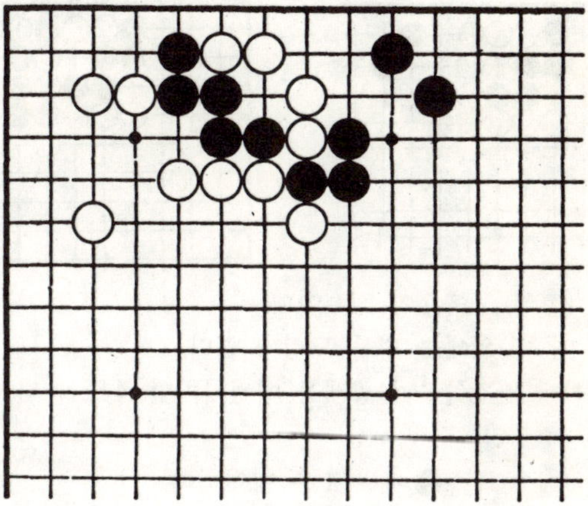

제66문

흑이 먼저 둘 때

흑 다섯 점과 백 넉점이 서로 엉켜서 수싸움을 시도하고 있는 모양이다.

그림으로 알 수 있듯이 흑이 매우 불리하다. 그럼에도 불구하고 흑선으로 백을 잡는 일이 가능할까?

물론 흑이 묘수를 찾는다면 그것은 가능하다.

수읽기를 통하여 적정한 묘수를 찾아 보자.

제 일착은 어디에다가 진행할 것인가?

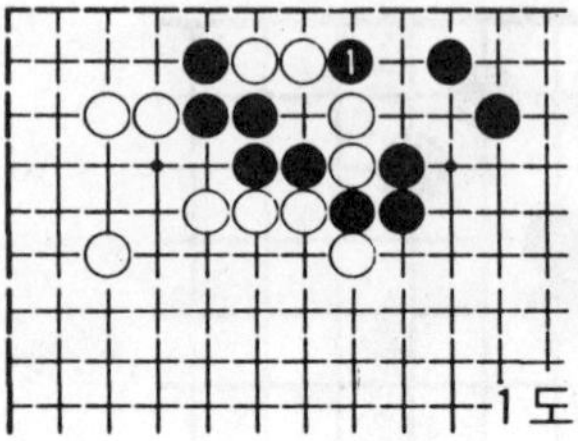

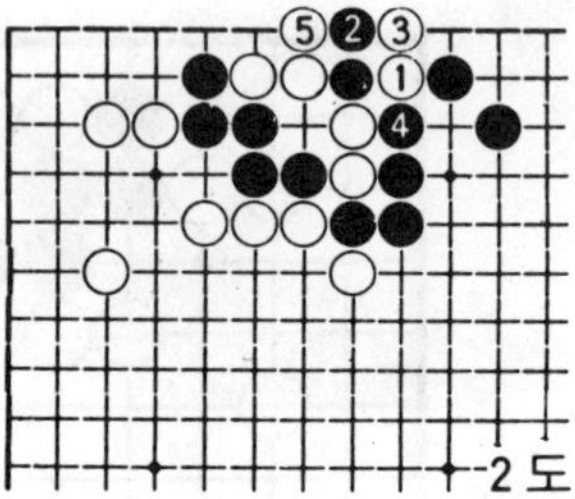

1도 (정석)　흑 1이 정석이다.

흑은 이 수 외에는 다른 도리가 없다.

단순하게 바깥쪽부터 공배를 메워나가면 4도가 되어 흑의 실패다.

2도 (계속)　흑△에 백 1은 당연하다.

그때 흑 2의 두점으로 키워서 버리는 것이다. 백 3, 흑 4, 백 5, 흑△까지는 외곬수의 진행이다.

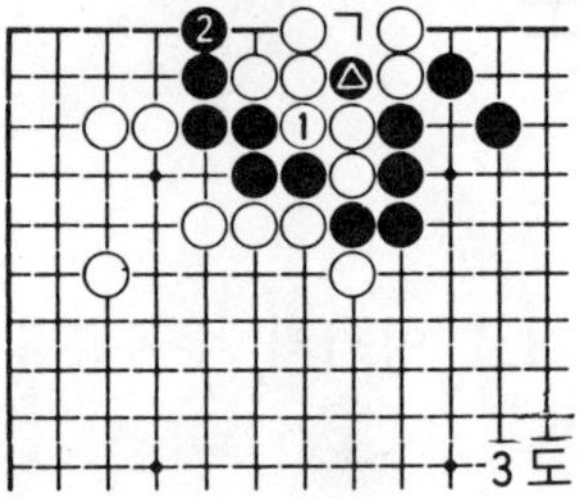

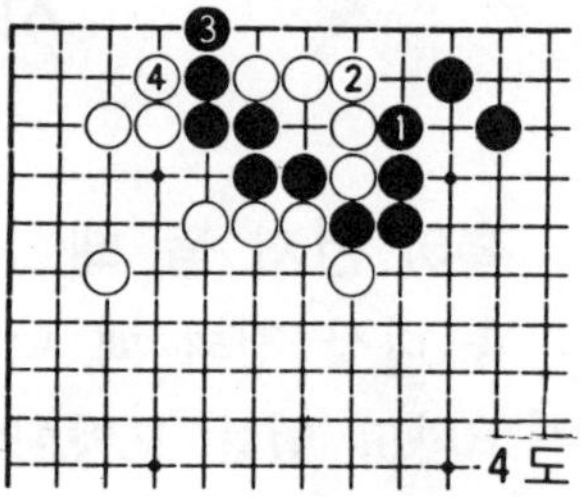

3도 (계속)

다음 흑△에 백 1이면, 흑 2로 내려선다. 또 백 1에 두지 않고 백ㄱ으로 때리면 흑 1로 단수친다.

4도 (나쁨)

흑 1은 나쁘다. 백 2의 급소를 허용해 버리면 이번에는 흑이 한수 부족하게 된다. 흑 3, 백 4 다음 흑은 아무래도 수가 부족하다.

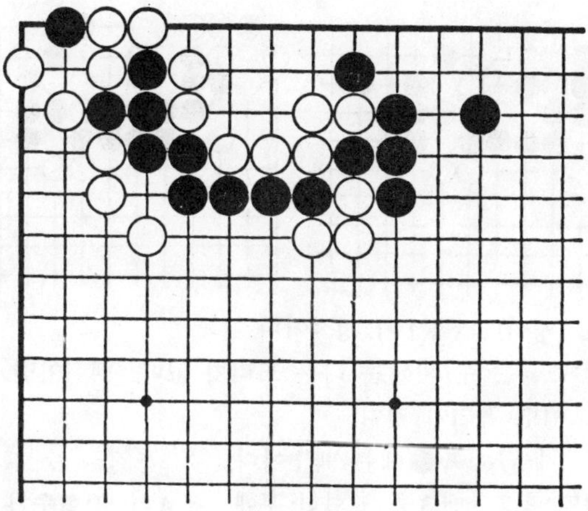

제67문

흑이 먼저 둘 때

흑은 지금 백에 의하여 사실상 완전히 포위당해 있다. 그런데 여기서 흑선으로 삶을 도모할 수 있느냐를 묻는 것이 이 문제의 주요 안건인 것이다.

결과를 먼저 말하자면 흑이 급소만 찾아서 둔다면 삶을 도모할 수가 있다. 그러나 흑은 어디까지나 백의 약점만을 찾아서 기습 공격을 펼쳐야 한다.

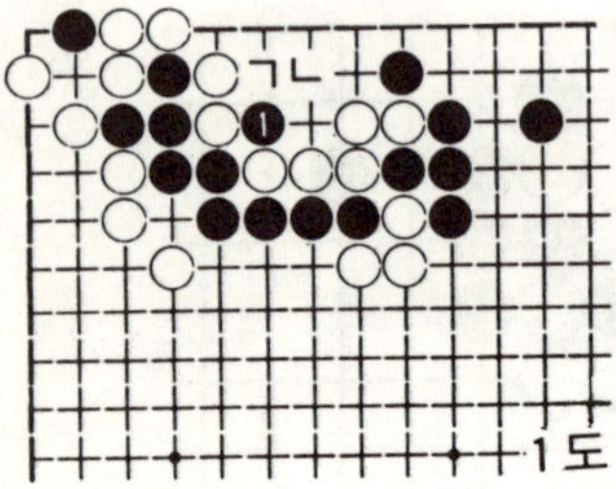

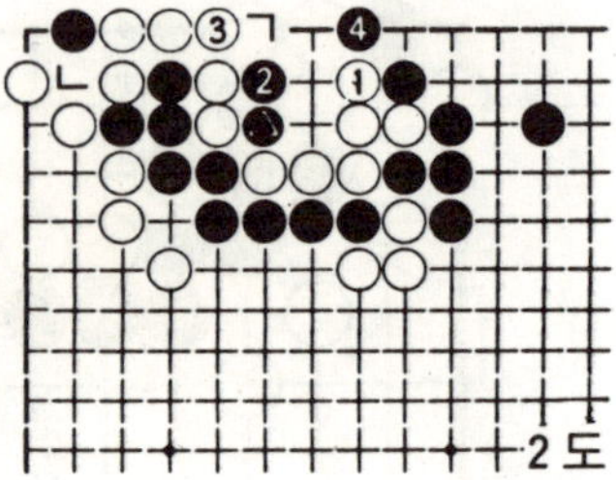

1도 (정석)　흑1이 정석이다.

이렇게 끊는 수 외에는 다른 도리가 없다. 백ㄱ이면 흑ㄴ, 또 백ㄴ이면 흑ㄱ이 된다.

2도 (계속)　흑▲에는 백1이다.

그러면 흑2, 백3을 교환한 후에, 흑4의 젖힘수가 이 문제의 묘수이다. 흑4 대신 흑ㄱ에 두어서 백ㄴ과 교환하면 4도가 되어 실패하고 만다.

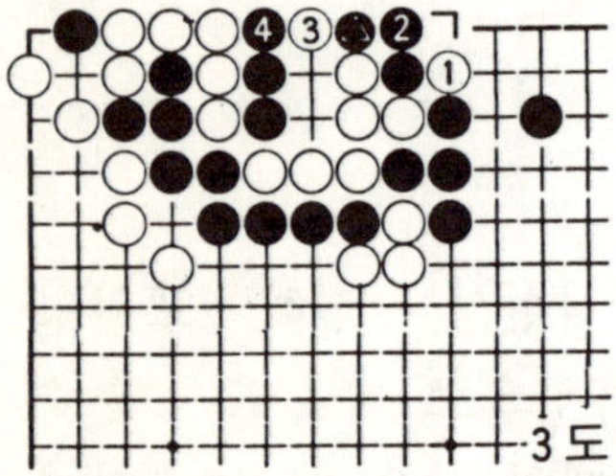

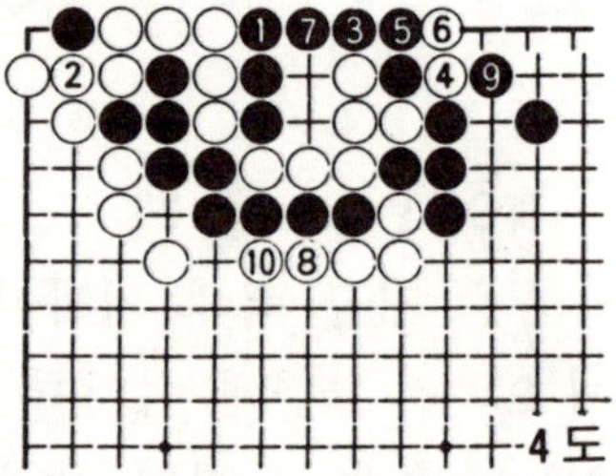

3도 (계속)

흑▲으로 젖혀 백1, 흑2가 되면 백3, 흑4의 '양단수'에 의해 흑은 궁지에서 탈출한다. 그렇다고 해서 백3 대신 ㄱ에 두면 흑3에 의해서 가볍게 패하고 만다.

4도 (실패)

2도의 흑4로 이렇게 먼저 흑1에 두면 백은 4, 6, 8로 공배를 메울 수가 있으므로 흑이 한수 부족해서 흑의 패배다.

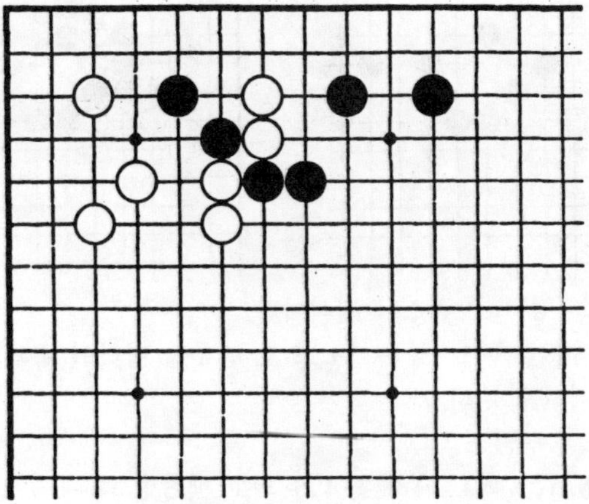

제68문

흑이 먼저 둘 때

흑과 백이 서로 두 점씩 끊고 있는 상황이다. 이러한 모양은 실전의 대국에서도 곧잘 응용되는 맥수이므로 잘 알아두기 바란다.

서로가 막상막하의 세력을 다툼하고 있으므로, 여기에서 흑이 백을 잡으려면 묘수를 구사해야 한다.

흑은 백의 급소를 찔러서 수수를 더 이상 늘리지 못하도록 한다.

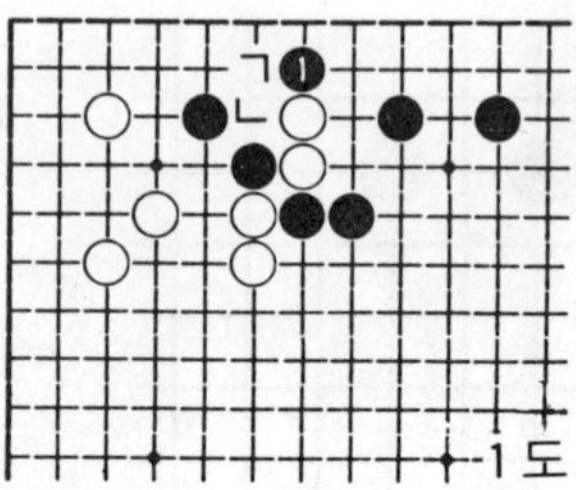

1도

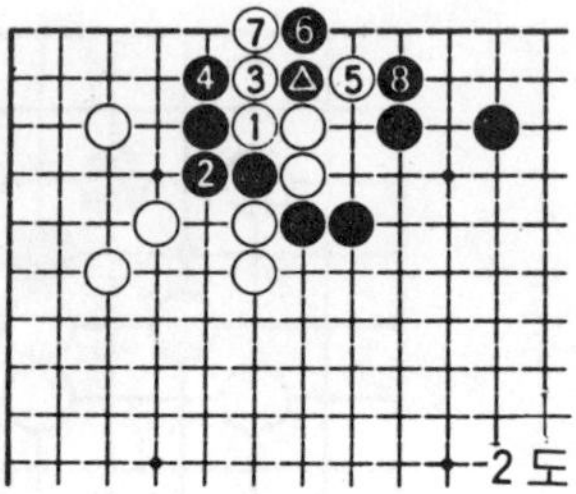

2도

1도 (정석)　흑1이 정석이다.

흑1대신 흑ㄱ, 또는 흑ㄴ으로 백1을 당하면 흑의 수싸움은 불리하게 된다.

2도 (계속)

흑▲에는 백1 이하 흑4가 되고 백5일 때 흑6으로 내려서는 것이 중요하다. 이하 백7, 흑8하여 수싸움은 흑의 승리가 된다. 백1로 3에 두는 변화가 바로 2도이다.

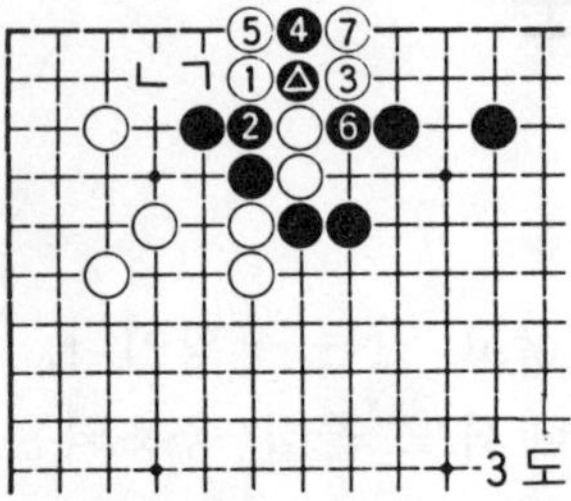

3도

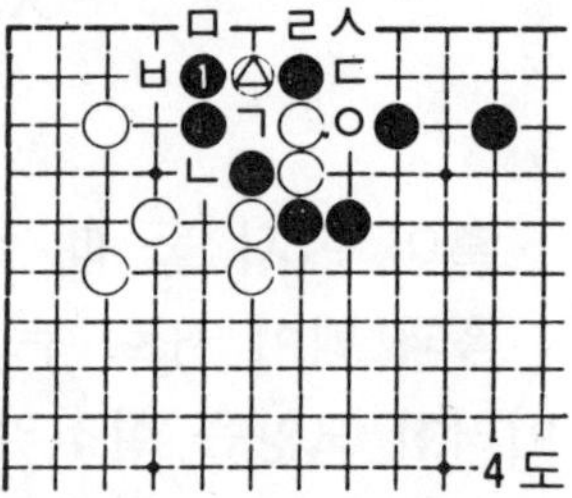

4도

3도 (원본)

흑▲에 백1이면 흑2 이하 백7이 되어 흑▲로 흑이 이긴다는 것이 원본이지만, 흑2일 때 백4, 흑3, 백ㄱ에 두면 흑은 견딜 수가 없는 것이다.

4도 (변화)

백△에는 흑1로 둘 수 있다. 계속해서 백ㄱ, 흑ㄴ이면 2도와 같이 되고 또 백ㄷ이면 흑ㄹ, 백ㅁ, 흑ㅂ이 된다.

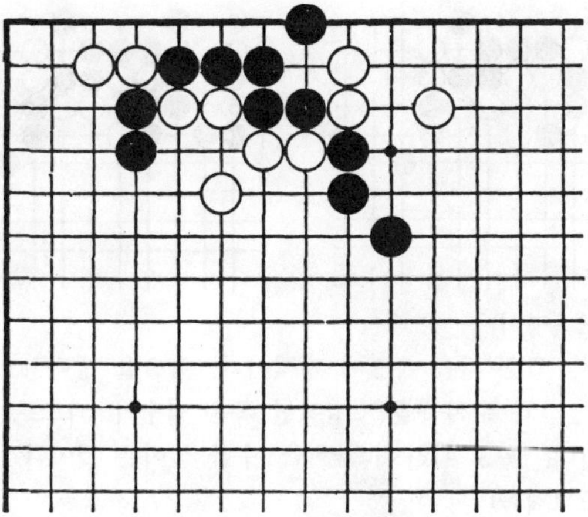

제69문

흑이 먼저 둘 때

그림에서 보는 바와 같이 흑은 백에 의해 포위당한 상태이다. 여기에서 과연 흑선으로 삶을 도모하는 일이 가능할까?

흑은 백의 급소를 골라서 날카롭게 공격을 감행해야 한다.

이 그림은 의외의 곳에 수가 있는 모양이다. 따라서 정확한 수순을 찾지 않으면 실패하게 된다.

수읽기를 하여 올바른 수순을 찾아 보자.

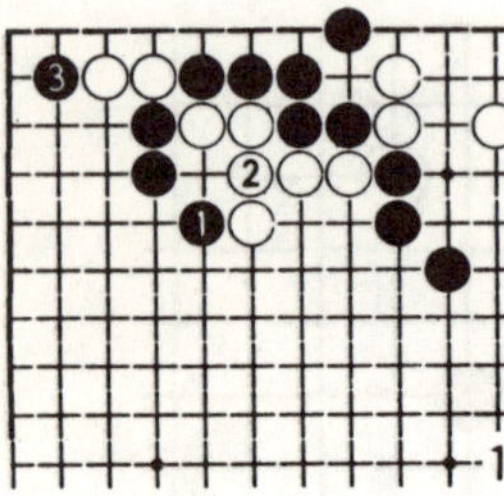

1도

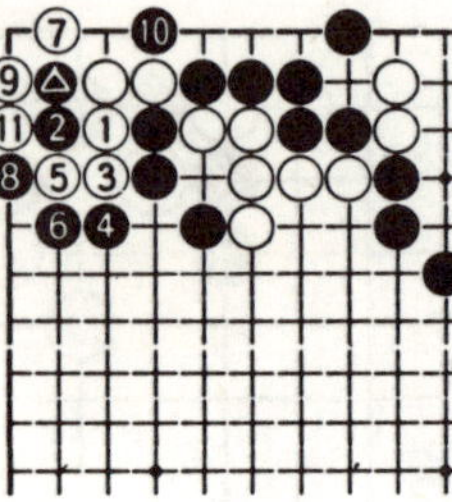

2도

1도 (정석)

흑1, 백2 다음 흑3이 정석이다. 흑3을 생략하고 바로 백 다섯점과 수싸움을을 벌이면 흑은 넉수가 되므로 한수가 부족하다. 흑3 이하의 목적은 수를 늘이는 것이다.

2도 (계속)

흑△에 대해서 백1 부터는 당연한 응수다. 흑은 이 수순을 거쳐서 흑10의 젖힘수가 선수로 듣게 된다.

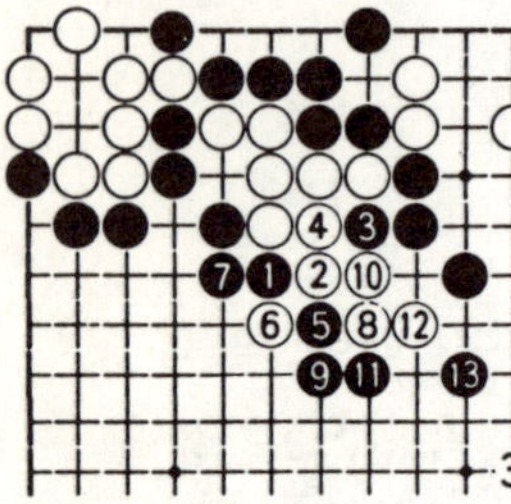

3도

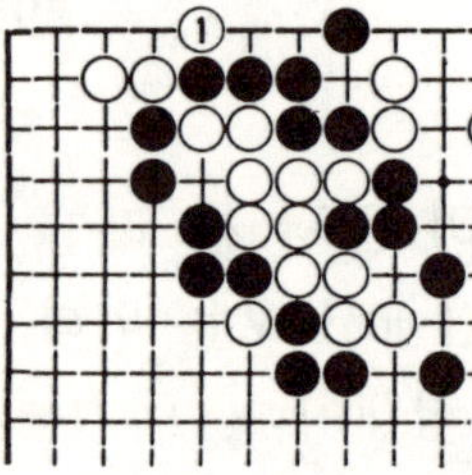

4도

3도 (계속)

흑△으로 두어 한수가 증가했으므로 흑1 부터는 당연한 진행이다. 백은 2부터 저항을 하지만 흑13까지로 봉쇄된다.

4도 (실패)

3도의 흑△를 생략하고 아랫쪽만 착수했는데, 그러면 백1의 젖힘수가 있기 때문에 백은 넉수, 흑은 석수가 되어서 수싸움은 거꾸로 흑의 패배가 된다.

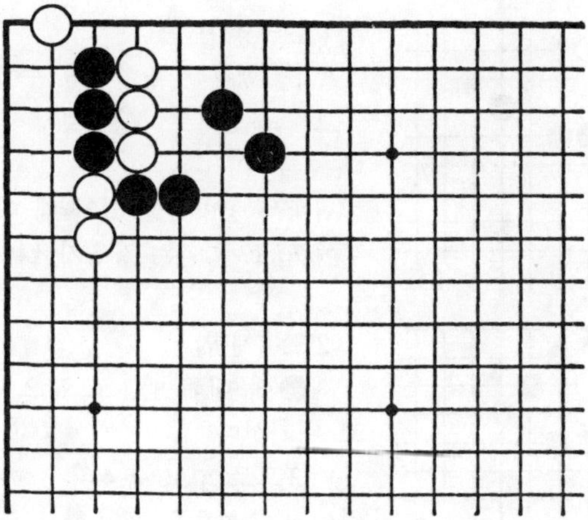

제70문

흑이 먼저 둘 때

단순한 수싸움으로는 흑이 불리한 모양이다. 그러므로 흑은 귀의 특수성을 이용하여 수수를 가능한 한 늘려놓고 나서 왼쪽의 백 3점을 공략하도록 하는 전법이 바람직할 것같다.

그렇다면 흑으로서는 과연 어떠한 수순을 밟아야만 할까?

수읽기가 필요한 그림이다.

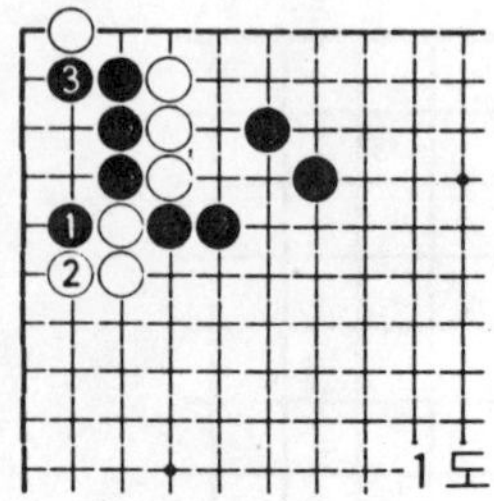
1 도

1 도 (정석)

흑 1, 백 2는 필연적인 수이다.

그때 흑 3으로 두는 것이 정석이다.

귀에서 공방전을 벌일 때 이 3의 곳이 급소가 되는 경우가 많이있다.

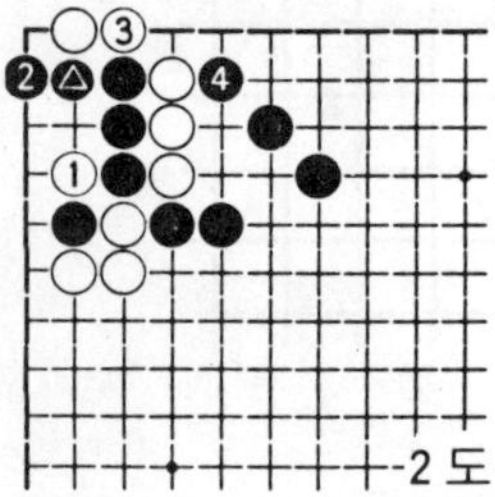
2 도

2 도 (계속)

흑△에 대해 백 1로 끊으면, 흑 2로 내려선다.

백 3으로 넘고 흑 4의 마늘모로 붙여서 수싸움은 흑이 한 수 승리하게 된다.

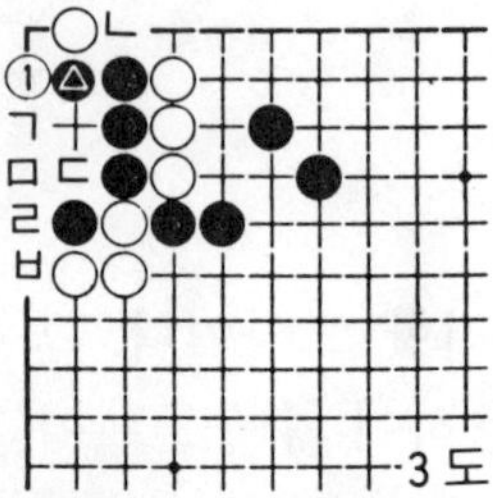
3 도

3 도 (패)

흑△일 때 백 1로 저항하는 수도 고려할 수 있다. 팻감이 넉넉한 경우에는 이렇게 저항할 것이다. 흑ㄱ이면 백ㄴ, 또 흑ㄴ이면 백ㄱ, 흑ㄷ, 백ㄹ, 흑ㅁ, 백ㅂ으로 두어 한수 늘어진 패로 반발한다.

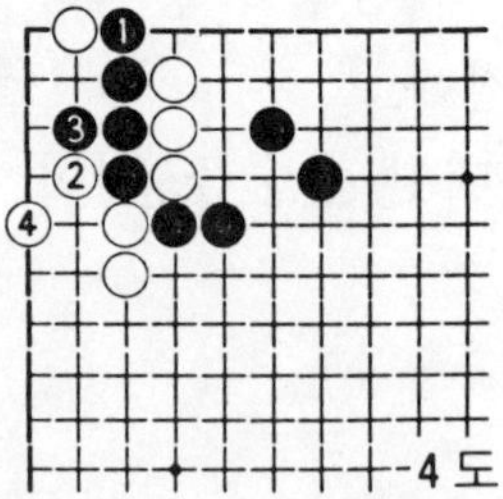
4 도

4 도 (실패)

처음에 흑 1로 두어 백을 넘지 못하게 막으면 백 2, 4의 젖혀 잇는 수를 허용하게 되므로 오히려 흑이 패하게 된다.

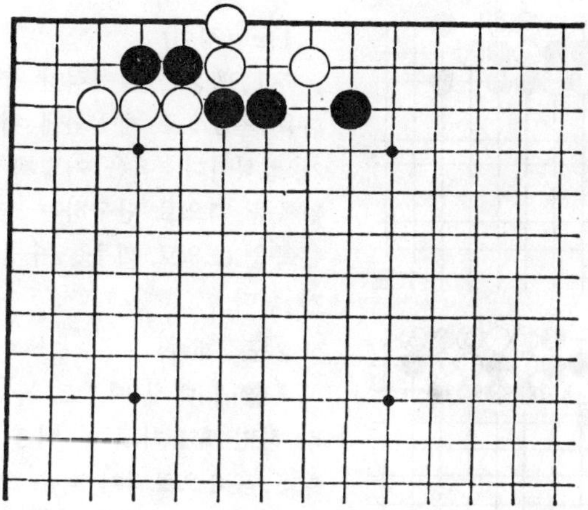

제71문

흑이 먼저 둘 때

이것은 수싸움에 관한 대표적인 그림이다. 실전에 있어서도 자주 나타나는 모양이다. 특히 초보의 단계에 있는 사람이라면 각별히 신경을 써서 익혀 두어야 할 것이다. 이러한 문제를 자유자재로 활용할 수 있다면 의외로 실력이 껑충 뛰어오를 것이다.

여기에서도 수순은 중요하다. 급소를 찌르지 못하면, 결국 실패의 쓴 잔을 마시게 된다.

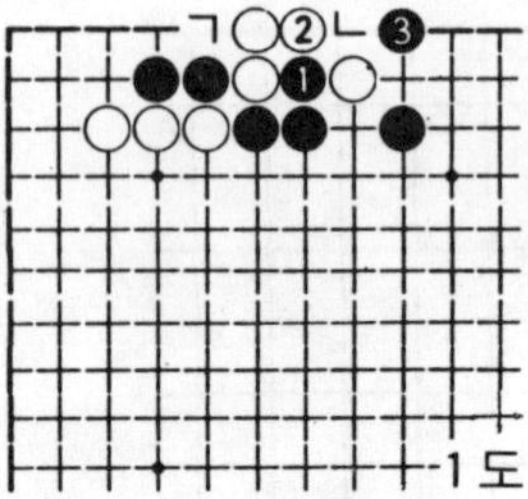

1 도

1 도 (정석)

흑 1, 백 2는 필연적인 수이다. 다음 흑 3으로 제 1 선에 뛰는 수가 정석이다. 흑은 이렇게 해서 왼쪽을 ㄱ으로 단수하는 수와 오른쪽을 ㄴ으로 끼우는 수를 맞보게 된다.

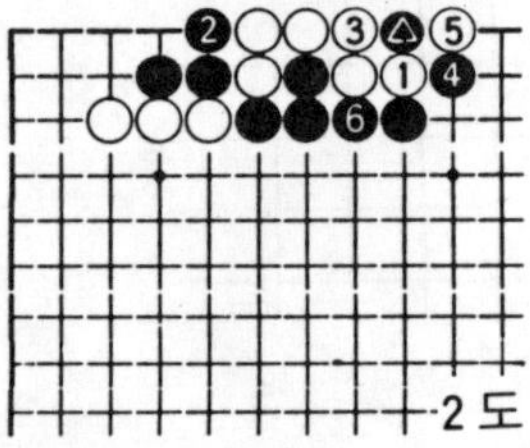

2 도

2 도 (계속)

흑▲에 대해 백 1로 뚫고 나오려 하면 흑 2가된다. 백 3, 흑 4, 백 5, 흑 6으로되어 백은 모두 죽는다.

백 1로 3에 두면 흑 6으로 결과는 마찬가지이다.

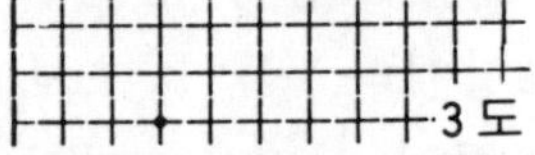

3 도

3 도 (실패)

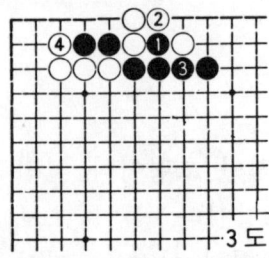

정석인 제 1 선에 뛰는 '맥'을 알지 못하면 흑은 이기지 못한다.

흑 1, 백 2 다음 흑 3에두면 백 4로 받아서 백이 한수 이기게 된다.

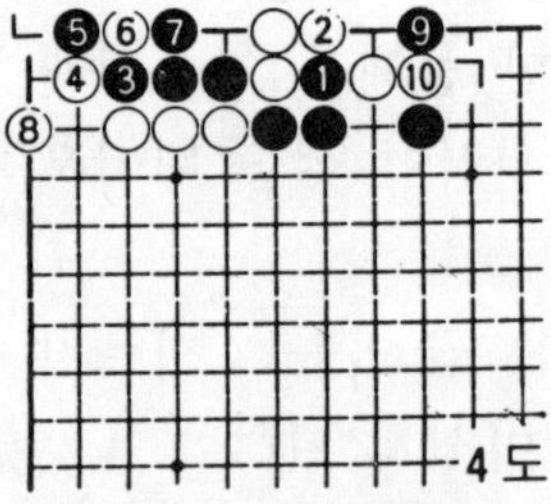

4 도

4 도 (실패)

흑 1, 백 2 다음 정석인 흑 9를 생략하고 흑 3, 5 같은 것을 두면 백 4, 6의 반격을 받아 재미 없다. 백10 다음 흑ㄱ, 백ㄴ을 교환하면 패가 만들어져서 흑의 패배가 된다.

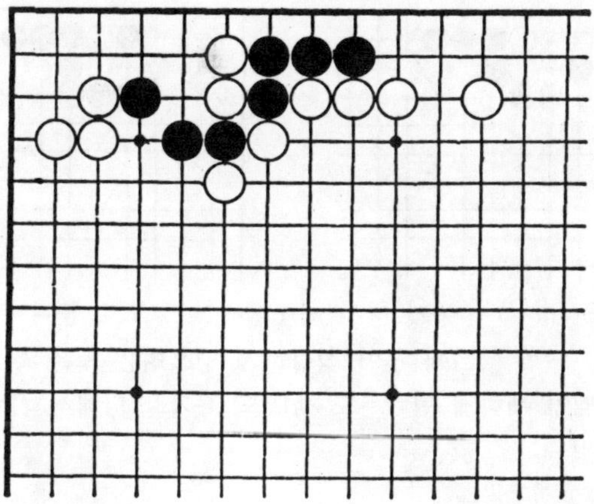

제72문

백이 먼저 둘 때

이 그림의 주요 안건은 흑의 세력권에 들어있는 백 두 점을 어떻게 하면 살릴 수 있느냐 하는 것이다.

언뜻 보면 백 두 점은 꼼짝 못하고 사석이 될 것만 같다.

그러나 여기에서도 백 두 점이 삶을 도모할 수 있는 묘책은 있다. 단순한 생각이 수순의 묘를 무시한 채 실패를 불러오게 된다.

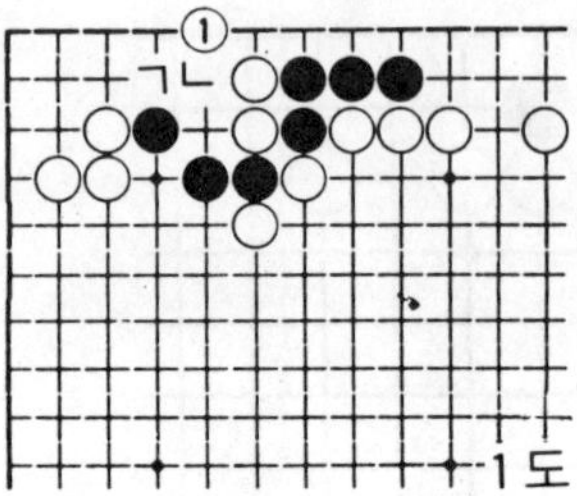

1 도

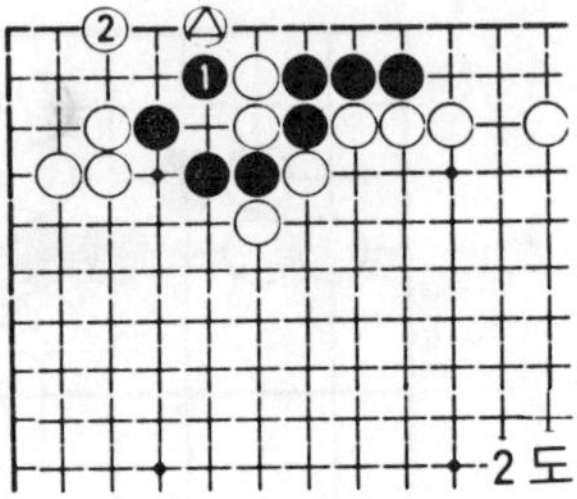

2 도

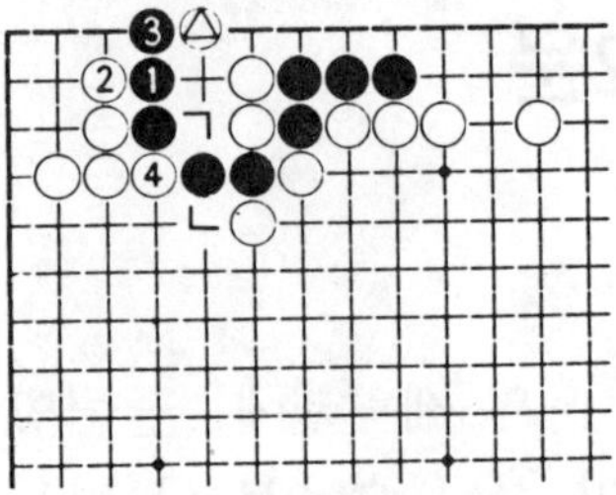

3 도

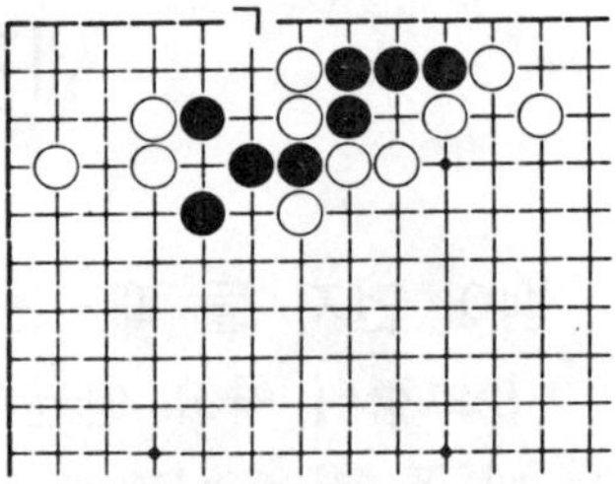

4 도

1 도 (정석)　이것 역시 제 1 선에 마늘모로 붙여 둔다.

백 1 대신 백ㄱ에 두어 성급하게 넘으려는 것은 흑ㄴ을 당해서 백이 패하게 된다. 또 백ㄴ도 흑ㄱ을 당해서 가볍게 패하고 만다.

2 도 (계속)

백◬에 흑 1 로 두면 백은 2 로 넘는다.

3 도 (변화)

백◬에 대해 흑 1 로 두면 백은 3 으로 뻗는다.

흑 3 으로 둘 수 밖에 없는데 그때 백 4 로 치받으면 흑은 절망적이다. 다음에 흑ㄱ이면 백ㄴ, 또 흑ㄴ이면 백ㄱ이 된다.

4 도 (현현기경)

현현기경에 수록되어 있는 문제다. 이 문제의 정석 역시 ㄱ의 마늘모로 붙여 두는 것이다.

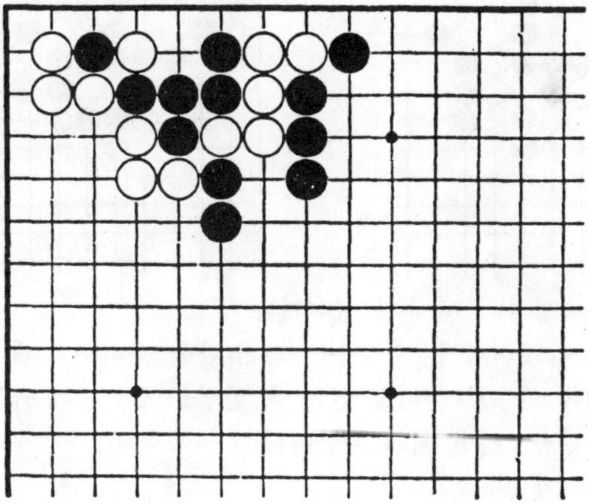

제73문

흑이 먼저 둘 때

이 그림 역시 실전에서 자주 나타나는 문제이다. 흑은 당장 백에 의해 단수당할 위기에 몰려 있다.

여기에서 흑선으로 백을 제압하고 흑이 삶을 도모할 수가 있을까?

아무렇게나 두어서는 흑이 성공을 거두지 못한다. 맥수를 짚어야 한다.

급소를 골라서 착수를 진행해야만 한다.

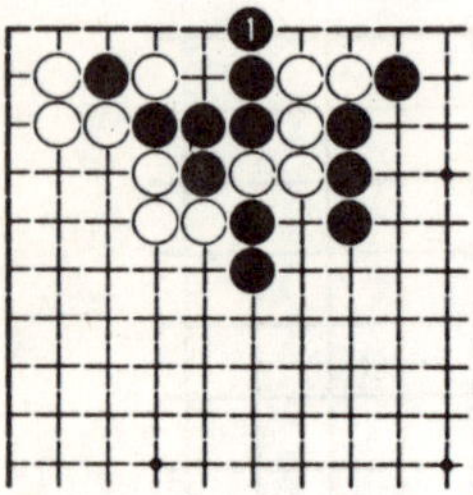

1 도

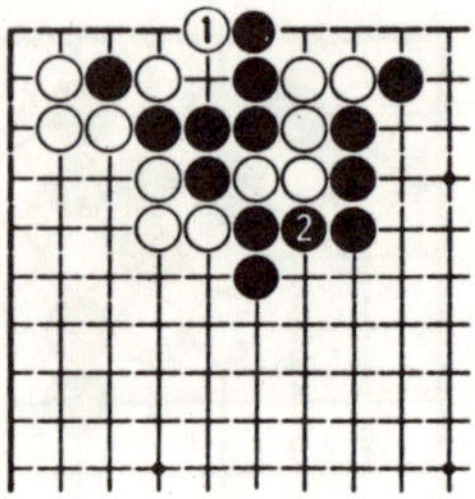

2 도

1도 (정석)　흑1이 정석이다.

이렇게 내려서서 수싸움은 흑의 한수 승리다. 왜냐하면 왼쪽위에 단수로 몰리고 있는 흑 한점을 활용해서 백을 '자충'으로 유도하면 되기 때문이다.

2도 (계속)

흑▲에는 백1로 응수하는데, 그때 흑2로 바깥쪽 공배를 메워서 이기게 된다.

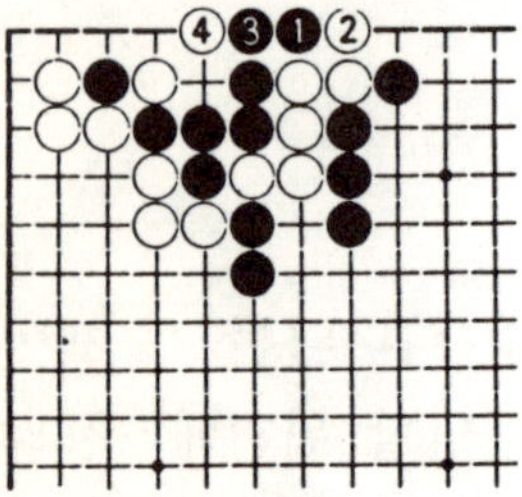

3 도

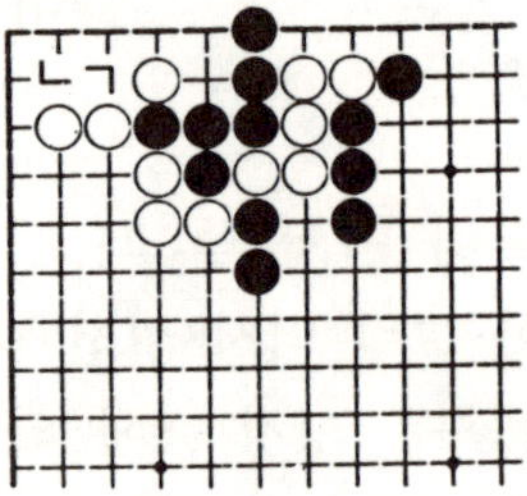

4 도

3도 (실패)

흑1로 잘못 젖혀두면 백2, 흑3, 백4로 흑은 모두 죽는다.

4도 (요착)

여기서 흑이 손을 빼면 백 선수로 흑 여섯점이 잡히게 된다. 따라서 흑은 ㄱ의 곳을 먼저 끊어야 한다. 그때 백ㄴ에 두면 흑은 여기서 손을 빼어도 무방하다.

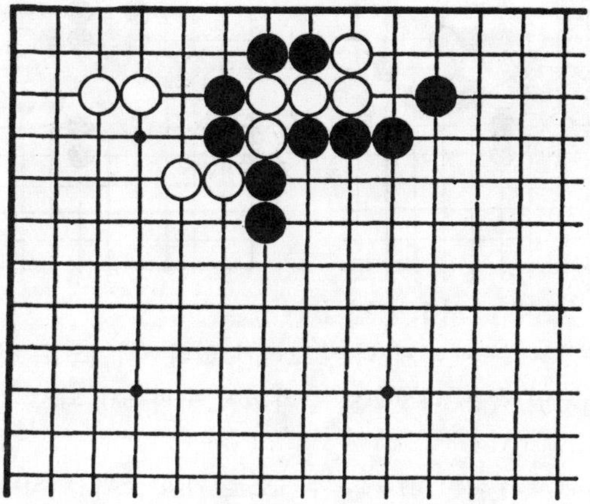

제74문

백이 먼저 둘 때

백이 상당히 불리한 위치에 있다. 그러나 백선으로 충분히 흑과 수싸움을 하여 성공을 거둘 수가 있다. 여기에는 올바른 수순이 절대로 필요하다.

이 그림은 실전에서도 많이 나타나는 모양이므로 신중을 기하여 익혀두면 기력 향상에 많은 도움이 될 것이다.

수읽기를 하여본 후에 자신있는 착수를 하자.

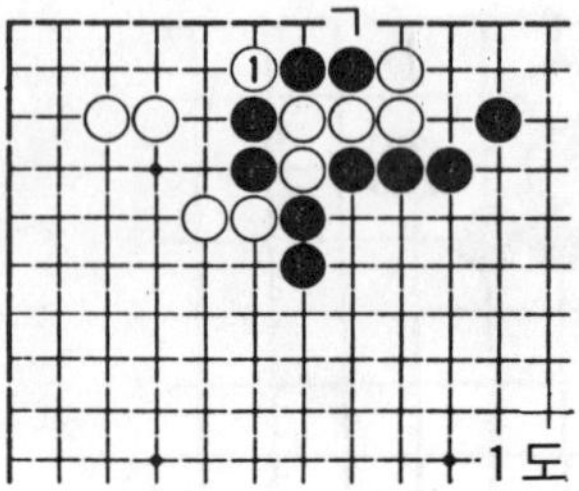

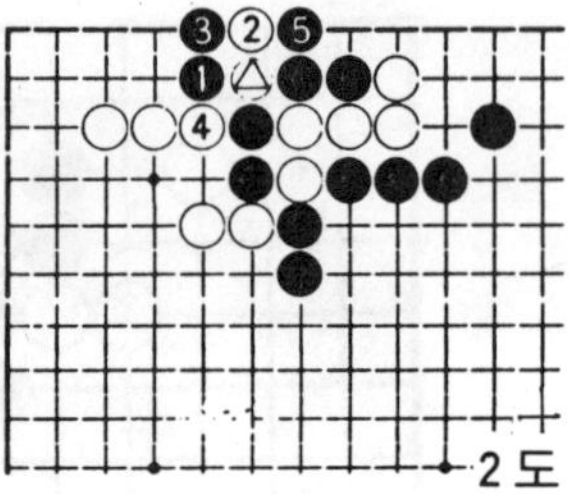

1도 (정석)　백1이 정석이다.

이 수 외에는 백에게 다른 도리가 없다. 백ㄱ으로 젖혀 흑1로 이으면 흑은 다섯수로 증가되어 수싸움이 되지 않는다.

2도 (계속)

백△에 흑1이면 백2의 두점으로 키워 소위 '석탑형'으로 유인한다. 이렇게 되어 흑은 순식간에 수가 줄어든다. 백4에 흑5로 응수하여 두점을 잡아 버리면 백△로 먹여친다.

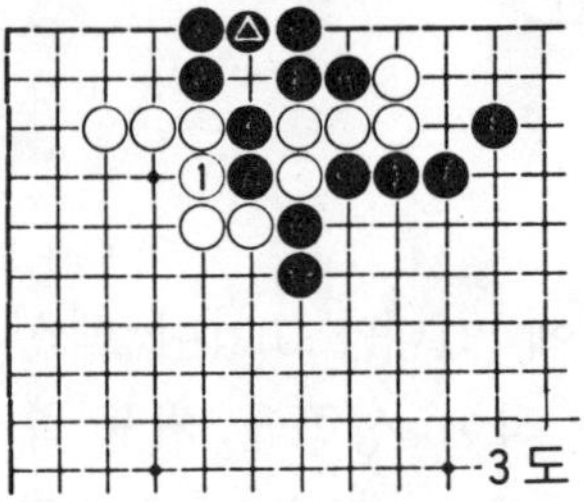

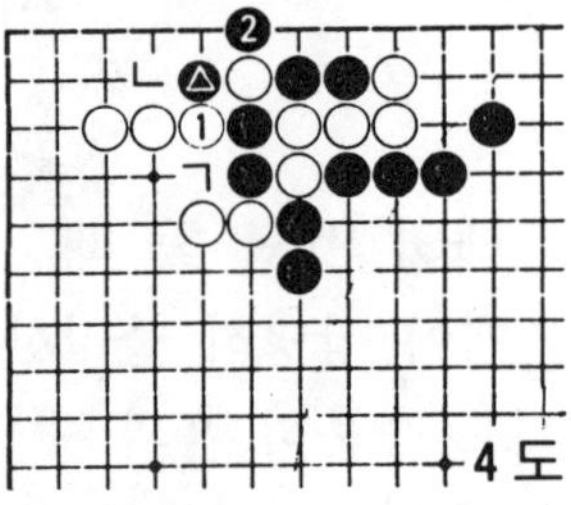

3도 (계속)

먹여친 백 한점을 흑▲로 때려낸 장면이다. 백1로 단수쳐서 흑은 이을 수 밖에 없으므로 부족하게 된다.

4도 (실패)

끊기는 제대로 했지만, 흑▲일 때 백1에 두면 흑2로 백한점을 잡아 버리고 만다. 흑이 백ㄱ에 이어도 흑은 수수(手數)가 많게 된다. 또 백ㄴ에 두어도 이기게 된다.

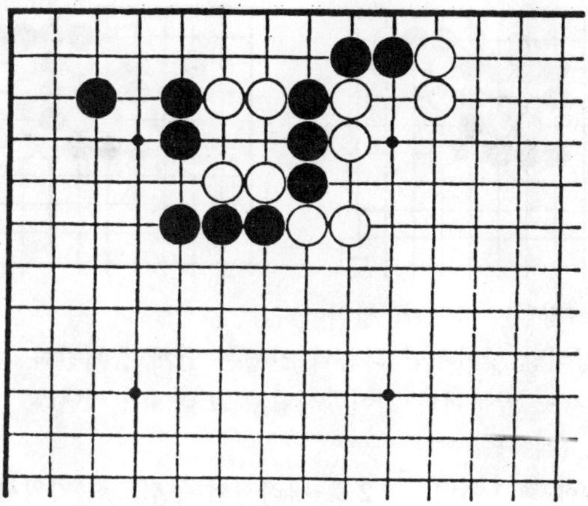

제75문

백이 먼저 둘 때

이 그림은 그다지 어려운 문제가 아니다. 수읽기를 어느 정도 할 수 있는 사람이라면 충분히 문제의 해답을 구할 수 있을 것이다. 그렇다고 아무렇게나 두어서는 안된다. 수순이 정확하지 못하면 올바른 해답이 나올 리 없기 때문이다.

백은 일단 급소를 골라서 흑에 대해 일침을 놓아야 한다.

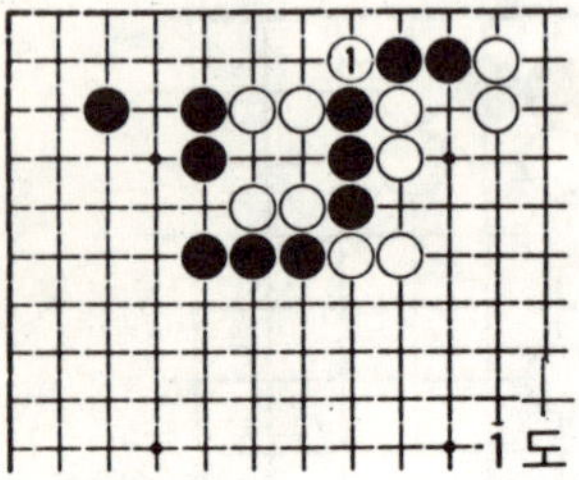

1 도

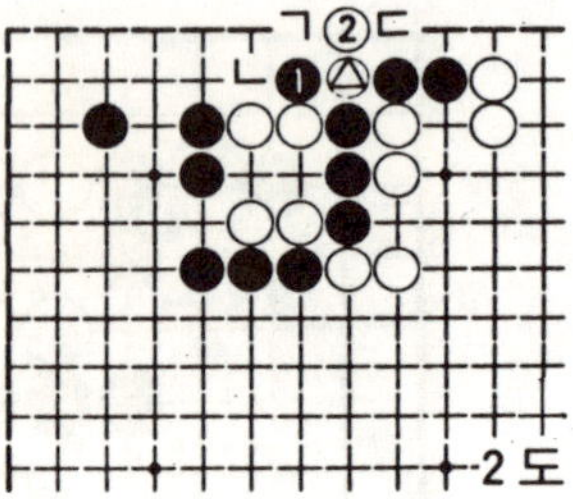

2 도

1 도 (정석)　백 1 이 정석이다.

이 정석만 찾아내면 다음의 진행은 쉽게 풀어진다.

여기서도 앞문제와 같이 '석탑형'으로 유인해낸다.

2 도 (계속)

백◬에 흑 1 이면, 백 2 로 내려서서 두점으로 키워서 버리는 것이 흑의 수를 줄이는 일반적인 수이다. 이 다음 흑ㄱ, 백ㄴ, 흑ㄷ, 백◬, 흑 2 로 되어 다음과 같이 된다.

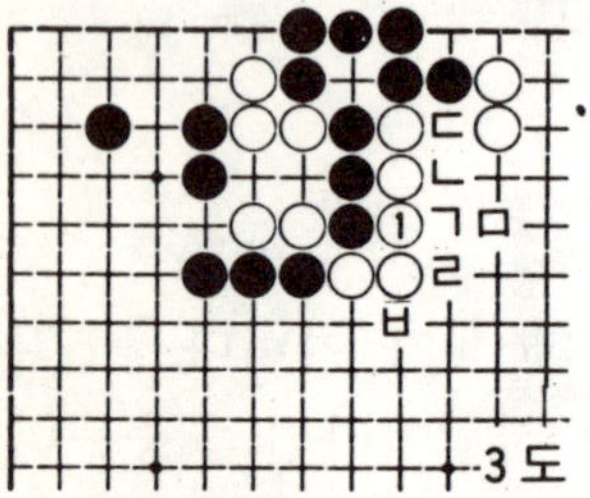

3 도

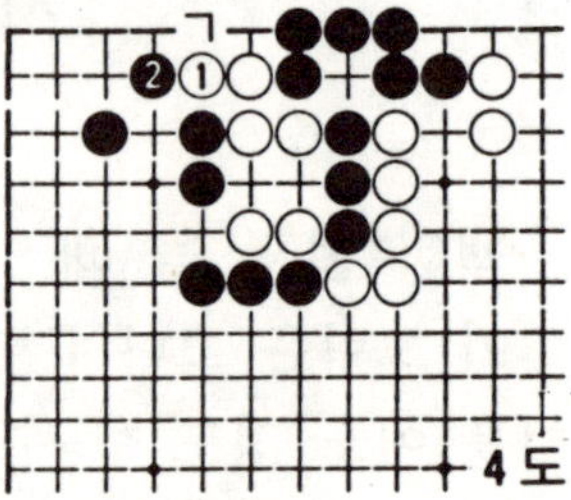

4 도

3 도 (계속)

흑▲일 때 백 1 로 이어서 수싸움은 백의 승리가 된다. 그런데 백 1 을 놓쳐서 흑 1 을 허용하면 백ㄱ, 흑ㄴ, 백ㄷ, 흑ㄹ, 백ㅁ, 흑ㅂ으로 전개되어 진다.

4 도 (경계)

여기서 수를 증가한다고 잘못 생각해서 백 1 과 흑 2 를 교환해 버리면 오히려 자신의 수를 줄이는 결과가 되어 버린다.

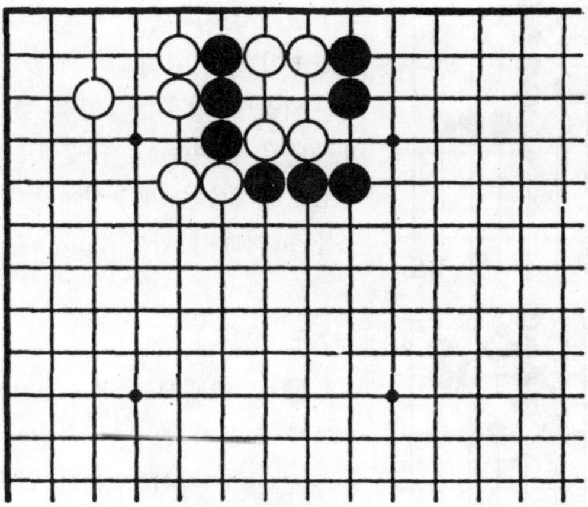

제76문

흑이 먼저 둘 때

흑 3점과 백 4점과의 수싸움이 불가피한 그림이다. 흑에 비하여 백이 한 수 더 수수가 많다. 그러나 흑은 선수(先手)라는 잇점이 있기 때문에 그리 걱정할 것은 못된다.

다만 흑은 급소를 찔러서 수수를 늘려야만 한다. 수순이 잘못되면 역시 흑이 성공할 수가 없다.

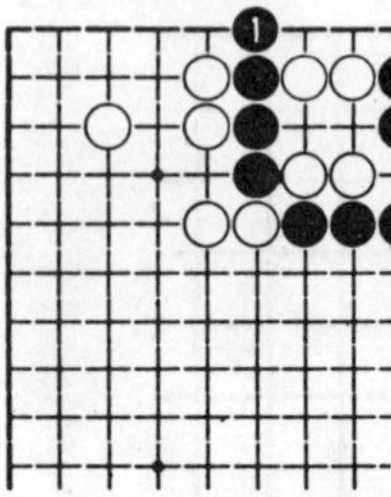

1 도

1 도 (정석)

흑 1이 정석이다.

수 싸움일 경우는 먼저 제 1 선에 마늘모로 붙여두는 수를 고려해야 되고 그 다음은 제 1 선에 내려서는 수를 고려해야 한다.

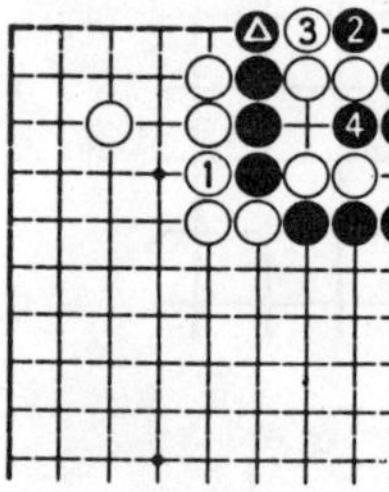

2 도

2 도 (계속)

흑▲에 대해서는 백 1 로 받는다.

그때 흑 2 가 훌륭한 수순이다. 백을 넘어가게 해서는 좋지 않으며, 백 3 에 두어도 흑 4 이면 백은 잇는 수가 성립하지 않는다.

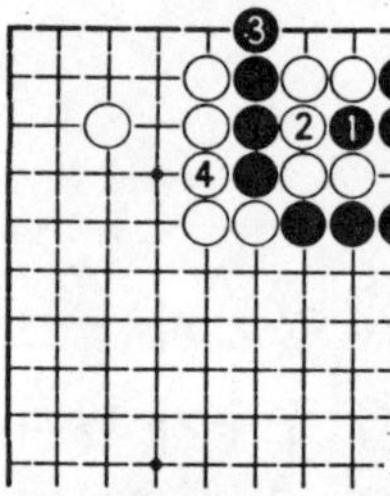

3 도

3 도 (실패)

먼저 흑 1 로 연결하는 것은 스스로 자기 몸을 조이는 격이다. 백 2 를 허용한 후에 흑 3 에 내려서도 백 4 하면 흑의 수가 부족하게 된다. 흑 1 과 백 2 의 교환은 잠시 보류해 두어야 한다.

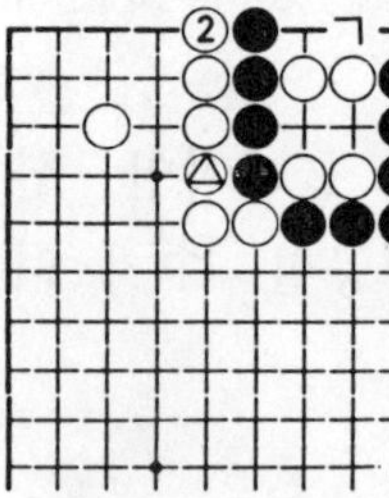

4 도

4 도 (실패)

백△일 때 흑 1 로 잇는 것도 백 2 를 당하면 흑이 한수 부족하게 된다. 흑 1 로는 흑ㄱ으로 넘는 것이 좋은 수순이다.

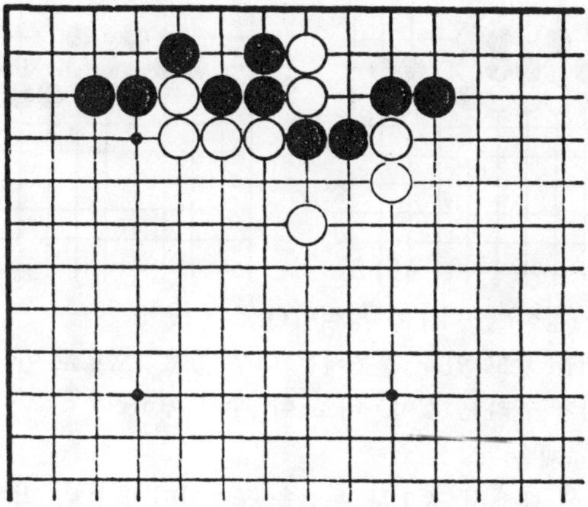

제77문

백이 먼저 둘 때

흑에게 갇힌 백 두 점을 살릴 수 있는 묘수는 없을까?

물론 백 두 점을 살리는 것은 가능하다. 다만 백은 급소를 찾아서 정확한 수순을 전개시켜야 한다.

백이 단순하게 삶을 도모한다면 오히려 삶을 확보할 수가 없다. 백은 흑의 약점을 이용하여 수싸움으로 연결시켜야 한다.

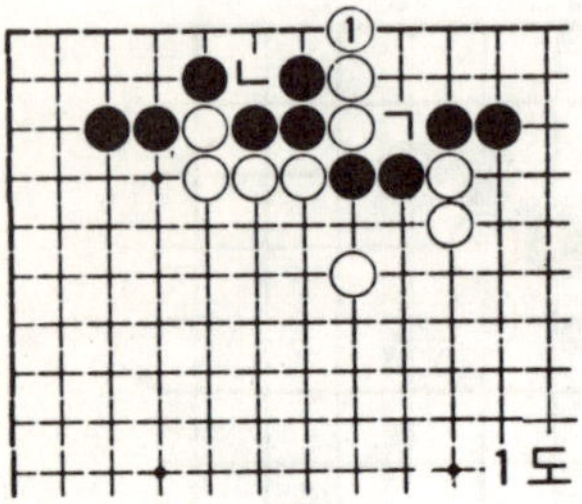

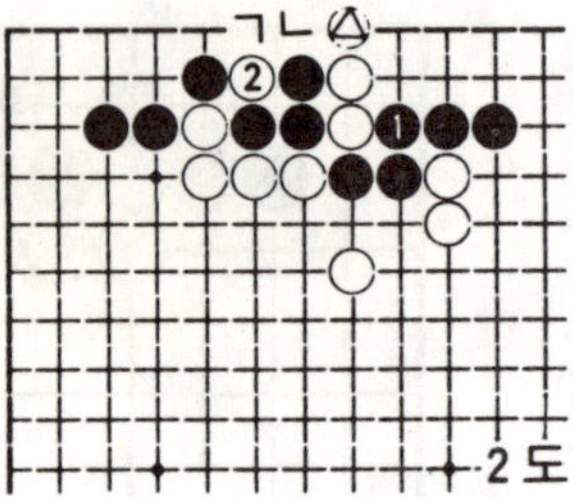

1 도 (정석)　백 1 이 정석이다.

이 맥을 알고 있을 경우에는 너무 쉽고, 모르고 있는 경우라면 깜짝 놀라는 것이 바로 이 수일 것이다.

2 도 (계속)

백△에 대해서 흑 1 로 두점을 구출하면 백 2 로 먹여친다. 흑ㄱ으로 잡아도 백ㄴ의 '연단수(몰아떨구기)'가 있어서 흑은 잇지 못한다.

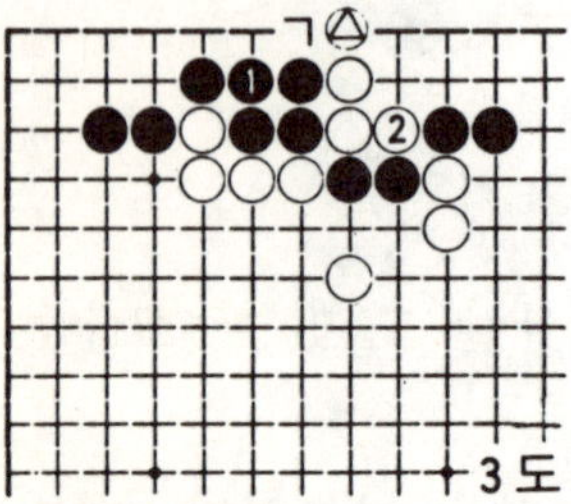

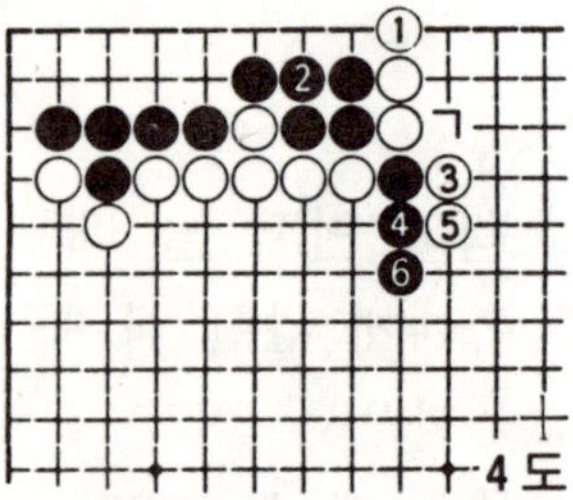

3 도 (변화)

흑 1 로 연결해서 흑 석점을 구출하려고 하면 백 2 로 뻗어 흑 두점을 따내고 살아난다. 백△의 영향력에 의해서 흑 1 로 ㄱ의 곳에 공배를 메우지 못한다.

4 도 (참고)

여기서 백은 1, 3 으로 둘 수가 있는데, 백 1 은 흑ㄱ의 끊음수를 선수로 막은 것이다.

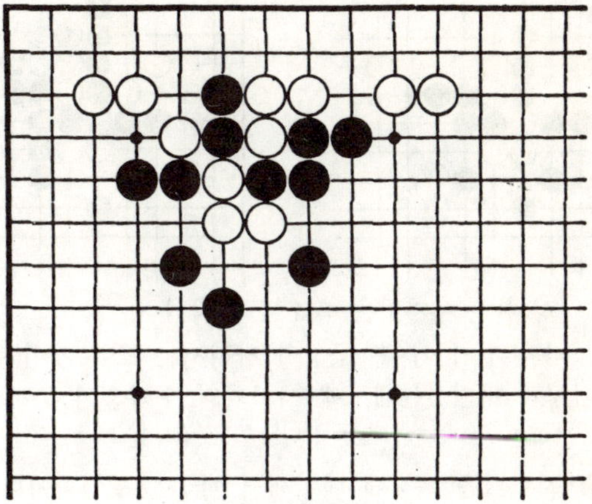

제78문

흑이 먼저 둘 때

이 문제는 그다지 어렵지 않으므로 누구나 쉽게 해답을 구할 수 있으리라 믿는다.

흑선으로 백 3점을 잡고 흑 두 점이 삶을 확보할 수 있느냐 하는 점이 이 문제의 주요 안건이다.

따라서 흑이 첫수를 어디에다가 두어야 할 것인지는 금방 알 수 있을 것이다.

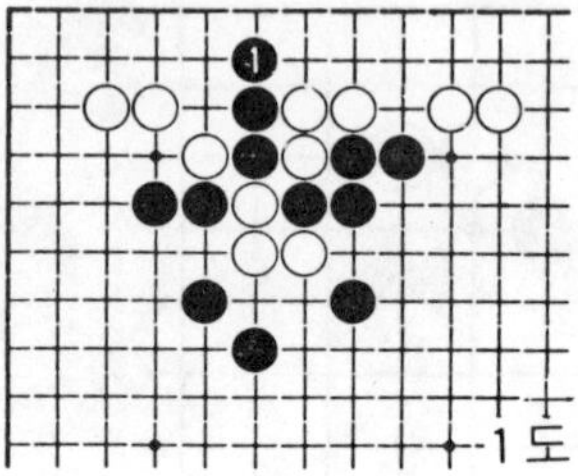

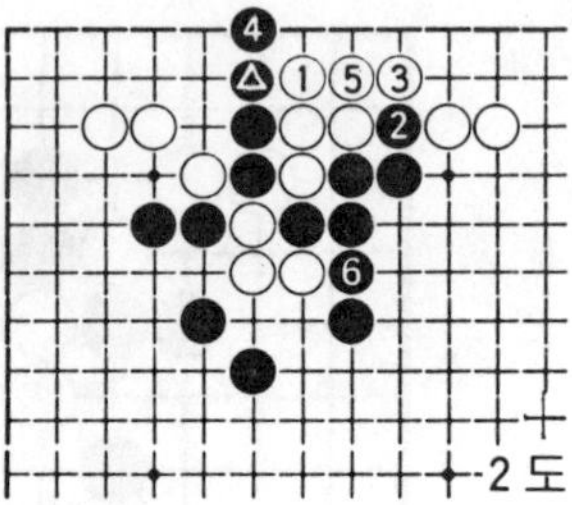

1 도 (정석)　여기서는 흑 1 이 정석이다.

보는 바와 같이 이 흑 두점이 잡혀서는 모든 것이 끝장이므로 이렇게 내려섰는데, 백 석점과의 수싸움이 문제다.

2 도 (계속)

흑◬에는 다음 흑 2 에 대비해서 백 1 은 필연적이다. 그러면 흑 2, 4 가 올바른 수순이며 백 5 도 필연적이다. 다음 흑 6 으로 이어 흑은 넉수, 백은 석수의 수싸움이 된다.

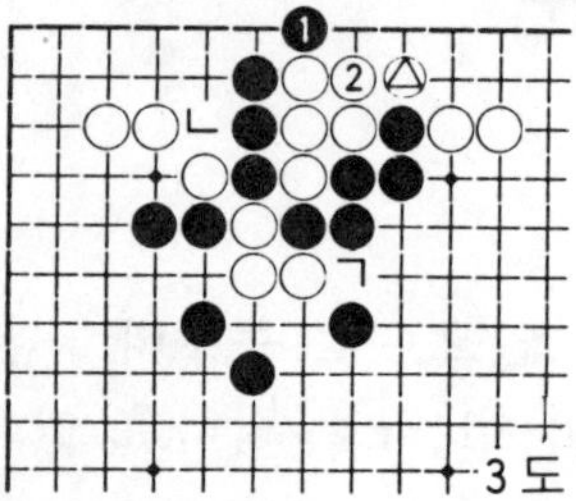

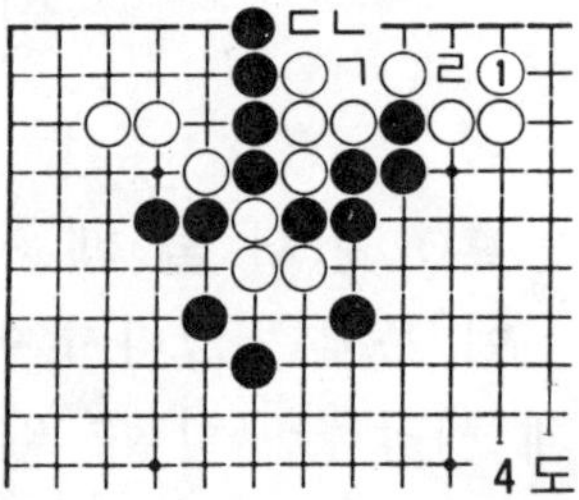

3 도 (실패)

백◬(2 도의 백 3)에 흑 1 로 단수하면 백 2 로 잇고 다음에 흑ㄱ, 백ㄴ으로 진행되어서 수싸움은 흑의 패배다.

4 도 (효력)

흑◬는 다음에 흑ㄱ으로 먹여쳐, 백ㄴ, 흑ㄷ, 백ㄱ, 흑ㄹ의 끊음수를 노린 것이므로 백도 이를 수비하여 ㄱ에 이었지만 백ㄱ으로 두지 않고 백ㄹ 또는 백 1 로 두어도 무방하다.

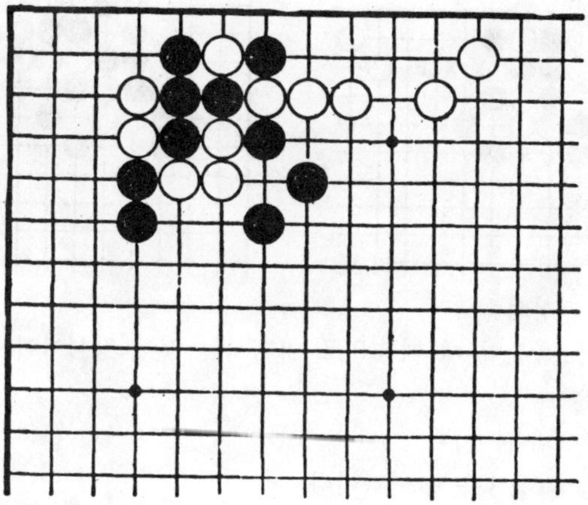

제79문

백이 먼저 둘 때

백 3점이 흑의 세력권에 억류되어 있다. 그리고 흑은 백에 의해 윗변쪽에서 쫓김을 당하고 있다. 이러한 상황에서 백선으로 과연 백 3점을 구출해낼 수 있을까?

결코 쉬운 문제는 아니다. 백은 윗변의 흑에 대하여 급소 공격을 퍼부어서 국면을 수싸움판으로 몰고가야 한다.

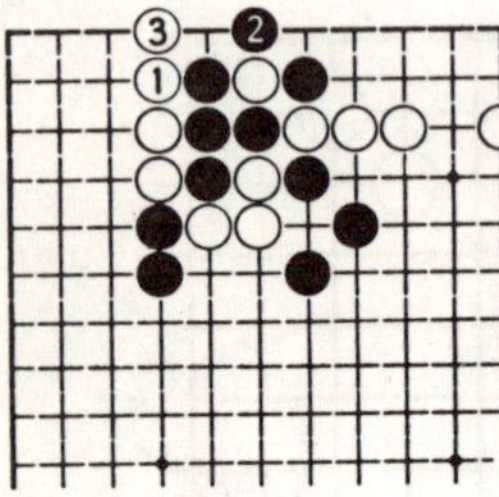

1도

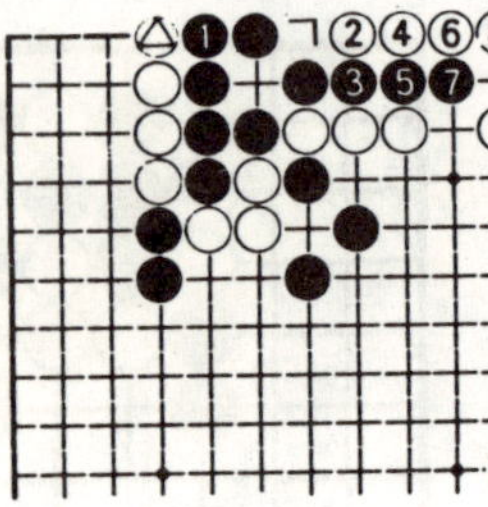

2도

1도 (정석)

백1, 흑2일 때 백3으로 내려서는 것이 정석이여서 백이 이긴다.

2도 (계속)

백◬에 흑1은 필연적이다.

그때 백2가 급소의 일격이다. 흑3부터 백8까지는 외곬 수인데 흑은 ㄱ으로 수비하면 수가 부족해서 실패다.

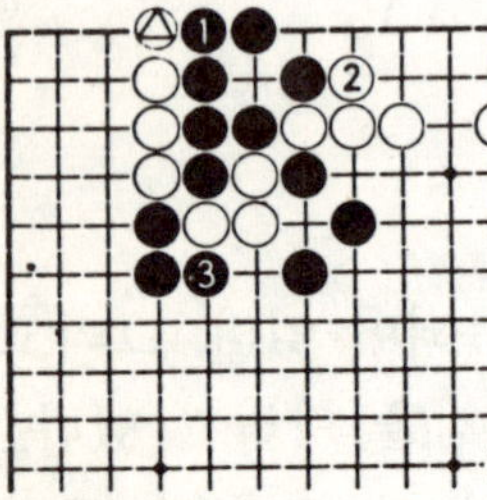

3도

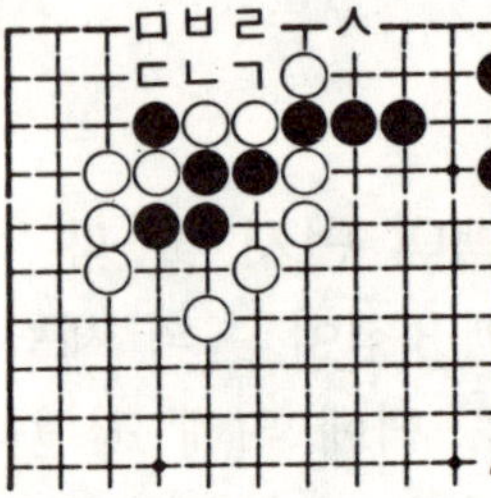

4도

3도 (실패)

백◬의 묘수를 찾아내고도 흑1에 백2로 막으면 흑3을 당해 수싸움은 백이 한수 부족하게 된다.

4도 (현현기경)

현현기경에 수록되어 있는 문제인데 흑선으로 흑의 승리다. 수순은 흑ㄱ부터 백ㅂ, 흑ㅅ까지이다.

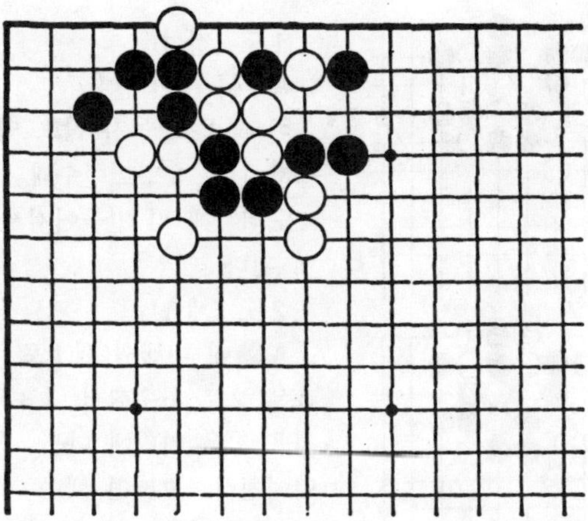

제80문

흑이 먼저 둘 때

흑선으로 중앙의 흑 3점을 구출해낼 수 있을까?

여기에서도 한 판 수싸움이 불가피하다. 흑은 역시 급소를 찔러서 위기극복을 하도록 해야 한다.

수읽기를 하면 쉽게 수순을 찾아낼 수 있을 것이다.

첫 착수가 중요하므로 신중을 기해야 한다.

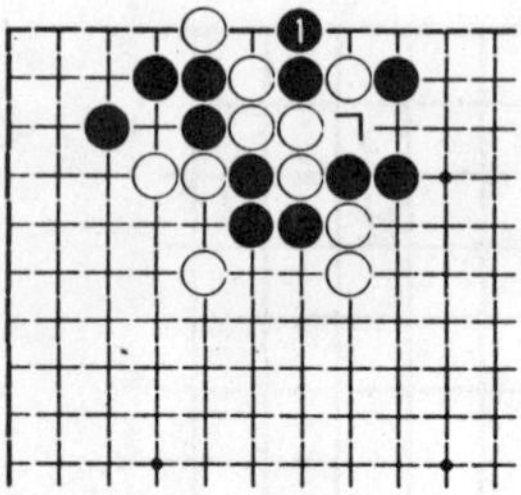

1
도

1도 (정석)

흑**1**이 정석이다.

이 흑**1**로 두지 않고 먼저 성급하게 흑ㄱ으로 단수해 버리면 **4도**의 '패'가 만들어져서 패하게 된다.

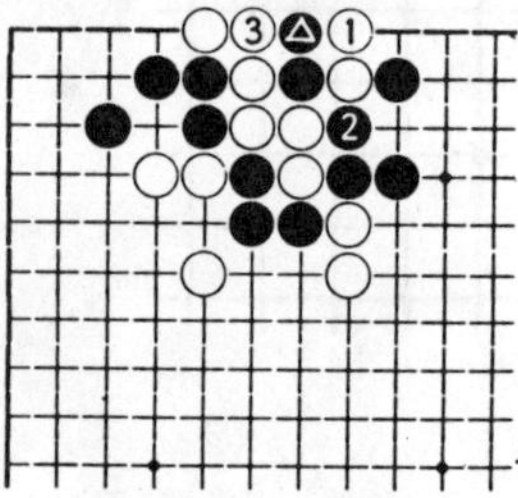

2
도

2도 (계속)

흑▲에 대해서 백**1**로 받으면 흑은 **2**로 단수해서 백**3**으로 두 점을 잡은 자리에 다시 흑▲로 먹여친다. 그러면 백은 두수 밖에 되지 않으므로 수싸움에서 패하게 된다.

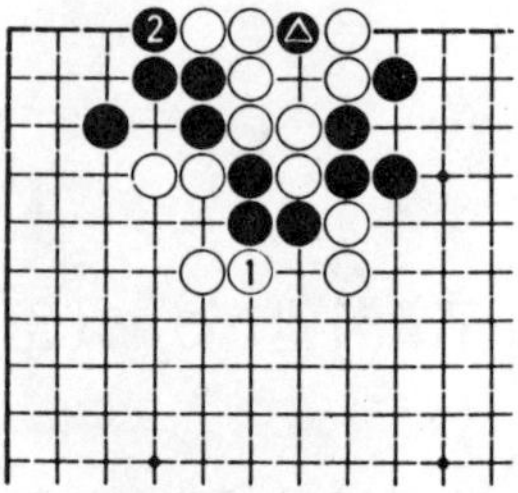

3
도

3도 (계속)

이 모양은 **2도**에서 백이 두점을 따내고 그 따낸 자리를 흑▲로 먹여친 장면이다.

백**1**, 흑**2**로 이어서 백의 수가 부족하게 된다.

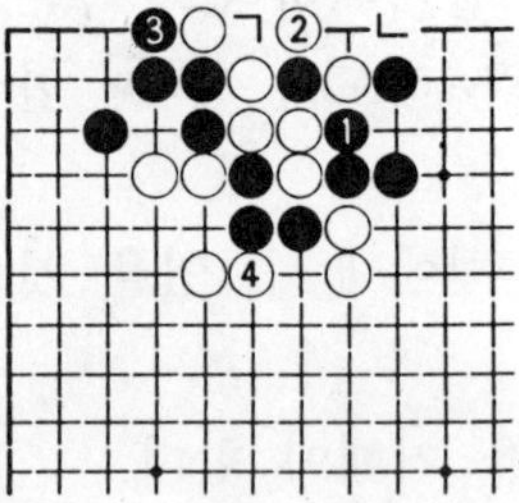

4
도

4도 (실패)

성급하게 흑**1**로 단수하면 백**2**에 흑**3**인데, 백이 ㄱ으로 이으면 흑ㄴ으로 좋으며, 이곳은 손을 빼고 백**4**로 뻗어 '패'가 만들어진다. 가볍게 이길 수 있는 것을 가지고 패로 만들어서는 실패다.

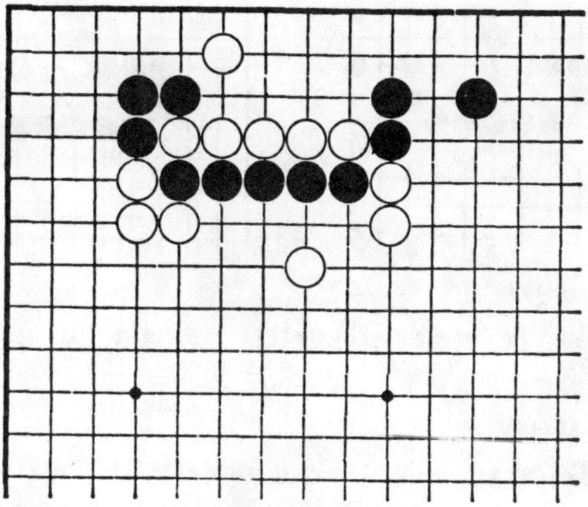

제81문

흑이 먼저 둘 때

흑과 백 모두 수수가 같다. 따라서 수수상으로는 흑과 백이 모두 동등하다고 할 수 있다. 그러나 국면의 상황으로는 백이 많이 유리하다는 것을 한눈에 알 수 있을 것이다. 왜냐하면 흑은 뻗어나갈 길이 없는 갇힘인데 비하여 백은 윗쪽 변으로 뻗어나갈 수 있는 여지가 있다.

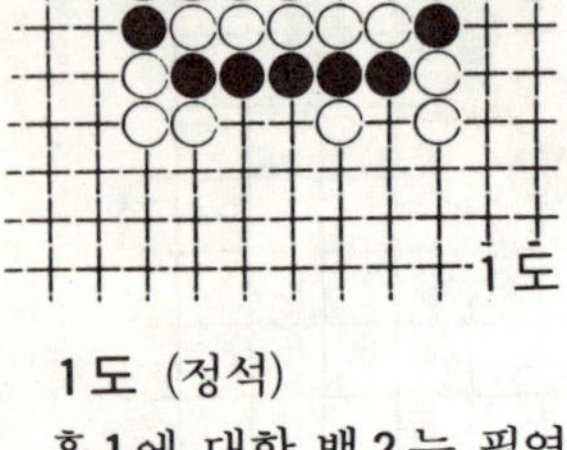
1 도

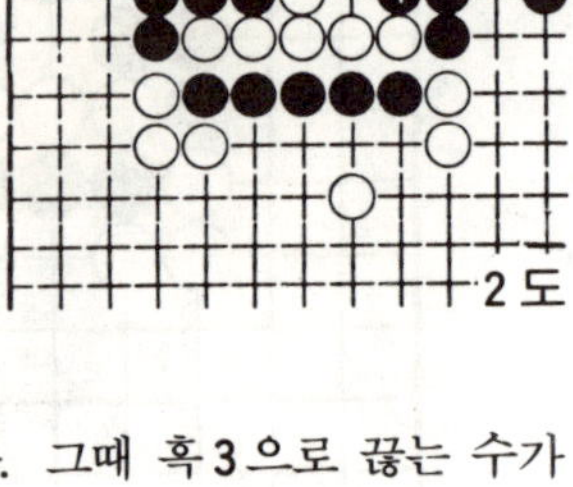
2 도

1 도 (정석)

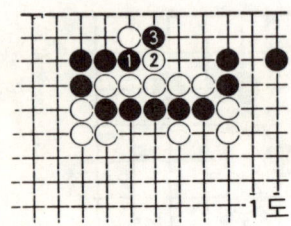

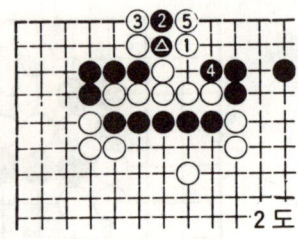

흑 1에 대한 백 2는 필연적이다. 그때 흑 3으로 끊는 수가 정석이다.

2 도 (계속)

흑▲에 백 1로 받으면 흑 2로 내려서는 것이 정석의 제 2 단계이다. 이것이 바로 '두점으로 키워서 버리는'.수싸움의 일반적인 수법이다. 백 3, 흑 4, 백 5일 때 흑▲로 먹여친다.

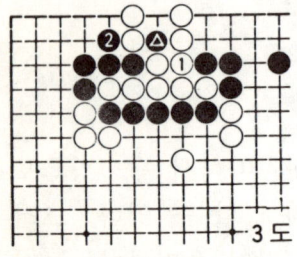

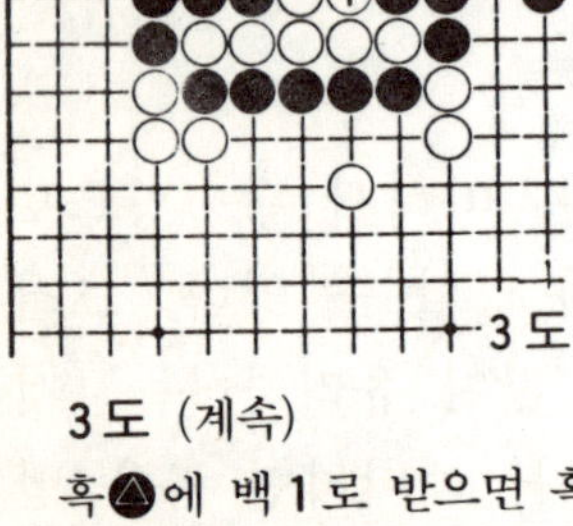
3 도

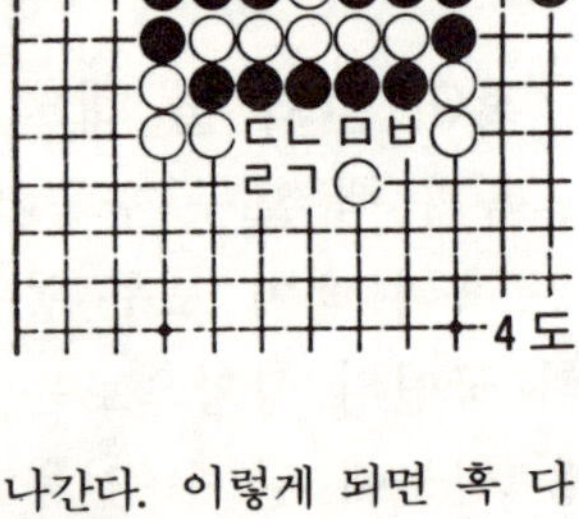

4 도

3 도 (계속)

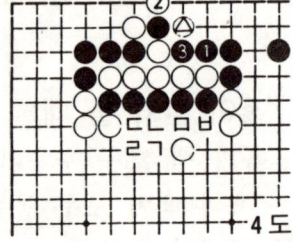

흑▲에 백 1로 받으면 흑 2로 나간다. 이렇게 되면 흑 다섯점은 넉수로 한수가 줄어 들긴 하지만 백이 한수 부족하다.

4 도 (실패)

백△에 대해 당황한 나머지 흑 1로 뻗으면 백 2의 빵때림, 흑 3, 백은 따낸 자리를 이어 흑은 넉수, 백은 다섯수가 되어 버린다.

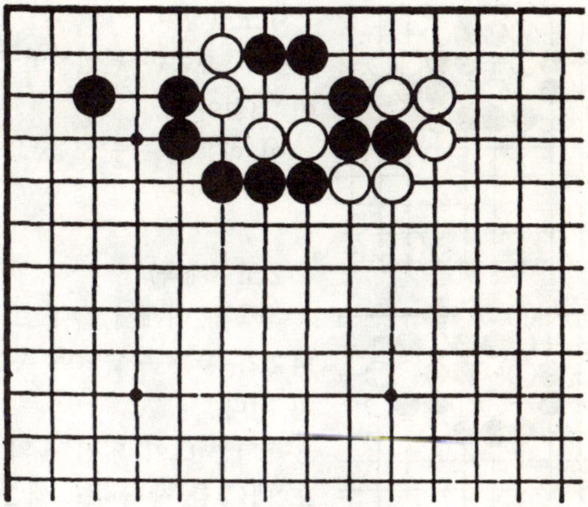

제82문

백이 먼저 둘 때

이 문제는 상당히 수준급의 문제이다.

백이 흑의 급소를 찌르지 않는다면 쉽게 삶을 도모할 수가 없을 것이다.

이 문제가 실전의 대국에서 나타나면, 초보의 단계에 있는 사람들 중에서는 백의 수수를 늘리려는 데에만 급급한 나머지 실패의 쓴 잔을 맛보곤 하는 것을 종종 본다.

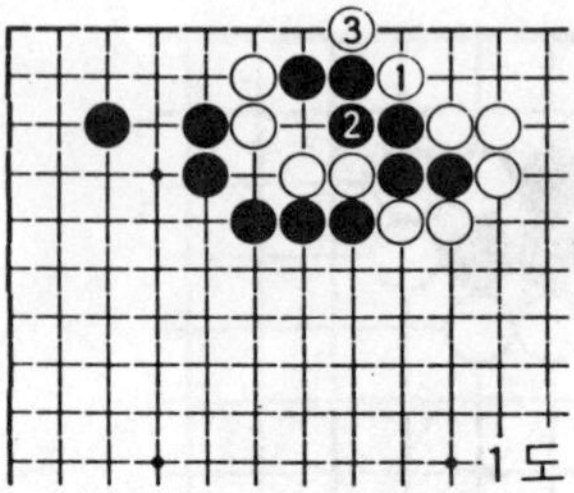

1 도

1 도 (정석)

백 1, 흑 2 는 필연적인수로 백 3 이 정석이다.

이 다음의 수순도 중요하다.

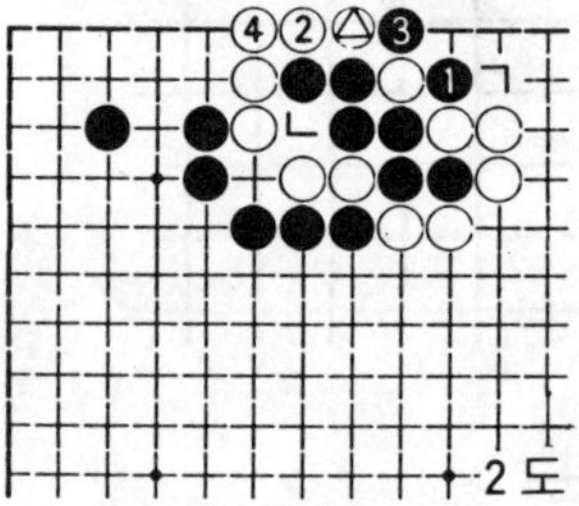

2 도

2 도 (계속)

백△에 대해서 흑 1 로 받으면 백 2 가 좋은 수순이며 흑 3, 백 4 가 된다.

흑ㄱ, 백ㄴ이 되어 흑의 패배다. 또 백△를 생략하고 백 2 에 두어도 결과는 마찬가지이다.

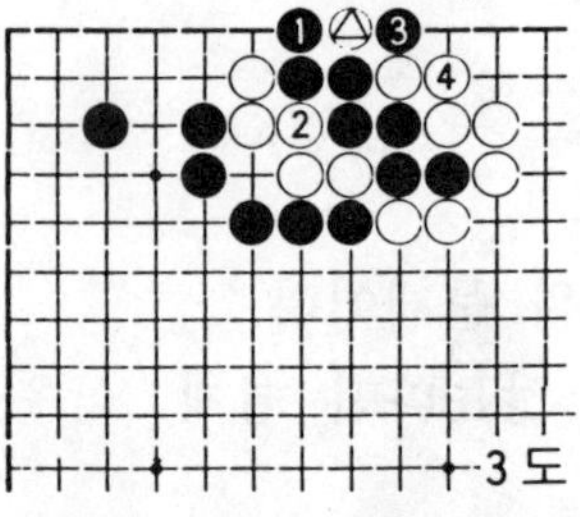

3 도

3 도 (변화)

백△일때 흑 1 이면 백 2, 흑 3 백 4 가 되어 흑의 패배다.

백은 4 로 끊는 것을 생략하고 백△로 젖혀두는 것이 이 문제의 초점이다.

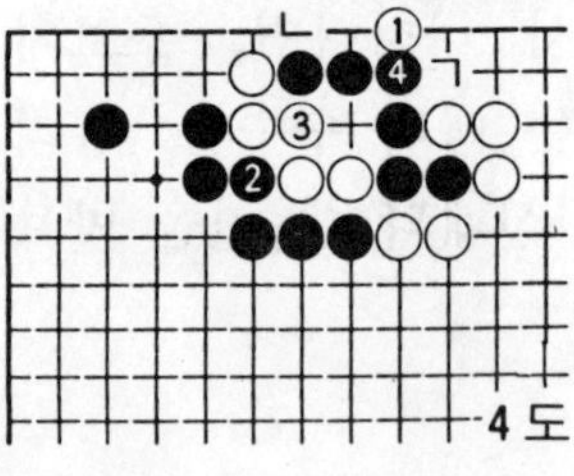

4 도

4 도 (실패)

처음에 백 1 에두면 흑 2, 백 3 일때 흑 4 로두어 ㄱ과ㄴ을 맞보게 되므로 백의 패배가 된다.

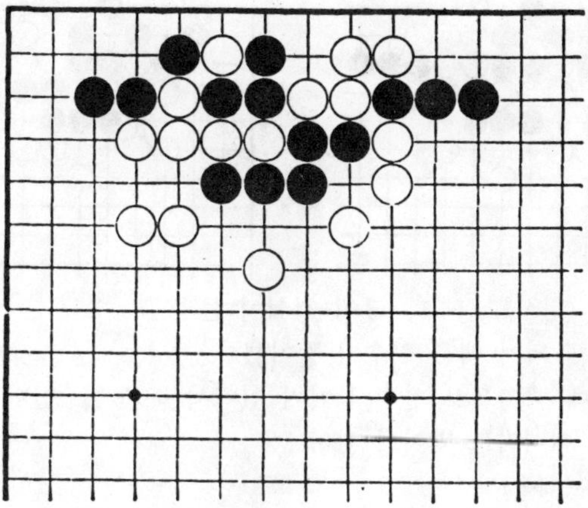

제83문

백이 먼저 둘 때

웃변에 갇혀있는 백 4점과 중앙에 갇혀있는 흑 5점과의 수싸움이다.

현재로서는 흑이 수수가 한점 더 많다. 그러나 백은 먼저 두는 잇점이 있으므로 과감하게 착수를 진행하여 흑을 공략하도록 하여야 할 것이다. 백이 유의하여야 할 것은 수순이다. 흑을 먼저 공격하느냐, 아니면 자기의 수수를 먼저 늘리느냐 하는 점이다.

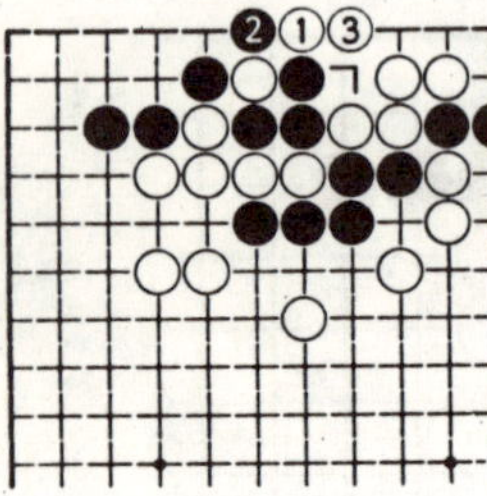

1 도

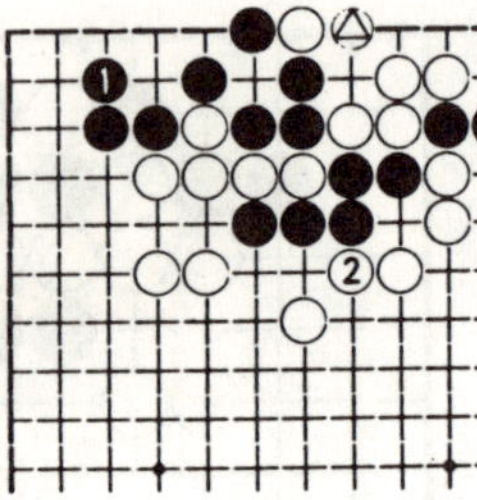

2 도

1 도 (정석)　백 1, 3 이 정석이다.

이렇게 되어 백은 한수가 증가했다.

다음에 백ㄱ으로 단수 몰이가 있어서 흑은 이'연단수'를 어떻게 해서라도 막아야 한다.

2 도 (계속)

백Ⓐ에 대해 흑 1 로 수비할 수 밖에 없다. 그러면 백 2 로 공배를 메워 흑이 한 수 이기게 된다.

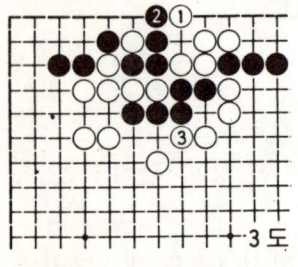

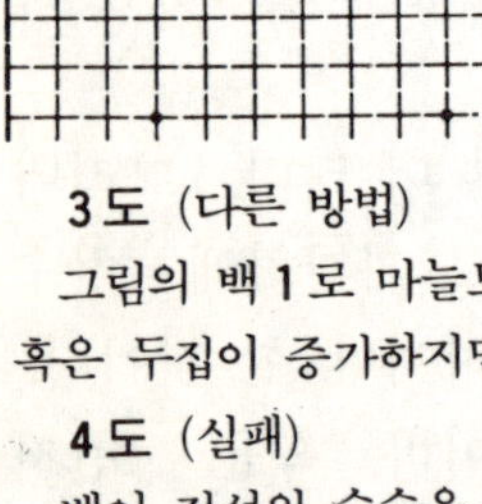

3 도

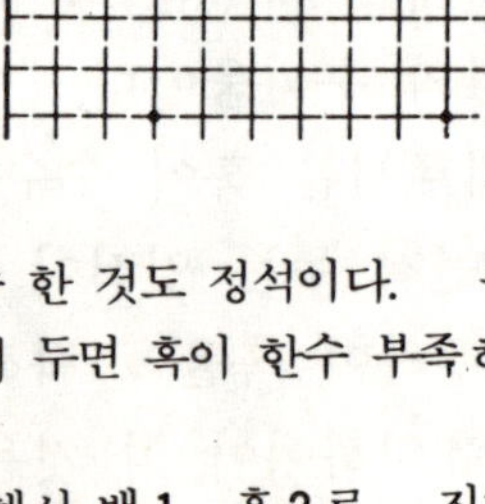

4 도

3 도 (다른 방법)

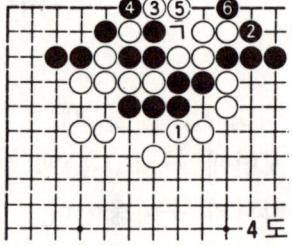

그림의 백 1 로 마늘모 붙임수 한 것도 정석이다.　흑 2 로 흑은 두집이 증가하지만 백 3 에 두면 흑이 한수 부족하다.

4 도 (실패)

백이 정석의 수순을 소홀히 해서 백 1, 흑 2 로　진행하고 나서 백 3, 5 에 두면 흑 6 을 당해서 백ㄱ으로 잇지 못하므로 수싸움은 백의 패배가 된다.

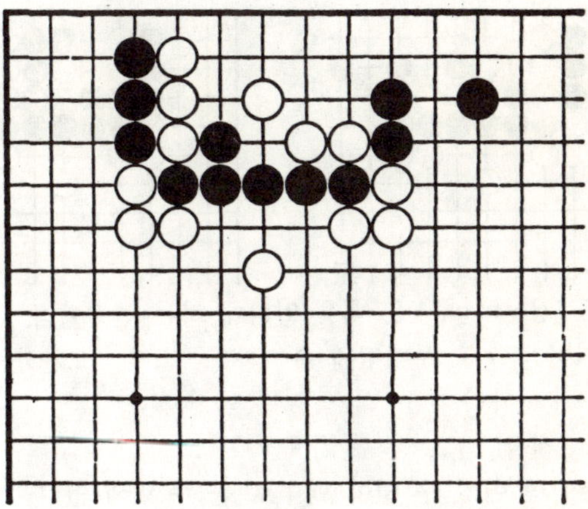

제84문

흑이 먼저 둘 때

언뜻 보면 흑이 살아날 가망은 조금도 없는 것처럼 보인다.

그러나 의외로 백에게는 약점이 있기 때문에 만약 흑이 약점을 잘 이용한다면 쉽게 삶의 길을 찾을 수도 있을 것이라는 결론에 도달할 수가 있다.

올바른 수순을 찾아 보자.

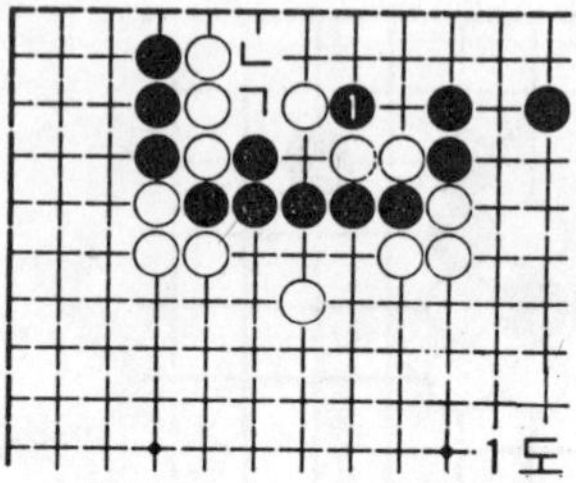
1 도

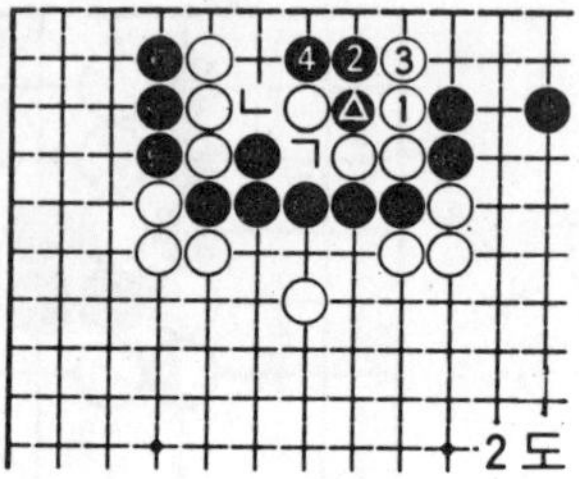
2 도

1 도 (정석)　흑 1은 백을 약하게 하는 한수이다.

여기서 흑 1로 두기전에 흑ㄱ과　백ㄴ을　교환하는　것이 올바른 수순이다.

2 도 (계속)

흑▲이면 어쩔 수 없이 백 1로 둘 수 밖에 없다. 흑 2, 백 3, 흑 4이면 백은 수가 부족하다. 백 3에 두지 않고 백 4에 두어도 흑 3이 있어 백ㄱ, 흑ㄴ을 교환하여 흑이 한 수 승리.

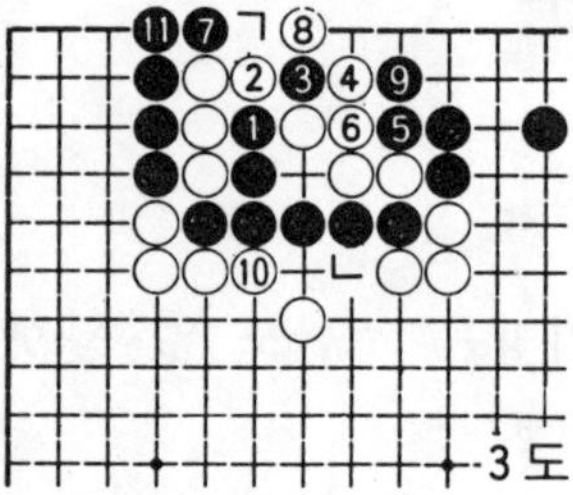
3 도

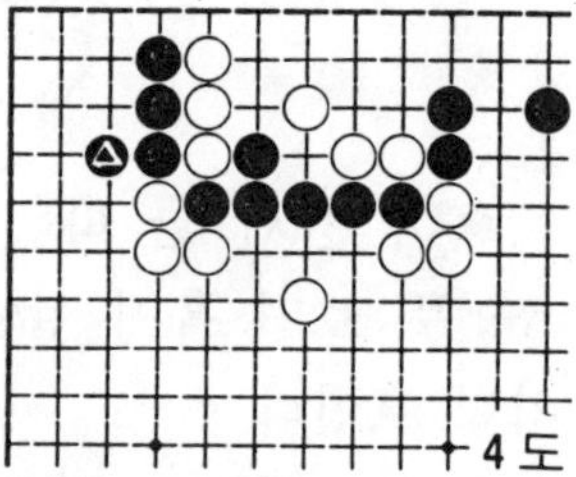
4 도

3 도 (실패)

흑 1, 백 2, 흑 3에 두어도 흑이 이길 것 같이 보이지만, 흑 11까지 전개되었을 때 백은 ㄱ으로 응수하지 않고 ㄴ의 곳에 공배를 메워 백이 한 수 이기게 된다.

4 도 (참고)

여기서는 왼쪽에 흑▲를 두는 것이 보다 좋을 것 같다. 그 이유는 백△의 젖힘수를 당하면 흑의 후속수가 좋지 않다.

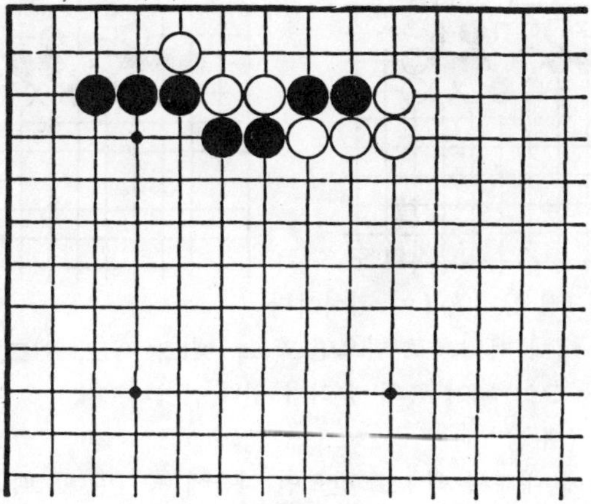

제85문

흑이 먼저 둘 때

현재의 상황으로는 흑이 약간 불리한 입장이지만, 선수라는 잇점을 이용한다면 틀림없이 삶을 도모할 수가 있을 것이다.

여기에서는 첫착수가 매우 중요한데, 흑이 공격하는 방향에 따라서 그 결과도가 달라지기 때문이다.

자, 그렇다면 수읽기의 힘을 이용하여 올바른 수순을 찾아 보자.

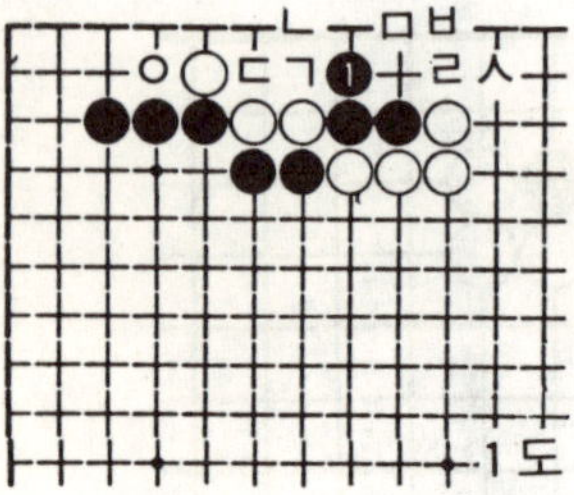

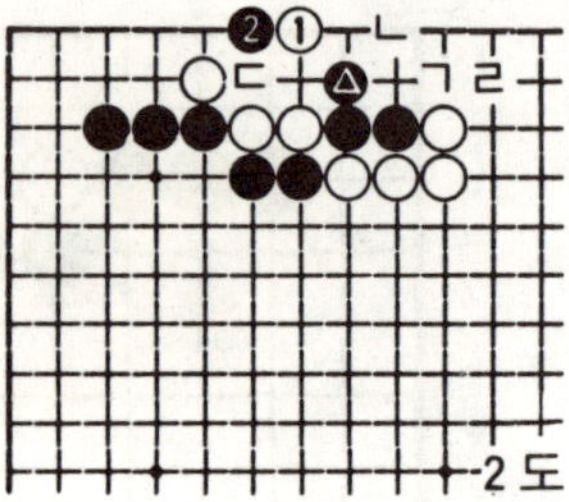

1 도 (정석) 흑 1 이 정석이다.

이에 대해 백ㄱ으로 받으면 흑ㄴ, 백ㄷ, 흑ㄹ, 백ㅁ, 흑ㅂ, 백ㅅ, 흑ㅇ이 되어 흑의 승리가 된다.

2 도 (계속)

흑▲에 대해서 백 1 로 받으면 다음에 흑ㄱ일 때 백ㄴ으로 백의 승리가 된다. 그런데 여기서 흑 2 의 붙임수가 묘수로 상황이 역전된다. 백ㄷ, 흑ㄱ, 백ㄴ, 흑ㄹ로 그만이다.

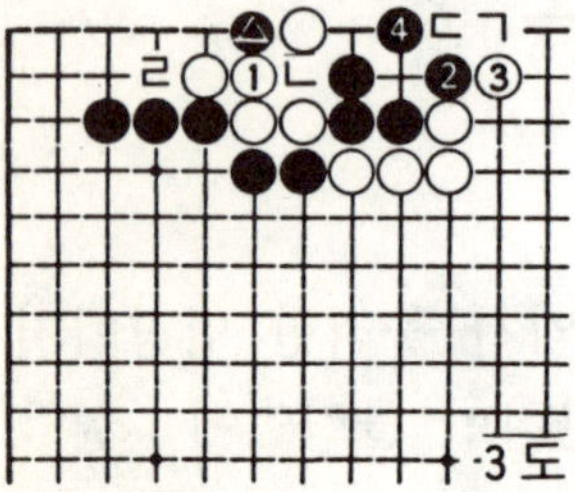

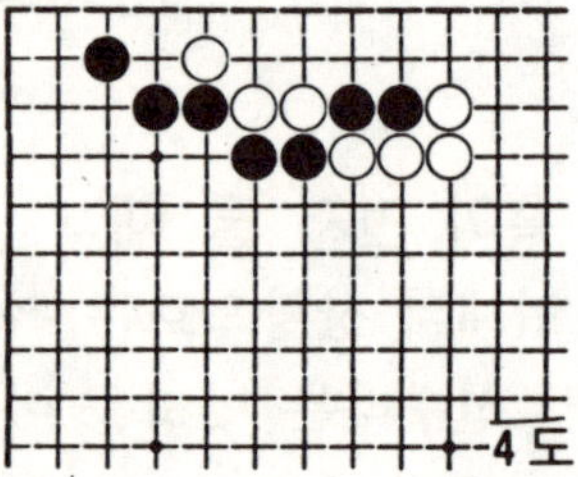

3 도 (변화)

흑▲에 대해 백 1 로 둘 수 밖에 없으며, 그렇게 되면 흑 2 가 된다. 백 3 에 대해서는 흑 4 로 받아 백ㄱ, 흑ㄴ, 백ㄷ, 흑ㄹ이다. 또 흑 4 로 ㄴ에 두어도 흑의 승리가 된다. 흑 4 일 때 백ㄴ이면 흑ㄹ이 된다.

4 도 (현현기경)

현현기경에 수록되어 있는 문제다. 잘 살펴보기 바란다.

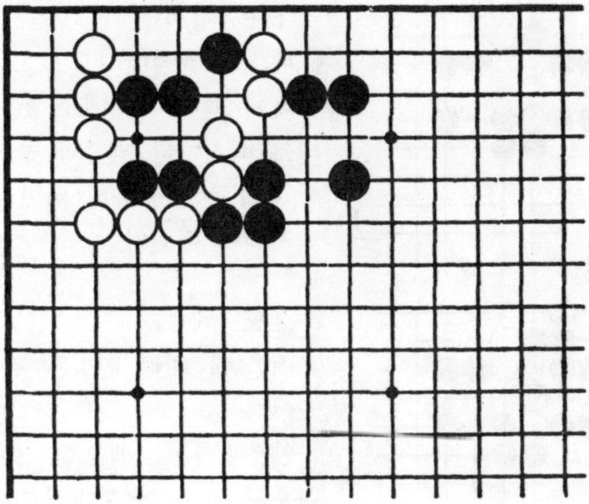

제86문

백이 먼저 둘 때

백이 상당히 불리한 상황에 있는 것처럼 보인다. 사실 그렇다.

여기에서 백선으로 흑 다섯 점과 수싸움을 벌려서 이길 수 있는 방법은 없는가? 물론 있다. 그러나 평범한 수로는 안된다. 묘수가 나와야 한다.

우선 백은 흑에 의해 끊어지지 않도록 잇는 것이 급선무이다.

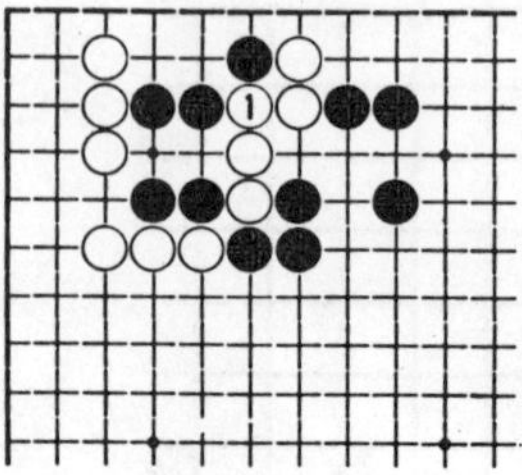

1도

1도 (정석)

백 1이 정석이다.

흑과 백이 욕심내고 있는 곳이 바로 백 1이다. 백 1에 두지 않아서 흑 1을 허용하게 되면 형세는 역전되어 버린다.

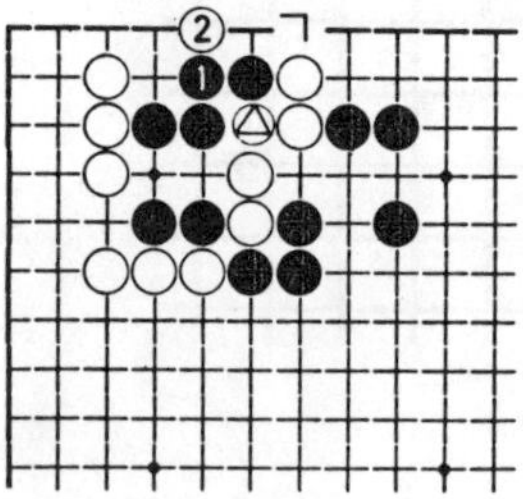

2도

2도 (계속)

백◬에 대해 흑 1은 필연적인 수이다.

원본에서는 백 2를 정석으로 다루고 있다. 백 2 대신 ㄱ에 두어도 백의 승리가 된다. 단, 백ㄱ 다음에 2의 곳에 착수해야만 한다.

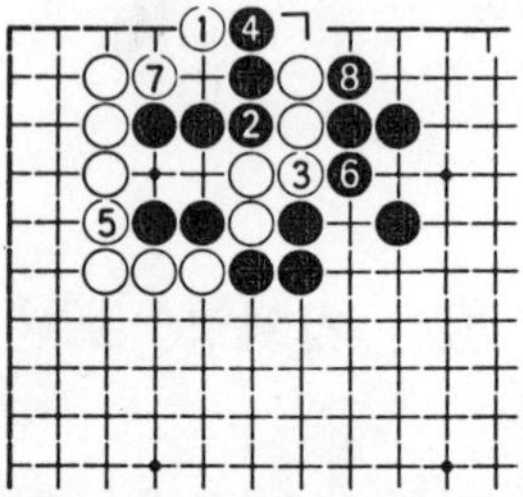

3도

3도 (실패)

평범하게 백 1로 두어서는 실패다.

흑 2의 중요한 곳을 선착당하면 백 3에 두어도 흑의 수수(手數)가 한 수 증가하게 된다. 백 1 대신 백ㄱ에 두어도 결과는 마찬가지가 된다.

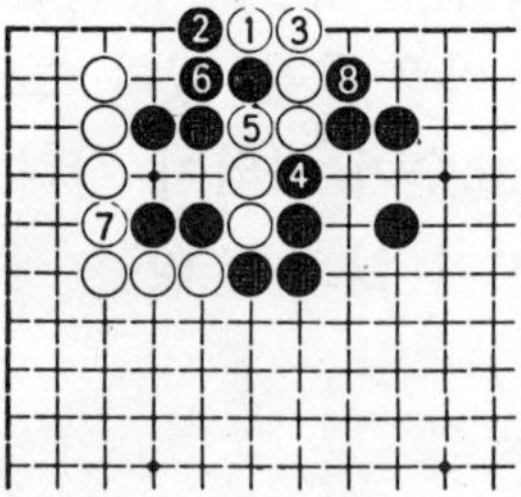

4도

4도 (실패)

백 1로 젖혀도 역시 패배다.

흑 2, 4로 두어서 백이 한 수 부족하다.

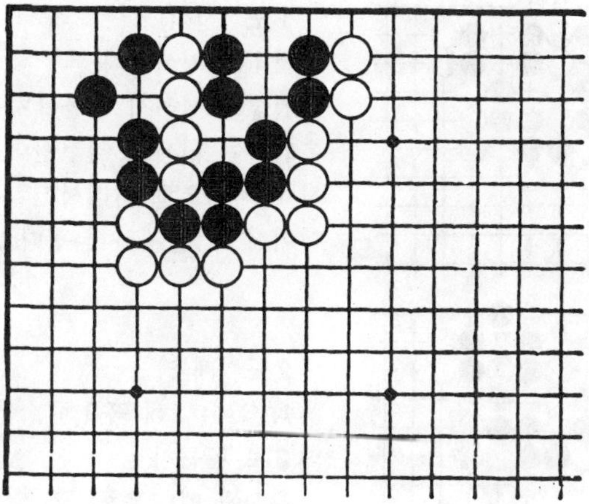

제87문

백이 먼저 둘 때

이 문제는 상당히 어렵다. 주로 고단자들의 실전 대국에서 가금씩 볼 수가 있는 모양이다.

이 그림은 한눈에 보아도 백이 상당히 불리함을 알 수가 있을 것이다.

따라서 백은 흑의 급소를 정교하게 찌르지 않으면 안된다. 여기서 수순이 중요함은 두말할 나위가 없다. 자, 적정한 수를 찾아 보자.

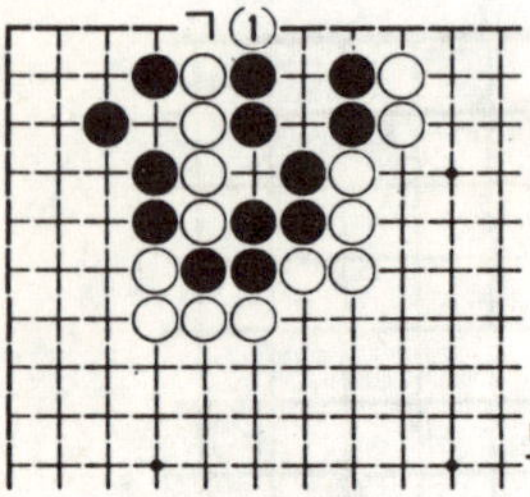

1 도

1 도 (정석)

백 1 이 정석이다.

이렇게 젖혀서 흑을 자충수로 유인하여 형세가 역전된다. 평범하게 백ㄱ으로 내려서면 흑 1 이 있어서 백이 패하게 된다.

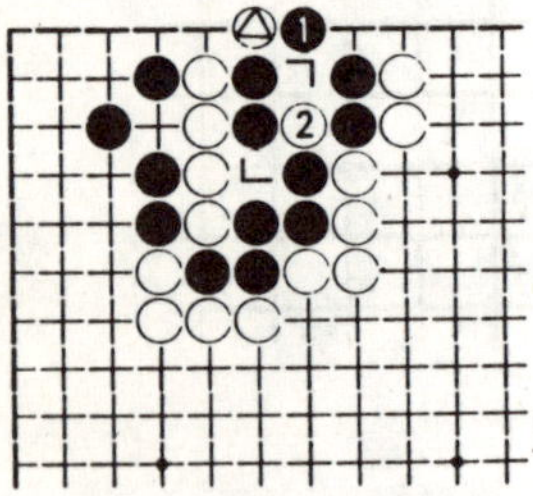

2 도

2 도 (계속)

백◬에 대해 흑 1 로 받으면 백 2 로 끊는다.

흑ㄱ에 백ㄴ으로 흑 다섯점을 따내고 살아 버린다.

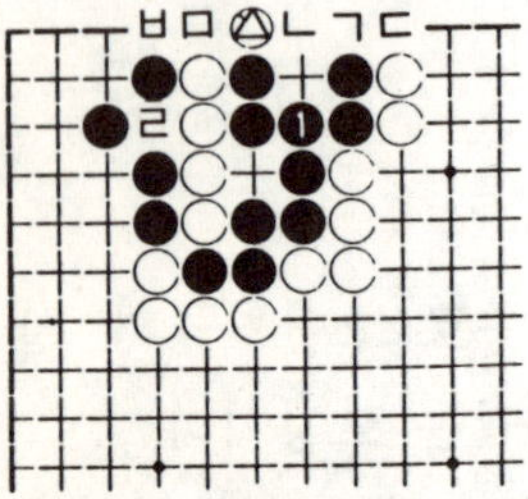

3 도

3 도 (변화)

백◬에 대해서는 흑 1 로 최선을 다해서 저항한다. 백ㄱ이면 흑ㄴ으로 '패'가 만들어진다. 백ㄴ이면 흑ㄱ, 백ㄷ, 흑ㄹ, 백ㅁ, 흑ㅂ까지 진행되어서 '빅'이 되어 산다.

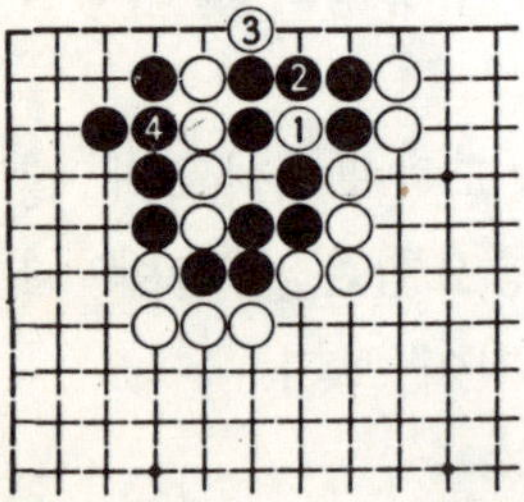

4 도

4 도 (실패)

먼저 백 1 로 끊으면 패하게 된다. 흑 2, 백 3 일 때 흑 4 가 있어서 실패한다.

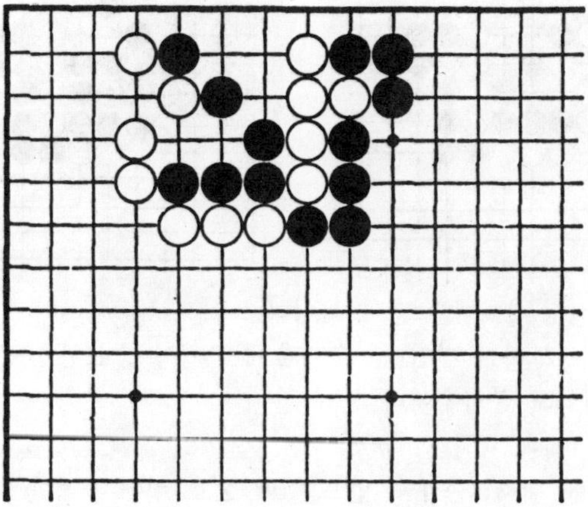

제88문

백이 먼저 둘 때

한눈에 보아도 백이 상당히 불리할 것같다. 그러나 반드시 수는 있다.

따라서 백은 강력하게 흑의 급소를 파고 들지 않으면 안된다. 여기에서 무엇보다도 중요한 것은 수순이다. 특히 제 일착이 가장 중요하다.

제 일착에 의해서 효과적인 공격의 방향이 결정되기 때문이다.

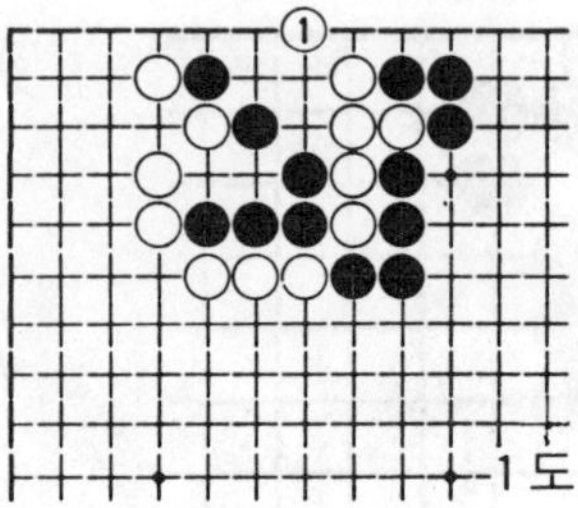

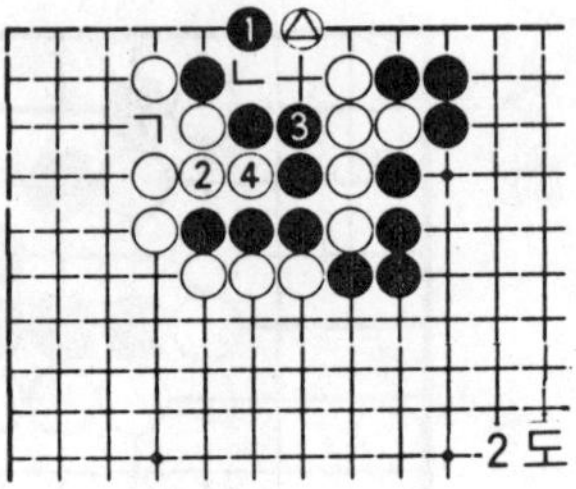

1도 (정석) 백1이 정석이다.

거듭 강조하는 것인데, 수싸움에서 가장 중요한 곳은 제1선의 마늘모 붙임수이다.

2도 (계속)

백△에 대해 흑 1로 받으면 백 2로 뻗어서 흑을 자충으로 유인한다. 흑3에는 백4로 둔다. 그렇다고 해서 흑 1대신 흑2로 단수치면 백ㄱ, 흑3, 백ㄴ이 된다.

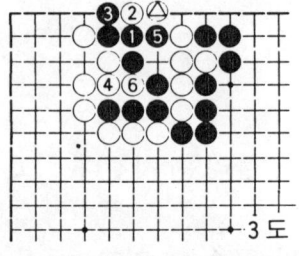

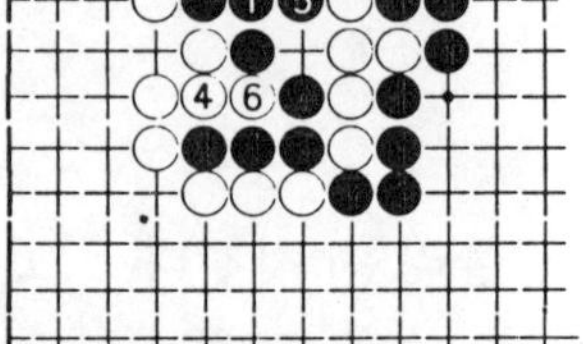

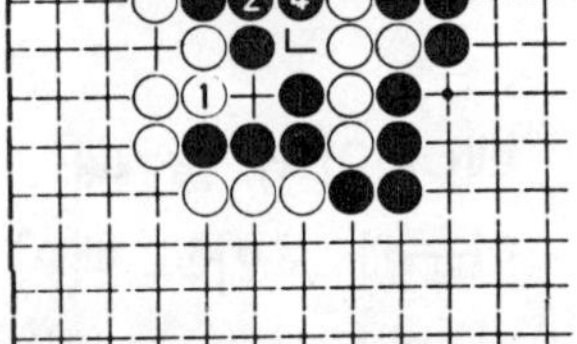

3도 (변화)

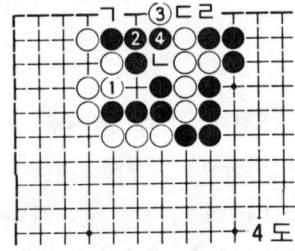

백△에 대해 흑1로 이으면 어떻게 될까? 그러면 백2로 뻗어 흑3과 교환한 다음 백4가 있어 역시 흑의 패배가 된다. 흑5, 백6으로 흑의 일부분은 후수로 탈출하게 된다.

4도 (실패)

백 1, 흑2의 교환을 치룬 다음 백3에 두면 흑4로 백의 패배이다. 이 다음 백ㄱ에 두어도 흑ㄴ, 백ㄷ, 흑ㄹ이 된다.

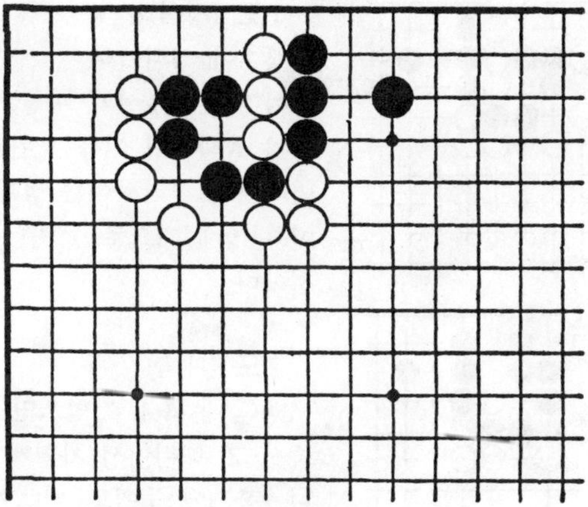

제89문

백이 먼저 둘 때

백 3점과 흑 5점과의 수싸움이다. 백이 약간 불리한 형상이지만, 선수라는 잇점을 이용하여 급소를 찌른다면 충분히 흑을 제압하고 삶을 도모할 수가 있을 것이다.

여기에서도 수순이 중요하며, 특히 첫 착수가 중요하다.

그러면 수읽기를 통하여 올바른 수순을 찾아서 차분한 착수를 진행해 보자.

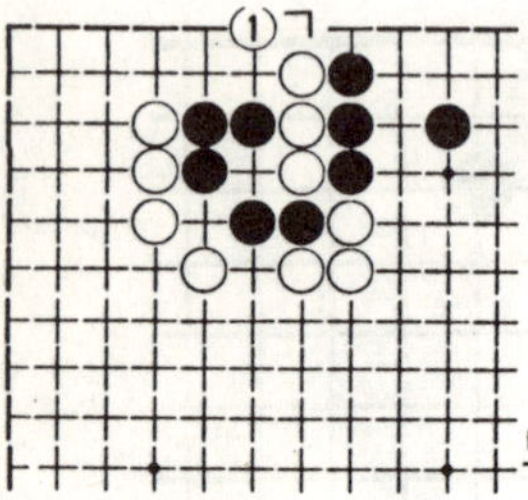

1도

1도 (정석)

백 1이 정석이다.

여기서 제1선의 마늘모 붙임수가 효과적인 이유는 왼쪽으로 넘어가기 편리하다는 점과 또 흑이 당장에 ㄱ으로 둘 수 없다는 점이다.

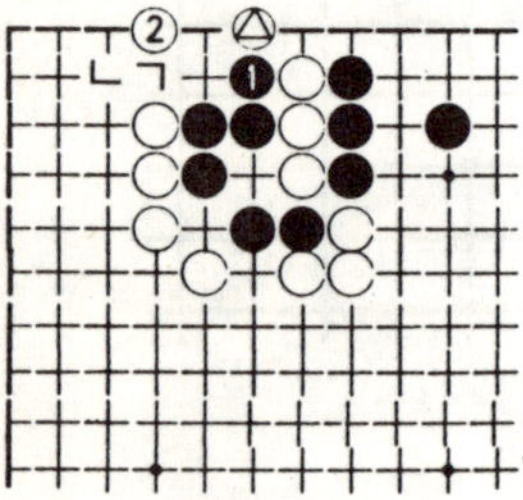

2도

2도 (계속)

백△에 흑 1로 받으면 백은 즉시 2로 뛰어서 가볍게 넘어간다. 흑ㄱ에 두어도 백ㄴ이 있어서 깨끗하게 연결이 된다.

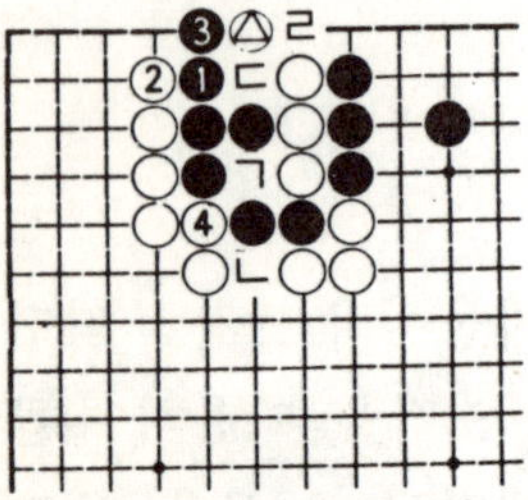

3도

3도 (변화)

백△에 흑 1이면 백 2, 흑 3을 교환한 다음 백 4로 두어서 좋다. 흑ㄱ은 백ㄴ에 의해서 모두 죽는다. 흑ㄷ이면 백ㄴ, 흑ㄹ, 백ㄱ이 되어 흑의 일부분이 후수로 탈출에 성공은 한다.

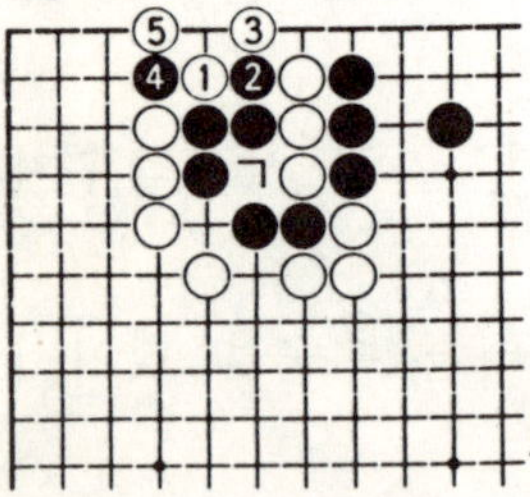

4도

4도 (실패)

서둘러서 백 1, 3으로 넘어 흑 4일 때 백 5의 패로 저항하려는 것은 너무 지나치다. 또 흑 4 대신 흑ㄱ으로 단수치면 백 석점은 구출할 수 없게 된다.

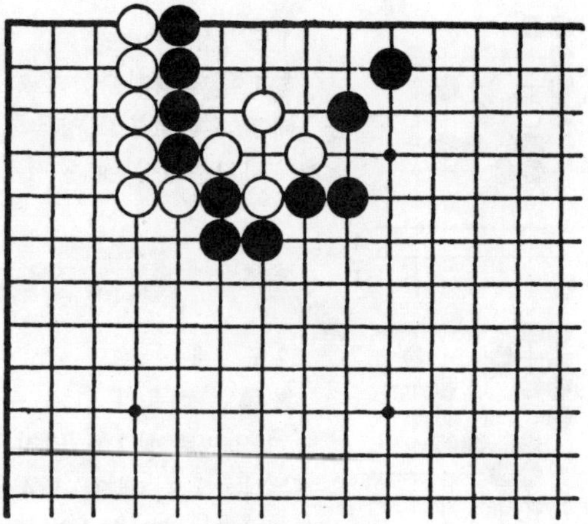

제90문

흑이 먼저 둘 때

언뜻 보면 흑이 꼼짝 못하고 죽을 것만 같다. 그러나 의외의 수가 숨어있다. 흑은 수읽기를 통하여 이 의외의 수를 찾아내어야 한다.

결코 아무렇게나 두어서는 백을 제압하고 삶을 도모할 수가 없다. 반드시 정확한 수순을 밟아야 한다. 여기에서도 특히 첫 착수가 가장 중요하다. 첫 착수는 반드시 묘수여야 한다.

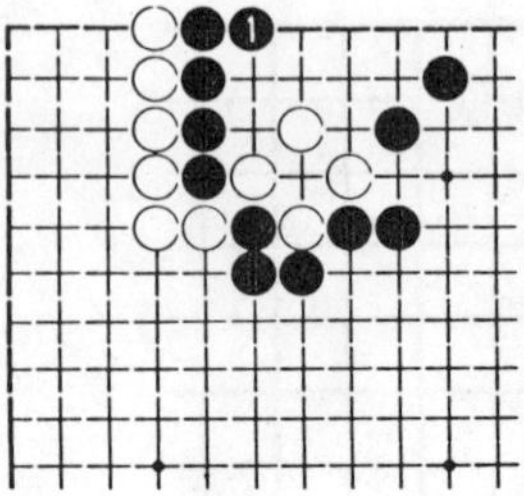

1
도

1도 (정석)

흑 1이 정석이다.

매우 흥미로운 모양으로 유명한 '사활문제집'에는 거의 나와 있다.

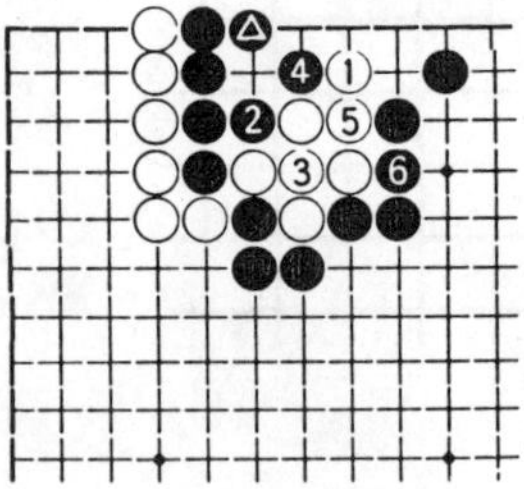

2
도

2도 (계속)

흑△는 다음의 넘는 수를 보고 있으므로 백 1로 넘지 못하게 막는다. 흑 2, 백 3, 흑 4, 백 5, 흑 6까지 백은 '자충'이 되기 때문에 흑을 단수칠 수가 없다.

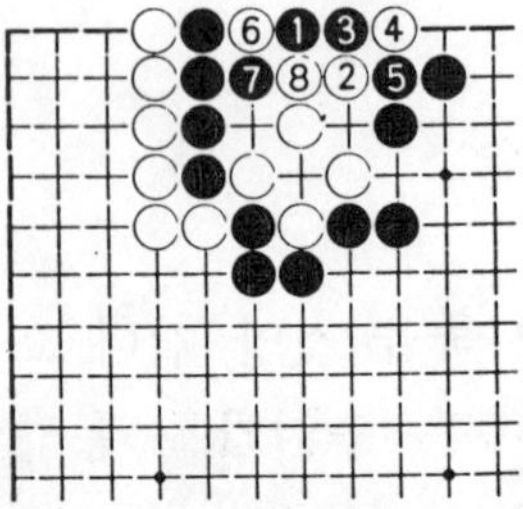

3
도

3도 (실패)

흑 1로 넘어갈 경우, 백 2의 마늘모, 흑 3, 백 4, 흑 5일 때 백 6으로 먹여쳐서 '연단수'가 성립되어 흑의 패배가 된다.

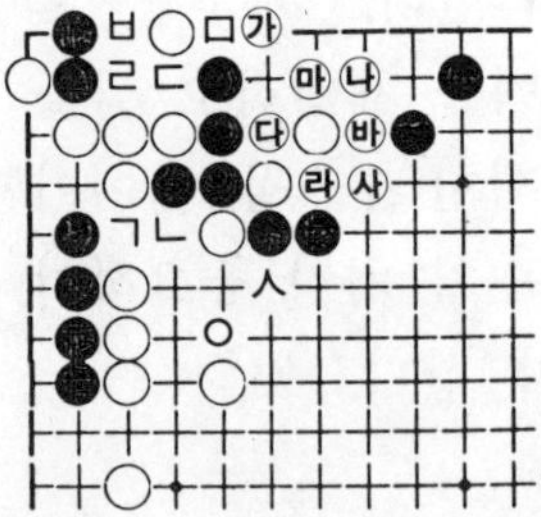

4
도

4도 (발양론)

이 문제와 같은 맥이다. 흑 ㄱ부터 차례로 백 0까지인데 이 다음 흑㉮, 백㉯, 흑㉰, 백㉱ 흑㉲, 백㉳, 흑㉴로 전개된다.

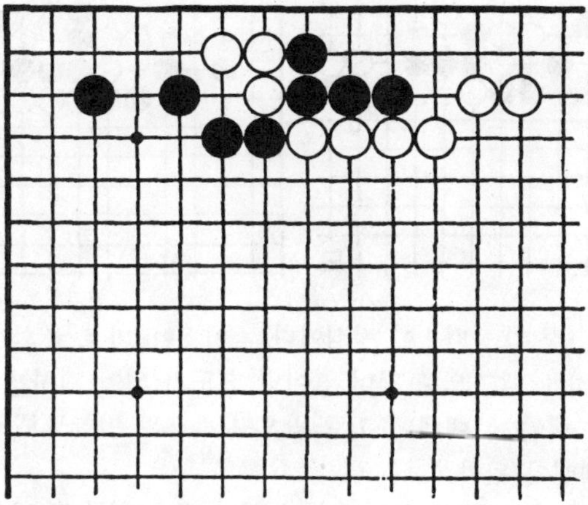

제91문

백이 먼저 둘 때

흑 4점과 백 3점과의 한 판 수싸움이다.

백은 자기의 수를 늘리면서 아울러 상대방의 수 수를 줄이는 묘수를 터뜨려야 한다.

이 문제 역시 평범한 수순으로는 성공을 기대할 수가 없다. 그야말로 묘수가 나와야만 한다.

이 곳에서도 역시 첫 수가 중요하다. 상대방의 수를 반감시킬 수 있는 멋진 착수를 찾지 않으면 안된다.

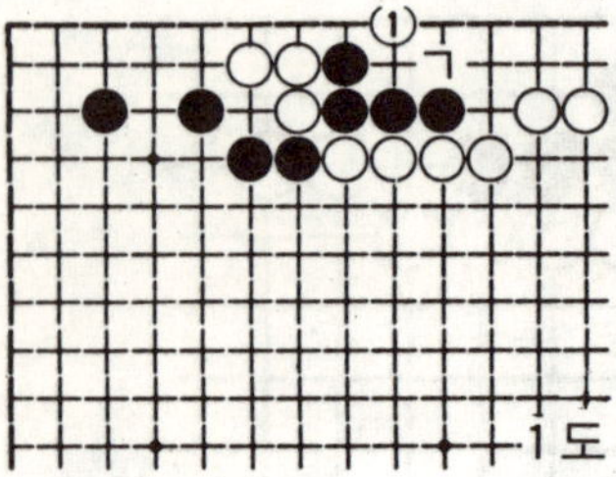
1도

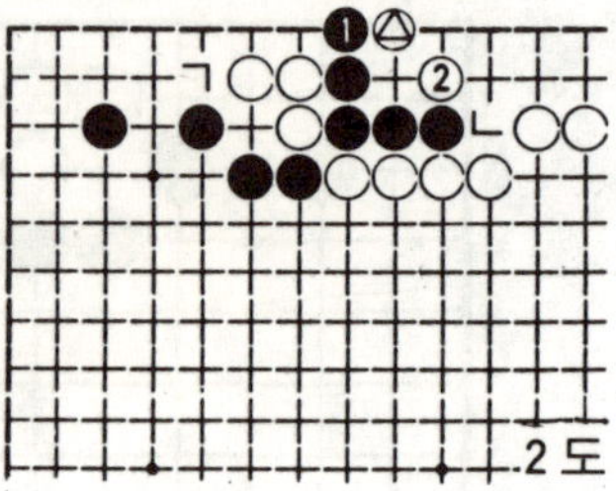
2도

1도 (정석)　백 1이 정석이다.　이곳이 바로 급소이다. 평범하게 백ㄱ으로 건너 붙이면 3도가 되어 패하게 된다.

2도 백◬에 대해 흑 1로 받으면 백 2의 마늘모로 붙여서 흑의 패배가 된다.

다음에 흑ㄱ에 두어도 백ㄴ이 있어 흑은 왼쪽과 오른쪽에서 단수치는 것을 동시에 막지 못한다.

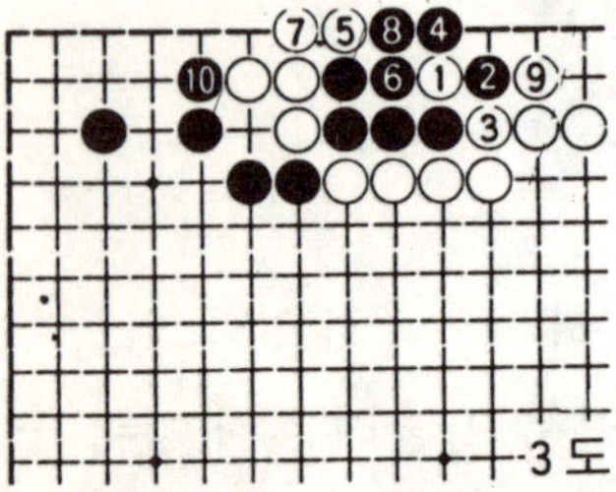
3도

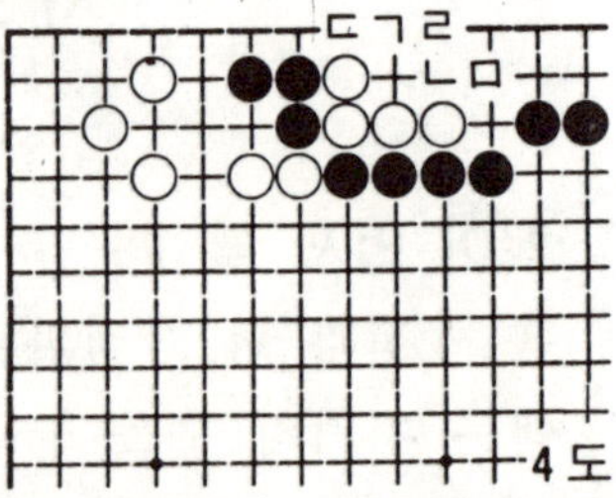
4도

3도 (실패)　백 1은 바람직하지 못하다.

흑 2로 젖혀나가 백 3, 흑 4, 백 5, 흑 6, 백 7, 흑 8, 백 9, 흑10이 된다.　또 백 3으로 4에 두면 흑 3, 백 9, 흑 5가 된다.

4도 (현현기경)

현현기경에 수록되어 있는 문제다.　흑ㄱ, 백ㄴ, 흑ㄷ, 백ㄹ, 흑ㅁ이 이 문제의 정석 수순이다.

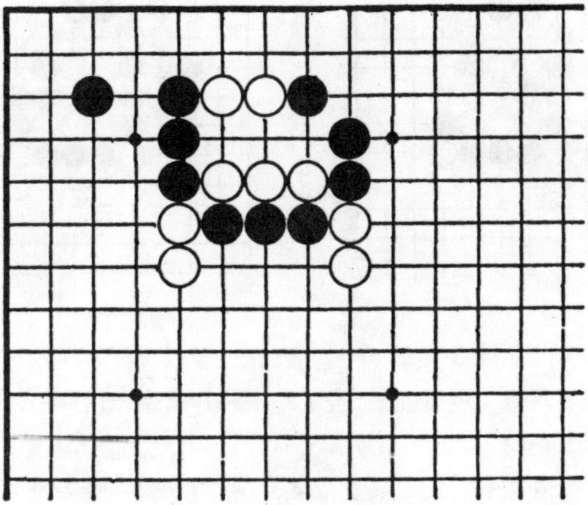

제92문

흑이 먼저 둘 때

이 그림은 참 재미있는 문제이다. 그다지 어렵지도 않고, 또 아주 복잡하지도 않은 문제이므로 어느 정도 바둑에 관심이 있는 사람이라면 곰곰히 생각하여 무난히 해답을 찾아낼 수 있을 것이다.

그림을 보면서 가장 먼저 떠오르는 것은, 흑의 수수가 백의 수수보다 부족하기 때문에 급소 공격의 연타작전으로 나가야 한다는 것이다.

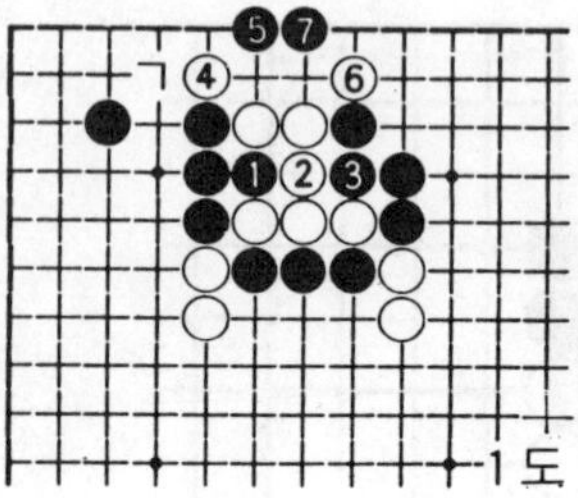

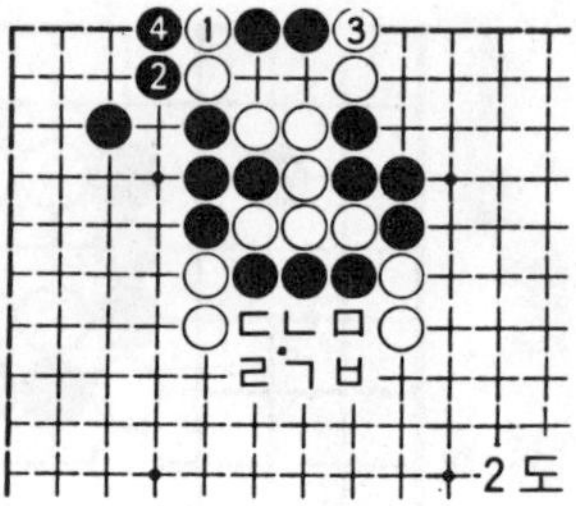

1도

흑1, 백2, 흑3으로 수를 줄이는 것이 정석이다. 그리고 백4에는 흑5, 백6에는 흑7로 두어 백을 잡는다.

2도 (계속)

백1로 저항을 해도 흑2, 4로 두면 백은 탈출할 수가 없다. 또 흑 석점은 소위 '학의 둥지'여서 흑ㄱ에 두어도 백ㄴ 흑ㄷ, 백ㄹ, 흑ㅁ, 백ㅂ으로 전개된다.

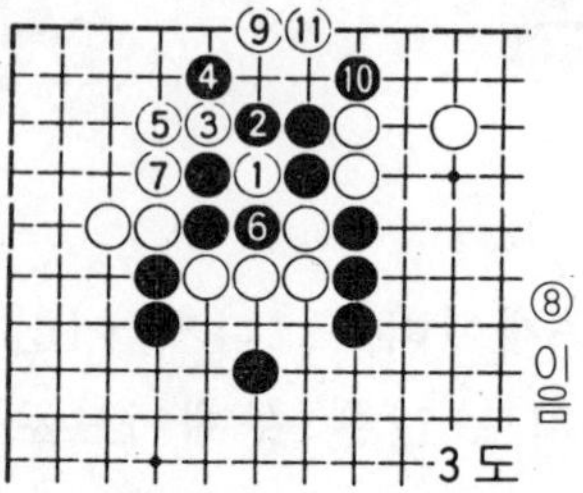

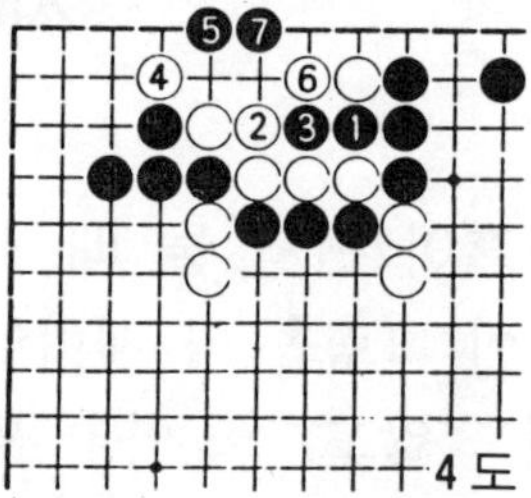

3도 (현현기경)

현현기경에 수록되어 있는 것으로 백9, 11의 맥이 본 문제와 같다.

4도 (현현기경)

이것 역시 현현기경에 수록되어 있는 것으로 흑1부터 뚫는 수가 좋은 수이며, 흑1로 두지 않고 흑3으로 두어서는 실패다. 본문제는「현현기경」을 참고한 것 같다.

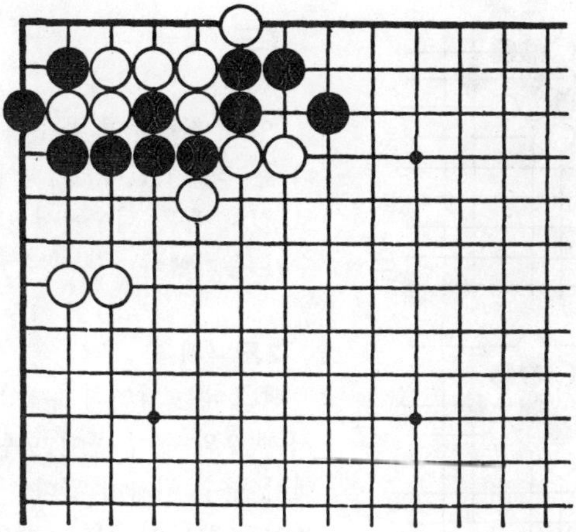

제93문

백이 먼저 둘 때

흑백이 귀에서 얽혀있는 가운데 서로 수수를 다투는 형상이다. 흑은 넉점, 백은 석점의 수수를 놓고 서로 수싸움을 경합하고 있다. 한눈에 백이 불리함을 알 수 있을 것이다.

그러나 백이 급소를 찾아서 공격을 감행한다면 의외로 흑을 제압하고 삶을 도모할 수가 있다.

자, 수읽기를 통하여 올바른 수순을 찾아 보도록 하자.

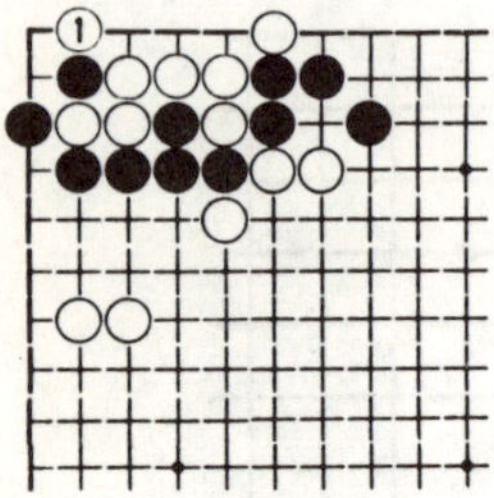

1
도

1도 (정석)

백1이 정석이다.

'양쪽 젖혀두면 한수가 늘어난다'는 격언이있다. 이렇게 백1로 젖혀 흑은 석수에서 넉수로 한수가 증가했다.

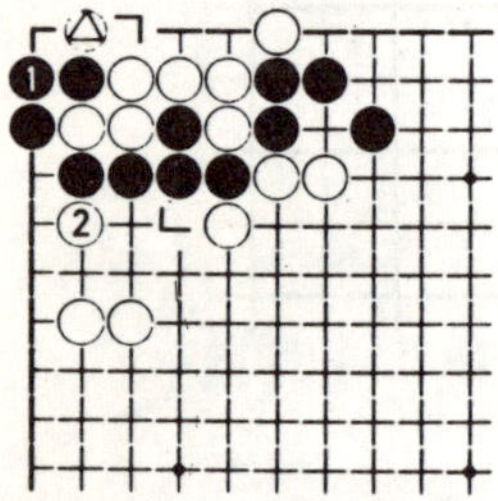

2
도

2도 (계속)

백Ⓐ에는 당연히 흑1인데 여기서 백2의 곳에 붙여 수싸움은 백이 한수 이기게 된다. 흑ㄱ에 두어도 백ㄴ이 된다. 백Ⓐ와 흑1로 교환하지 않았다면 흑ㄱ으로 백의 패배가된다.

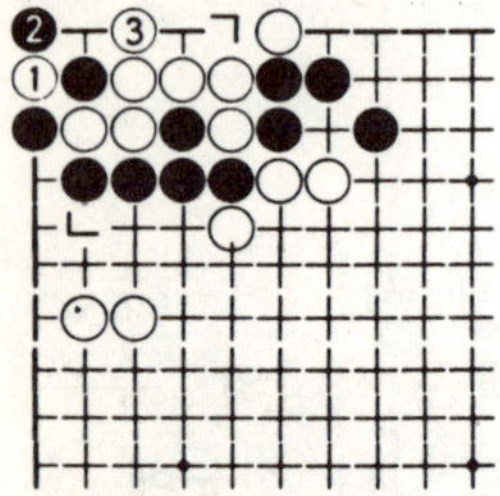

3
도

3도 (다른 정석)

처음에 백1로 먹여쳐 흑2일 때 백3도 정석이다. 흑ㄱ, 백ㄴ이 되므로 2도와 같은결과다. 정석이 두가지여서는 좋지 않으므로 다음과 같이 고쳤다.

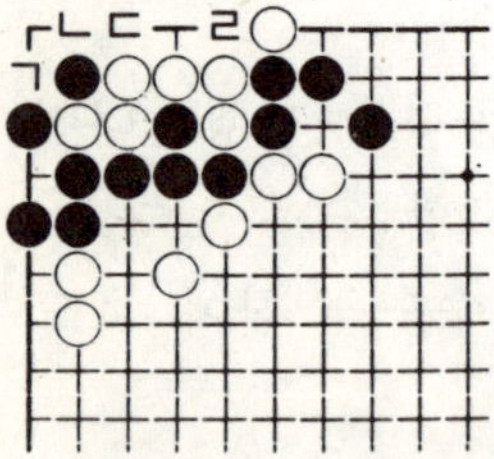

4
도

4도 (변화)

이렇게 문제를 새롭게 고치면 백ㄱ의 먹여치기는 성립이 되지 않는다. 백ㄱ, 흑ㄴ, 백ㄷ, 흑ㄹ이므로 패가 만들어진다.

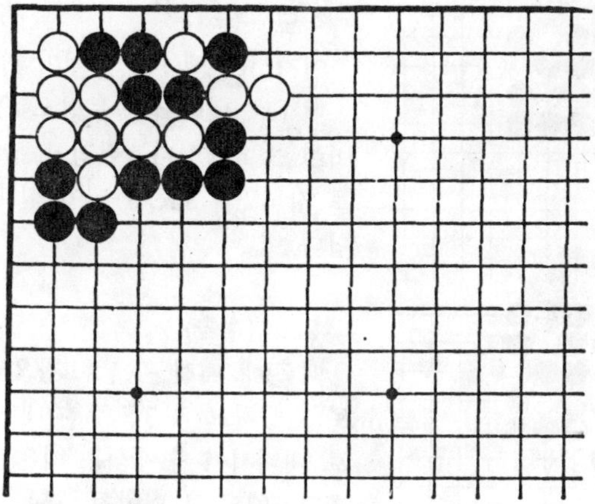

제94문

백이 먼저 둘 때

이 그림은 상당히 재미있는 문제이다.

실전에서도 간혹 등장하므로 주의깊게 살펴두기 바란다.

이 모양의 주요 포인트는 귀의 백 8점을 어떻게 하면 구해낼 수 있느냐 하는 점이다.

현재 흑은 윗변쪽에서 백 한 점을 단수하여 상당한 수수를 확보하고 있다. 거기에 비해서 백은 수수가 아직 약하다.

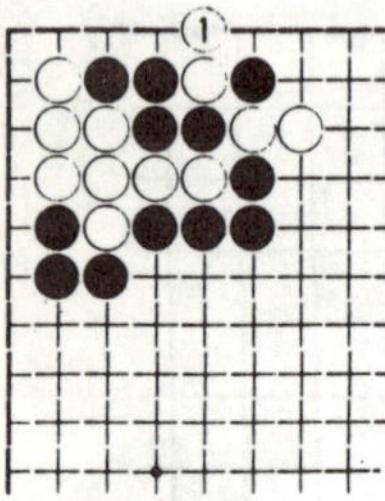

1 도

1 도 (정석)

여기서는 백 **1**이 정석이다.

백 **1**로 내려서서 두점으로 키워서 버리는 요령이다. 한점인 상태인 채로 잡히면, **3 도**가 되어 실패로 끝난다.

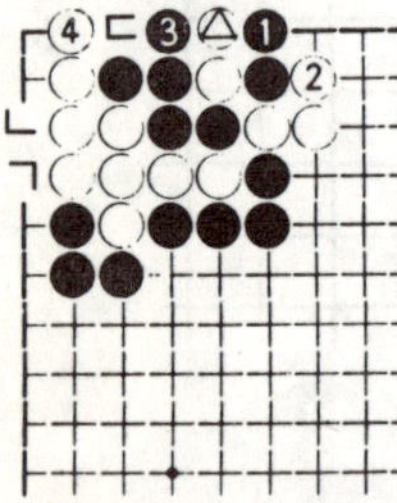

2 도

2 도 (계속)

백△에 대해 흑 **1**로 잡으면 백 **2**로 단수치고 흑 **3**으로 따내면 백 **4**로 내려서서 수싸움은 백의 승리다. 흑ㄱ, 백△의 먹여침, 흑ㄴ, 백ㄷ이 된다.

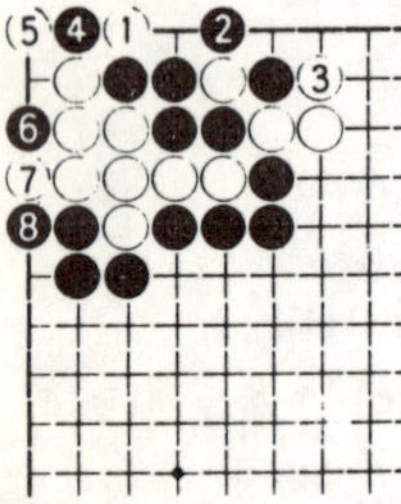

3 도

3 도 (실패)

백 **1**, **3**으로 두어서는 실패다. 그러면 즉시 흑은 **4**의 곳을 먹여친다. 이 한수에 의해 흑은 수가 늘고 백은 줄어들게 된다. 흑 **6**, **8** 다음에 一.

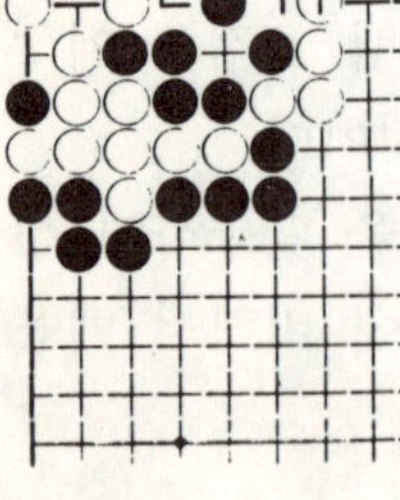

4 도

4 도 (유리)

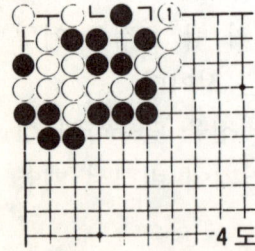

그림의 백 **1**인데, 그때 흑은 ㄱ으로 응수해서 전체를 '빅'으로 만들 것이냐, 아니면 ㄴ으로 단수쳐서 전체를 '패'로 싸울 것이냐는 선택권을 가지고 있는 만큼 흑이 유리한 것은 분명하다.

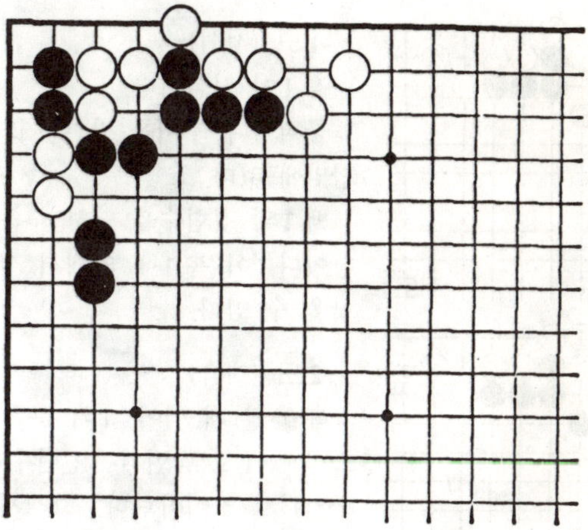

제95문

흑이 먼저 둘 때

이 그림은 그다지 어렵지 않으므로 웬만큼 수 읽기를 할 줄 아는 사람이라면 무난하게 해답을 찾아낼 수 있을 것이다.

여기에서 주의하여야 할 것은 수순이다. 수순이 정확하지 못하면 결코 성공을 거둘 수가 없기 때문이다.

제 일착은 비교적 쉽게 진행할 수가 있으리라 믿는다.

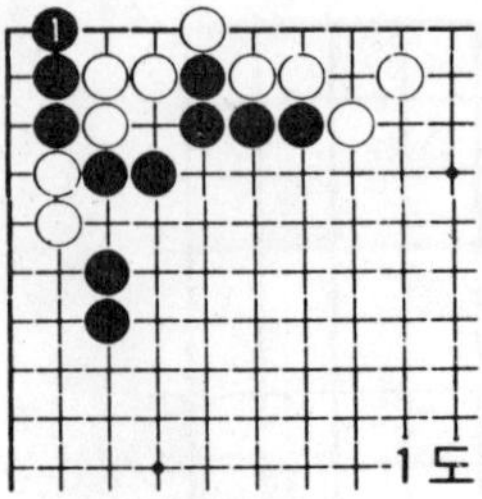

1 도

1 도 (정석)

흑 1이 정석이다.

공격이나 수비를 막론하고 이 한 점밖에 없다.

백 1의 젖힘수를 당하면 흑은 끝장이다. 이 흑 1에 의해서 살 길을 찾을 수 있다.

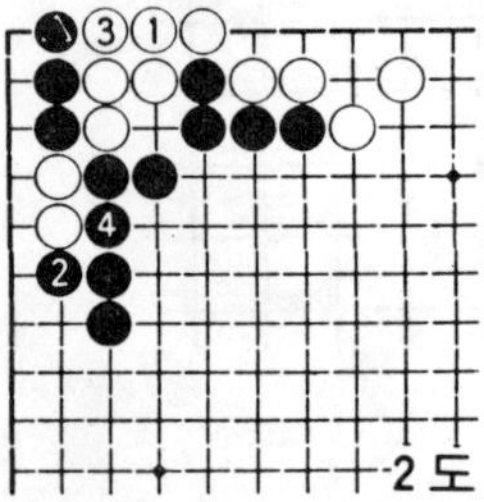

2 도

2 도 (계속)

흑△일 때 백이 1의 곳을 잇지않으면 흑 1로 먹여쳐 '연단수(몰아떨구기)'로 잡아버린다. 그래서 백 1, 흑 2, 백 3, 흑 4로 흑이 한수 이긴다.

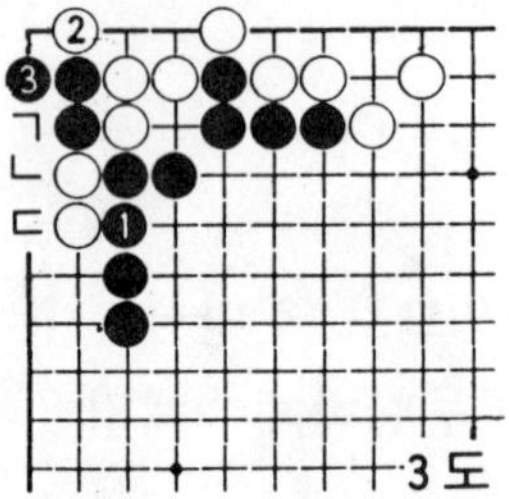

3 도

3 도 (실패)

흑 1로 두어도 이길 수 있다고 독선적으로 생각할지도 모르지만, 그러면 흑 3 다음에 백ㄱ으로 먹여쳐 흑ㄴ, 백ㄷ의 패로 만드는 수가 성립한다.

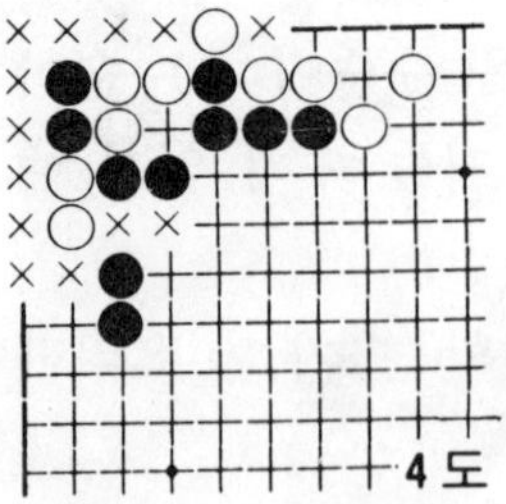

4 도

4 도 (한수 9집)

계산은 ×표 전체를 흑집 한집이라고 볼 수 있으므로, 흑 백 상관없이 이곳을 두는 한수는 그 가치가 아홉집이 된다. 따라서 흑이 두면 흑은 열집이 되고, 백이 두면 백은 여덟집이 되는 것이다.

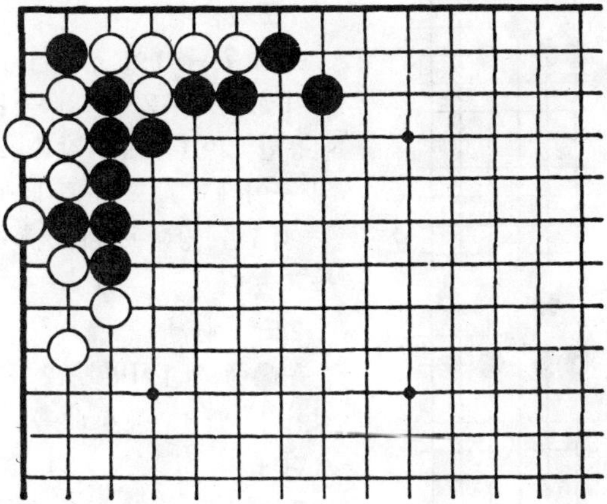

제96문

흑이 먼저 둘 때

이 문제는 의외로 어렵다. 귀에 갇힌 흑 한 점이 삶을 도모하기란 여간 어려운 것이다.

흑은 수를 찾아야 한다. 아무렇게나 두어서는 결코 흑 한 점을 살릴 수가 없다. 흑은 신중을 기하여서 묘수를 써야 한다. 우선 백의 약점을 최대한으로 이용하여 흑의 수수를 늘려야 한다. 수는 있으므로 차분한 마음가짐으로 적정한 수를 찾아 보자.

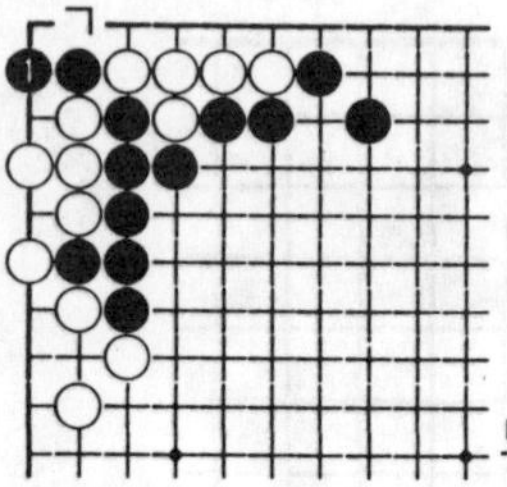

1
도

1 도 (정석)

이 경우 흑**1**이 정석이다

이것 역시 '2·1'의 특수성을 이용한 것이다. 단, 같은 '2·1'의 곳이라고 해도 흑ㄱ에 두어서는 백**1**을 당해 그대로 흑이 패하고 만다.

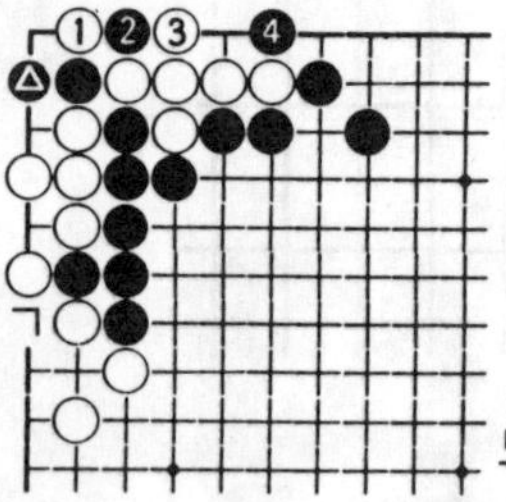

2
도

2 도 (계속)

흑▲에 백**1**이면 흑**2**가 필연적이다. 백**3**, 흑**4**로 흑의 한수 승리다.

또 백**1**로 두지 않고 백ㄱ으로 이으면 역시 흑**1**로 두어 흑이 이기며 집수도 똑같다.

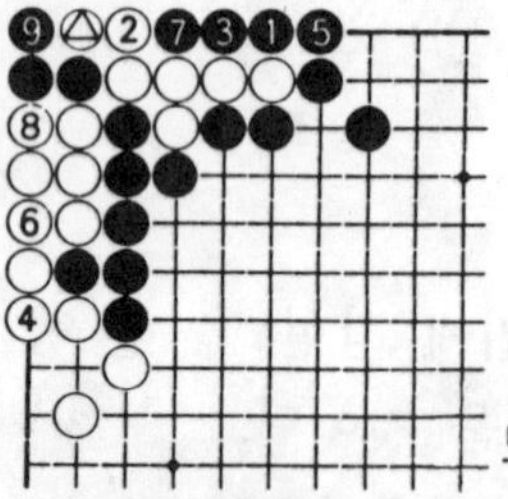

3
도

3 도 (차이)

백△으로 젖혀두었을 경우 흑**1**로 두면 백**2**로 잇고 흑**3**부터 흑**7**일 때 백**8**로 이어 흑**9**로 백△ 이하의 백 일곱점을 따내게 한 다음 백은 '후절수'의 방법을 택한다.

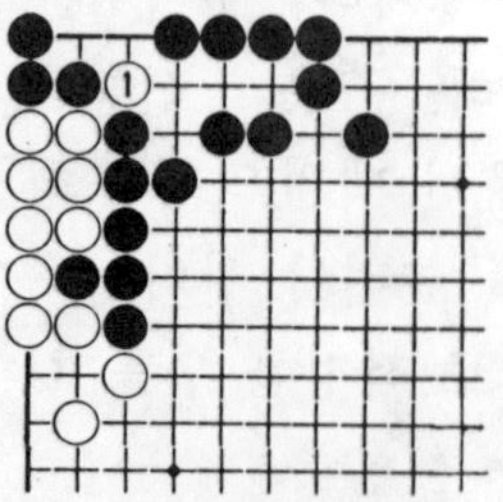

4
도

4 도 (계속) 이것은 백 일곱점을 따낸 모양인데 따낸 자리를 백**1**로 끊는 '후절수'가 성립되어 결국 흑 석점은 잡혀버린다. 흑은 정해도에서는 14집이 되는데 여기서는 5집반으로 줄어든다.